Michael Ranft

Merkwürdige Lebensgeschichte aller Cardinäle der Röm. Cathol.

Kirche

Michael Ranft

Merkwürdige Lebensgeschichte aller Cardinäle der Röm. Cathol. Kirche

ISBN/EAN: 9783743621169

Hergestellt in Europa, USA, Kanada, Australien, Japan

Cover: Foto ©Lupo / pixelio.de

Weitere Bücher finden Sie auf **www.hansebooks.com**

Merkwürdige
Lebensgeschichte
aller
Cardinäle
der
Röm. Cathol. Kirche,
die
in diesem jetztlaufenden Seculo das
Zeitliche verlassen haben;

Aus den richtigsten und seltensten Nachrichten in
gewißen Theilen ans Licht gestellet

von
M. M. R.

Des vierten und letzten Theils
Erste Helfte,

welche das Leben von 68. Cardinälen, die meistens noch
jetzo leben, enthält.

Regensburg,
verlegts Johann Leopold Montag. 1773.

Vorrede.

Hiermit stelle ich die erste Helfte des vierten und letzten Theils von der Lebensgeschichte der Cardinäle dieses XVIII. Seculi ans Licht, und verspreche, die andere Helfte auf die künftige Leipziger Michaelmeße, g. G. zu liefern. Ich würde diesen ganzen Theil nicht nur völlig, sondern auch schon an voriger Leipziger Meße ans Licht gestellet haben, wenn ich nicht täglich auf die neue Cardinalspromotion gehoffet hätte, die

der

der jetzige Pabst Clemens XIV. nächstens vorzunehmen beschlossen gehabt, um die vielen ledigen Stellen in dem Heil. Collegio zu besetzen. Da ich nun gerne auch dieser ihre Lebensumstände dem gegenwärtigen Werke, um es desto vollständiger zu machen, einverleiben will, so habe um deßwillen so lange angestanden, diesen vierten Theil unter die Presse zu geben. Um aber die Leser nicht länger in der Ungewißheit zu lassen, ob dieser Theil wirklich werde zum Vorschein kommen, so habe ich für gut befunden, solchen in zwey Helften zu theilen. In der gegenwärtigen ersten Helfte sollen die Lebensbeschreibungen sowohl derer Cardinäle, die bis zu Ende des 1771sten Jahrs das Zeitliche verlassen;

als

als auch aller derer, die sich am 1. Jan. 1772.
am Leben befunden, vorkommen, da denn der
Anfang mit dem Leben des jetztregierenden
Papsts Clementis XIV. soferne man ihn in
seinem Cardinalsstande betrachtet, gemacht
wird. Die andere Helfte, die auf
künftige Michaelmeße aus Licht kommen wird,
soll nicht nur die Lebensbeschreibungen derer
Cardinäle, die seit 1772. creirt worden, sondern auch die Verbeßerungen und Zusätze zu
den vorigen Theilen dieses Werks, wie auch
ein vollständiges Register zu dem ganzen
Werke enthalten.

* * *

Die Cardinäle, deren Leben in dieser ersten Helfte vorkommen, sind:

CCLXII. Laurentius Ganganelli, von Rimini, wird
unter dem Nämen Clemens XIV. 1769. zum
Papst erwählt.

)(3   CCLXIII.

CCLXIII. Carolus Franciſcus Durini , ein Meyländer, †. 1769.

CCLXIV. Paulus de Caravalho , ein Portugieſe, †. 1770.

CCLXV. Jacobus Oddi , von Perugia, †. 1770.

CCLXVI. Franciſcus Chriſtoph von Hutten, ein Deutſcher, †. 1770.

CCLXVII. Nereus Corſini, ein Toſcaner, †. 1770.

CCLXVIII. Petrus Paulus Conti , von Camerino, †. 1770.

CCLXIX. Philippus Maria Pirelli, ein Neapolitaner, †. 1771.

CCLXX. Flavius Chigi, ein Römer, †. 1771.

Die jetztlebenden Cardinäle folgen nach der Zeit ihrer Promotion alſo aufeinander:

1. Alexander Albani, von Urbino, Card. 1721.

2. Carolus Albertus Cavalchini, von Tortona, 1743.

3. Fridericus Marcellus Lante, ein Römer, 1743.

4. Joſephus Pozzobonelli, ein Meyländer, 1743.

5. Dominicus Amadeus Orſini, ein Römer, 1743.

6. Johannes Franciſcus Albani, ein Römer, 1747.

7. Carolus Victor Amadeus delle Lanze, ein Piemonteſer, 1747.

8. Henricus Benedictus Stuart von Yorck, ein Römer, 1747.

9. Fa-

9. Fabritius Serbelloni, ein Meyländer, 1753.

10. Johannes Franciscus Stoppani, ein Meyländer, 1753.

11. Vincentius Malvezzi, ein Bologneser, 1753.

12. Ludovicus Maria Torreggiani, ein Toscaner, 1753.

13. Antonius Sersale, ein Neapolitaner, 1754.

14. Ludovicus de Cordoua, ein Spanier, 1754.

15. Franciscus de Solis, ein Spanier, 1756.

16. Paulus de Luynes, ein Franzose, 1756.

17. Stephanus Renatus de Gesvres, ein Franzose, 1756.

18. Franciscus Conradus von Rodt, ein Deutscher, 1756.

19. Franciscus de Saldanha, ein Portugiese, 1756.

20. Carolus Rezzonico, ein Venetianer, 1758.

21. Antonius Marinus Priuli; ein Venetianer, 1758.

22. Franciscus Joachimus de Bernis, ein Franzose, 1758.

23. Hieronymus Spinola, ein Genueser, 1759.

24. Ferdinandus Maria Rossi, ein Römer, 1759.

25. Nicolaus Perelli, ein Neapolitaner, 1759.

26. Johannes Constantinus Caraccioli, ein Neapolitaner, 1759.

27. Marcus Antonius Colonna, ein Römer, 1759.

28. Petrus Hieronymus Guglielmi, von Jesi, 1759.

29. Cajetanus Fantuzzi, von Ferrara, 1759.

30. Josephus Maria Castelli, ein Meyländer, 1759.

31. An-

31. Andreas Maria Corſini, ein Toſcaner, 1759.
32. Bonaventura de la Cerda, ein Spanier, 1761.
33. Chriſtoph von Migazzi, ein Deutſcher, 1761.
34. Ludovicus Renatus de Rohan, ein Franzoſe, 1761.
35. Joh. Franciſcus Joſephus de Rochechouart, ein Franzoſe, 1761.
36. Antonius Clairad de Choiſeul, ein Franzoſe, 1761.
37. Johannes Molino, ein Venetianer, 1761.
38. Simon Buonacorſi, von Macerata, 1763.
39. Andreas Negroni, ein Römer, 1763.
40. Johannes Octavius Buffalini, von Citta di Caſtello, 1766.
41. Johannes Carolus Boſchi, von Faenza, 1766.
42. Ludovicus Calini, von Brescia, 1766.
43. Antonius Branciforte, ein Sicilianer, 1766.
44. Lazarus Opitius Pallavicini, ein Genueſer, 1766.
45. Vitalianus Borromeo, ein Meyländer, 1766.
46. Petrus Pamfili, ein Römer, 1766.
47. Urbanus Paracciani, ein Römer, 1766.
48. Xaverius Canale, von Terni, 1766.
49. Benedictus Veterani, von Urbino, 1766.
50. Johannes Coſmus da Cunha, ein Portugieſe, 1770.
51. Marius Marefoſchi, von Macerata, 1770.
52. Johannes Baptiſta Rezzonico, ein Venetianer, 1770.
53. Scipio Borgheſe, ein Römer, 1770.

CCLXII.

CCLXII.

Laurentius Ganganelli,

von Rimini,

geb. 1705. Card. 1759. Papſt 1769.

Er führt als Papſt den Namen

Clemens XIV.

Dieſes jetztregierende Oberhaupt der Römiſch-Catho-
liſchen Kirche war vor ſeiner Beſteigung des Apoſtoliſchen Stuhls der Welt wenig bekannt und machte
als ein armer Conventualminorite zu Rom in ſeiner
Mönchskutte eine ſehr ſchlechte Figur. Das Städtgen St.
Archangelo in der Gegend von Rimini im Kirchenſtaat iſt
der Ort, wo er den 2. Nov. 1705. das Licht der Welt erblickt hat. Sein Vater war allda ein geſchickter Wundarzt,
zu welcher Handthierung man ihn auch beſtimmt hatte.
Alleine ſein gutes Schickſal brachte ihn ins Kloſter, worinnen er ſich als einen Minoriten, die nach der ſtrengen Or-
densregel des heil. Franciſci leben, einkleiden ließ. Vermuthlich geſchahe dieſes zu Urbino, von welcher Stadt er
ſich auch ſeinen Mönchs- und Prälatenſtande gemeiniglich
zu nennen pflegte. Es hat ſein väterliches Haus noch jetzo
eine Apothecke in dieſer Stadt und treibt ſowohl mit Arzneyen
als Specereyen einen ziemlichen Handel.

Der neue Ordensmann gab keinen faulen Kloſterbru-
der ab. Er ſtudirte fleißig, übte ſich in den Sprachen und
gelehrten Wiſſenſchaften, und brachte es durch ſeinen Fleiß

IV. Theil. A und

und gutes Genie so weit, daß er einen besondern Ruhm der
Gelehrsamkeit erlangte, und eine Zierde seines Ordens wurde. Seine Obern breiteten sein Lob überall aus, so, daß
solches auch vor die Ohren Benedict XIV. kam, der ihn, da
er seine Geschicklichkeit erkannte, zum Consultor des heil. Officii der Inquisition ernennte, welches Amt er viele Jahre
bekleidet, während der Zeit er Gelegenheit gehabt, das Vatican mit allen seinen Ränken und Gebrechen genau kennen
zu lernen. Er machte sich um den Päpstl. Stuhl so verdient,
daß als Clemens XIII. den 24. Sept. 1759. eine große Cardinalspromotion vornahm, er ihn für würdig hielte, mit dem
geistlichen Purpur beehrt zu werden, wobey ihm die Empfehlung des Cardinals Spinelli, der sein großer Patron war,
gar sehr zu statten kam.

Er war unter 22. Prälaten, die damals zur Cardinalswürde gelangten, der letzte. Weil er zu Rom gegenwärtig
war, empfieng er nebst 15. andern noch an diesem Tage aus
des Papsts Händen das Biret und den 27. Sept. frühe den
Hut, wobey ihm gewöhnlicher maßen der Mund geschloßen,
den 19. Nov. aber wieder geöffnet wurde. Er bekam den
Priestertitel St. Laurentii in Pane und Perna und ward zu
einem Mitgliede von verschiedenen wichtigen Congregationen
ernennet. Da es ihm an zulänglichen Einkünften fehlte,
sich seiner neuen Würde gemäß zu erzeigen, kriegte er die
monatliche Pension von 100. Scudi, die die Apostolische
Cammer armen Cardinälen so lange zu reichen pflegt, bis sie
mit mehrern Einkünften versehen worden.

Er wartete die Congregationen, von welchen er ein Mitglied worden, fleißig ab und ließ in solchen allezeit eine besondere Einsicht sehen. Er ward auch Protector von der
theologischen Academie in der Sapienza. Clemens XIII. bediente sich seiner anfangs als eines erfahrnen Gottesgelehrten, setzte ihn aber bald wieder hindan, als er merkte, daß
seine Rathschläge mit den Absichten und der Denkungsart
seiner Minister und Nepoten nicht übereinstimmten. Sein
Betragen war so unpartheyisch und uneigennützig, daß er
sich dadurch das Vertrauen verschiedener Catholischer Höfe
erwarb,

erwarb, die sogar einen Briefwechsel mit ihm errichteten, zumal da er sich dem Jesuiterorden nicht geneigt erzeigte und das harte Verfahren gegen den Parmesanischen Hof mißbilligte. Er befand sich unter denen, die sich stark widersetzten, als man bey entstandener Theurung eine große Summa Geld aus dem Schatze Sixti V. nahm, wodurch er die Torreggianische Parthey, die davon den besten Nutzen zog, sehr wider sich aufbrachte; wie er denn auch nach dem Tode Clementis XIII. einer der vornehmsten war, die auf die Ersetzung solcher Summa drungen, wodurch er sich ein solches Verdienst erwarb, daß man ihn unter die Candidaten der Päpstlichen Würde zählte. Er führte als Cardinal einen sehr eingezogenen und sparsamen Lebenswandel. Ein gewißer Layenbruder, P. Buontempi, war sein Vertrauter, der ihn bediente und vor seinen Tisch sorgte, darzu er das Benöthigte einkaufen mußte, aber monatlich nicht mehr als 50. Scudi darzu hergab.

Als Clemens XIII. den 2. Febr. 1769. unvermuthet das Zeitliche gesegnete, bildete niemand sich ein, daß diese obscure Eminenz so vielen angesehenen und wohlverdienten Cardinälen, die damals sich am Leben befanden, vorgezogen werden sollte, als hernach wirklich geschehen ist. Als den 9. Febr. die Nummern durchs Looß gezogen wurden, nach welchen die Cardinäle ihre Zellen im Conclave empfangen, kriegte er die 25te Zelle, die die Cardinäle Perelli und Rodt zu Nachbarn hatte. Den 15ten betrat er nebst den andern anwesenden Cardinälen das Conclave und hatte gleich bey dem Eintritt in dasselbe das Glücke, daß er unter die vornehmsten Candidaten des Päpstl. Stuhls gezählet wurde, ob er gleich ein Ordensmann war, dergleichen Prälaten sonst nicht leichtlich zum Kirchenregimente genommen werden.

Er hatte nicht nur ein dienliches Alter und keine Anverwandten, sondern ließ auch viel Redlichkeit, Unpartheylichkeit und Verstand in allen seinen Handlungen blicken. Es war aber seine Aufführung in dem Conclave sehr geheimnißvoll. Er schmeichelte keinem Cardinal und blieb zur Nachtzeit beständig in seiner Zelle. Die Bourbonische Parthey

was

war ihm sehr geneigt. Man wußte, daß er unter der Regierung des vorigen Papsts stets mißvergnügt gewesen, auch zu
Zernichtung der Wahl des Jesuitisch gesinnten Chigi, die
gleich anfangs zu Stande zu kommen schiene, das Seinige eifrig beygetragen hatte. Er war während dem ganzen Conclave immer auf dem Plan und behielte bey allen sich herfür-
thuenden Partheyen stets einen starken Anhang. Der Cardinal Orsini, Minister des Neapolitanischen Hofes, gab sich
gleich anfangs viele Mühe, seine Wahl zu befördern. Er
brachte ihm durch seine Bemühung schon den 25. Febr. die
meisten Stimmen zuwege. Alleine seine Wahl gleichte einem
Schiffe, das durch die Wellen hin und her getrieben wird,
sich eine Zeitlang verbirgt, alsdann neue Stärke erhält und
endlich zu jedermanns Erstaunen in den Hafen glücklich ein-
läuft.

Die Cardinäle Stoppani und Fantuzzi hielten ihm lange Zeit die Wage, konnten aber vor den Französischen Cardinälen, die gleich bey ihrem Eintritt ins Conclave eine besondere Zuneigung gegen den Ganganelli erzeugten, nicht
durchdringen. Ganganelli selbst erwies sich sehr schlau und
entdeckte manche Intrigue, die in dem Conclave gespielt wurde. Sonderlich wußte er unter der Hand alles, was zu Gunsten des Stoppani vorgenommen wurde, zu vereiteln, wobey er aber allezeit das Ansehen hatte, als ob er neutral sey
und es mit keiner Parthey halte. Endlich nachdem man den
Wal lange Zeit hin und her geworfen, langten die Spanischen Cardinäle an, die sich mit den Französischen vereinigten, unter welchen sonderlich der Cardinal von Bernis sehr
stark für ihn arbeitete. Es war daher den Gegenpartheyen
nicht möglich, seine Wahl zu hintertreiben, ob man ihn gleich
an den Catholischen Höfen verdächtig zu machen suchte und
behauptete, er sey ein vertrauter Freund der Jesuiten und stelle
sich nur darum sich gleichgültig gegen sie, um seine wahren
Gesinnungen desto besser zu verbergen.

Seine Wahl kam endlich zu Stande, als sich plötzlich
das vornehmste Oberhaupt der Gegenparthey, der Cardinal
Johann Franz Albani, von derselben absonderte und zu der
Fran-

Französischen Parthey sich wendete. Es mußten nunmehro
alle, die ihm zuwider gewesen und nun sich überstimmt sahen,
aus der Noth eine Tugend machen und dem Cardinal Ganganelli beytreten. Der Cardinal Rezzonico, des verstorbenen
Papsts Nepote, war der letzte, der in seine Erhebung willigte.
Der Cardinal Torreggiani nahm es auf sich, diesen Cardinal
zu überreden, daß er in den Ganganell willigte, nachdem er
ihm vorgestellt, daß er ihm versprochen habe, auf jede von
seinen Creaturen mit einzustimmen.

Den 18. May Nachmittags entstunde deßhalben eine allgemeine Bewegung im Conclave. Der alte Cardinal Alexander Albani war der erste, der sich zu dem Ganganell begab und ihm den günstigen Anschein zu seiner Erhebung eröffnete. Ew. Eminenz scherzen! sagte dieser ganz kaltsinnig und gelassen zu ihm. Gleich darauf erschienen die Häupter von den Partheyen in seiner Zelle. Der Cardinal von
Bernis mit seinem Anhange gieng voran und küßte dem Ganganell die Hand. Hierauf folgte Orsini mit seiner Parthey,
der eben dieses that. Alsdenn trat Johann Franciscus Albani mit den Seinigen ein, und endlich erschien auch Rezzonico
mit den Seinigen.

Er war also diesen Tag schon so gut als erwählt. Um
aber die Wahl einstimmig zu machen, wurde den 10. May
frühe das letzte Scrutinium gehalten, worinnen er einmüthig auf den Stuhl Petri erhoben wurde. Er hielte nach seiner Wahl, die durch 45. Stimmen geschehen, wobey Ganganelli die seinige dem Rezzonico gegeben, eine kurze, aber
wohlgesetzte, Rede an das heil. Collegium. Als ihn gewöhnlicher maßen der Cardinal Decanus fragte: Ob er die Päpstl.
Würde annehmen wollte? antwortete er: Sie wird weder verlangt, noch ausgeschlagen. Als man ihn ferner
fragte: Wie er heißen wollte? war er schon im Begriff, sich
den Namen Sixtus VI. zu geben, als ihn Joh. Fr. Alban
zu Annehmung des Namen Clemens XIV. beredete, worauf die gewöhnliche Proclamation vor dem auf dem Peters-
platze häufig versammleten Volke geschahe, welches eine sehr
große Freude bezeugte, weil man sich von seiner Gesinnung

A 3   eine

eine sanfte, weise und friedfertige Regierung versprach. Nach
dem geendigten Conclave that man vollends alles, was bey
solcher Gelegenheit zu geschehen pflegt.

Man kann sagen, daß der Palafox, dieser eifrige Vertheidiger der Bischöflichen Rechte, bey dieser Wahl Wunder
gethan habe.   Ganganelli hielte als Cardinal mit dem ehemaligen Spanischen Minister zu Rom, Don Emanuel de
Roda, vertraute Freundschaft.   Als nun dieser wieder nach
Madrit zurücke gienge, hatte er Gelegenheit, mit seinem
Monarchen vieles von dem Cardinal Ganganelli zu sprechen.
Dieses wirkte soviel, daß nach dem Tode des Cardinals Galli
dem Ganganelli die Stelle eines Ponenten in der Seeligspre-
chungssache des Johannis von Palafox, ehemaligen Bischofs
von Osma, aufgetragen wurde. Dieses Amt war desto wichtiger, weil sich die Jesuiten der Seeligsprechung dieses Prälatens, als eines offenbaren Feindes ihres Ordens aus allen
Kräften widersetzten.   Ganganelli kehrte sich daran nicht,
sondern verrichtete sein Amt mit vieler Freymüthigkeit. Der
Spanische Hof both ihm deßwegen eine Pension an, welche
er aber aus besonderer Klugheit nicht annehmen wollte. Als
er Papst worden, fiel ihm Palafox bey den ersten Angelegenheiten ein.   Er versicherte darauf den Spanischen Minister
Azpuru, daß er auch als Papst diese Ponentenstelle nicht ablegen würde, nach dem Exempel Benedicti XIV. der das Erzbißthum Benevent nach Besteigung des Apostolischen Stuhls
ebenfalls beybehalten hatte.

Er hat keine Blutsfreunde, daher der Nepotismus von
seinem Throne entfernet bleiben wird. Es war bey seiner Erhebung nur eine einzige verheyrathete Frauensperson von dem
Geschlechte Ganganelli am Leben, die ihren Aufenthalt in der
kleinen Stadt Pergola hatte. Man zählte zwar auch den Car-
melier, P. Maßa, und den Capitain Taranto zu St. An-
gelo di Vado unter seine Anverwandten, sie wurden aber von
ihm nicht in Betrachtung gezogen. Als er nach seiner Wahl
gefragt wurde: Ob man seiner Familie durch einen Courier von seiner Erhebung Nachricht geben sollte? versetzte er:
Nein; denn meine Familie sind die Armen, welche die
Neuig-

Neuigkeit ohne Couriers erfahren. Er wendete gleich anfangs drey Tage bloß zu seinen geistlichen Uebungen an. Bey
Vergebung der Bedienungen, die mit dem Tode eines Papsts
zu erlöschen pflegen, bemerkte man, daß seine Wahl auf solche
Männer fiel, deren Gesinnung den Catholischen Höfen nicht
anders denn angenehm seyn konnte. Hierunter waren der Cardinal Pallavacini und der Prälat Archinto die vornehmsten,
davon jener Staatsecretarius und dieser Secretarius der Me-
morialen wurde. Er gab auch gleich nach seiner Erhebung zu
erkennen, daß er vor allen Dingen den Frieden verlange, daher
er dieses sein erstes Werk seyn ließ, die vielen Irrungen, worein
der Römische Stuhl durch die Unbiegsamkeit und thörichte
Härte seines Vorgängers fast mit allen Catholischen Mächten und sonderlich mit den Cronen von Spanien, Frankreich,
Portugall und Neapolis verwickelt worden, beyzulegen.

Als die Generale der geistlichen Orden, der Gewohnheit
nach, die Ceremonie des Fußküssens verrichteten, da sie ihm
zu seiner Erhebung Glück wünschten, wollte er dieses nicht
geschehen lassen. Vielmehr küßte er einen jeden auf das Gesichte, nur den General der Jesuiten nicht, woraus man
deutlich schloß, daß diese Ordensleute sich von ihm wenig
Gunst zu versprechen hätten.

Weil er noch nicht die Bischöfliche Würde empfangen
hatte, wurde ihm solche den 28. May in der Peterskirche von
dem Vicedecano des heil. Collegii, Cardinal Lante, mit vieler Feyerlichkeit ertheilt, welche desto glänzender war, da 39.
Cardinäle derselben beywohnten. Es war seit 70. Jahren
dergleichen Solennität nicht gesehen worden, weil seit Clemente XI. alle Päpste schon vor ihrer Gelangung auf den Apostolischen Stuhl die Bischoffsweyhe empfangen hatten. Den
4. Jun. wurde er in der Kirche des Vaticans mit den gewöhnlichen Ceremonien von dem ersten Cardinaldiacono, Alexander Albani, gekrönt, worauf er den folgenden Tag mit
einem prächtigen Aufzuge in einer Carosse aus dem Vatican
nach seiner Residenz im Quirinal fuhr. Den 12ten hielte
er das erste geheime und den 22ten das erste öffentliche Consistorium. Den 26. Nov. nahm er mit dem gewöhnlichen Ge-

A 4   bräuge

pränge Besitz von der Päpstl. Cathedralkirche zu St. Johannis in Laterano. Es geschahe, wie gewöhnlich, zu Pferde, wobey er den Unfall hatte, daß, da man ihm ein muthiges Pferd gegeben, das über dem Geschrey des Volks scheu geworden, er vom Pferde fiel, aber keinen Schaden nahm.

Er arbeitet mit vielem Eifer an beßerer Einrichtung seines geistlichen und weltlichen Regiments, giebt jederman Gehöre, verbeßert die Policey und das Cammerwesen, sucht den Fabricken und dem Ackerbau aufzuhelfen, und den Verfall des Militair- und Seewesens herzustellen, auch der Theurung vorzubeugen. Er schränkt den Aufwand an seinem Hofe ein und vermindert die Besoldungen und Pensionen, gehet aber mit den Bourbonischen Höfen sehr behutsam um und sucht auf alle Art und Weise sich mit denselben in ein gutes Vernehmen zu setzen, ob er gleich die Gewährung ihrer Forderungen auf die lange Bank schiebt.

Niemand kann leichtlich desselben wahre Gesinnung erfahren. Sie ist in vielen Fällen sehr zweydeutig. Er arbeitet fast alles alleine und der P. Buontempi ist sein geheimer Secretair, mit welchem er sich öfters ganze Tage einschließet, da denn niemand erfähret, was der Papst denkt und verrichtet. Man kann daher von dem, was in seinem Cabinete vorgehet, nichts gewisses sagen, sondern muß alles, was erzählt wird, für unreife Muthmaßungen halten, die bey dem undurchdringlichen Geheimnisse, hinter welchem Clemens XIV. alle seine Absichten und Handlungen zu verbergen pflegt, ihre Wahrscheinlichkeit verlieren.

Es ist aber das Cardinalscollegium mit dem Betragen des Papsts gar nicht zufrieden, weil er sie wenig oder gar nicht zu Rathe ziehet. Er lebt dabey sehr sparsam, und da die Päpstl. Tafel sonst täglich 14. Scudi gekostet, so kann sie jetzo mit 14. Paoli bestritten werden. Er ist übrigens scherzhaft und hat witzige Einfälle. In seinen Verrichtungen ist er emsig und in Verstattung mancherley Ergötzlichkeiten nichts schwierig. Er hat ein ungemeines Gedächtniß und dabey ein edles und großmüthiges Herze. Er declarirte bey dem
An-

Antritt seiner Regierung, daß er während derselben zwar wenig Gesetze geben, aber desto schärfer über die gegebenen halten wolle.

CCLXIII.

Carolus Franciscus Durini,
ein Meyländer.

geb. 1693. Card. 1753. † 1769.

Er stammte aus einem alten Meyländischen Geschlechte her und wurde den 20. Jan. 1693. zur Welt gebohren. Nachdem er den Grund zu seinen Studien in seiner Vaterstadt geleget, wendete er sich nach Rom, wo er sich in allen Wissenschaften, die von einem vornehmen Prälaten erfordert werden, feste setzte. Er bekleidete an einigen Orten im Kirchenstaate und besonders zu Foßombrone die Stelle eines Päpstl. Gouvernenrs, worauf er von Benedicto XIV. zum Inquisitor auf der Insel Malta ernennet wurde, in welcher Qualität er zugleich einen Nuncium vorstellte. Hier wurde er 1739. von dem Herrn Gualtieri abgelöset und zum Nuncio in der Schweitz ernennet, wobey er den Titel eines Erzbischoffs von Rhodus erhielte.

Ehe er zu Lucern anlangte, that er eine Reise nach Genua, wo er alles Sehenswürdige in Augenschein nahm. In der Schweitz blieb er bis zu Ende des Jahrs 1744. da er als Nuncius nach Frankreich gieng, zu welcher ansehnlichen Nunciatur er im Nov. ernennet worden. Als er im Jan. 1745. zu Paris anlangte, war sein Vorgänger, der Cardinal Crescenzi, schon abgereiset. Den 24. April 1746. hielte er zu Paris seinen öffentlichen Einzug. Er hat sich über 8. Jahre am Französischen Hofe befunden und diese ganze Zeit über in gutem Ansehen gestanden, auch im Febr. 1753. das Bißthum Pavia im Herzogthum Meyland erhalten. Als der Papst entschlossen war, ihm die Cardinalswürde zu ertheilen, wurde er um des Ceremoniels willen von

Paris

Paris abgeruffen. Er beurlaubte sich den 4. Nov. 1753. an dem Französischen Hofe zu Fontainebleau und trat seine Rückreise nach Italien an, verweilte sich aber einige Zeit auf einem Landhause bey Lyon, das dem Cardinal von Ten= cin gehörte.

Hier erwartete er die Nachricht von seiner Erhebung zur Cardinalswürde, die er auch nicht lange nach seiner An= kunft daselbst erhielte. Denn es fand sich der Prälat Dada mit dem Biret aus Rom ein, der zugleich die Nachricht überbrachte, daß er den 26. Nov. nebst. 15. andern vorneh= men Prälaten von Benedicto XIV. den Cardinalspurpur be= kommen hätte. Nachdem er sich das Biret ohne vielem Ge= pränge überreichen lassen, setzte er seine Reise nach Italien fort. Er nahm den Weg über Turin, um allda die Schwie= rigkeiten wegen des empfangenen Bißthums zu Pavia, da= von der größte Theil in den Staaten des Königs von Sar= dinien liegt, zu heben. Den 17. Dec. langte er zu Turin an, wo er bey dem Cardinal Delle Lanze, der ihn in Gesell= schaft des Erzbischoffs zu Turin auf eine gewisse Weite von der Stadt einholte, sein Quartier nahm. Den andern Tag Abends wurde er dem Könige und ganzen Königl. Hause ohne Ceremonien vorgestellt, worauf er den 20sten nach Meyland abreisete und allda von seinen Angehörigen und Ver= wandten, die er sehr reichlich beschenkte, mit vielen Freu= densbezeugungen empfangen wurde.

Den 18. Jan. 1754. Abends stattete er bey dem Herzo= zoge von Modena, der nicht lange vorher als Statthalter zu Meyland angelangt war, seinen Besuch ab, welcher ihm den folgenden Morgen wider sein Vermuthen eben diese Eh= re erwieß. Er erhub sich darauf in sein Bißthum zu Pavia und nahm von demselben Besitz. Den 20. Nov. langte er zu Rom an, hielte den 30sten daselbst seinen öffentlichen Ein= zug und empfieng den 5. Dec. von dem Papste den Cardi= nalshut, den 16den aber, da ihm der Mund geöffnet ward, den Priestertitel de quatuor coronatis. Im Jahr 1755. kehrte er in sein Bißthum zurücke und kam nicht eher wieder nach Rom, als 1758. da nach Benedicti XIV. Absterben ein
Con=

Conclave gehalten wurde. Er bekam in solchem durchs Loos die letzte Zelle ohne einer und war ein Mann von 65. Jahren, folglich in einem Alter, das zur Päpstl. Würde am dienlichsten ist. Alleine man hörte während dem ganzen Conclave seinen Namen nicht nennen, ob er sich schon im Junio in demselben in Person eingefunden hatte.

Nachdem der neue Papst Clemens XIII. gecrönt worden, kehrte er wieder in sein Bißthum zurück, aus welchem er auch seit dem nicht viel wieder gekommen, außer wenn er sich nach Meyland erhoben und allda seine Freunde und Angehörigen besuchet hat. Seinen Eifer vor die Ehre des Päpstl. Stuhls gab er bey aller Gelegenheit und sonderlich 1768. dadurch zu erkennen, daß er sich dem Circularschreiben des Grafens von Firmian stark widersetzte. Es hatte dieser gevollmächtigte Minister in der Oesterreichischen Lombardey im Namen der Kayserin im Monath August allen Bischöffen in diesem Lande die Päpstl. Bulla in cœna Domini verboten. Dieses bewog den Cardinal Durini, daß er nicht nur an den Grafen von Firmian zwey mit sehr hefftigen Ausdrücken angefüllte Schreiben ergehen, sondern auch an die Kayserin selbst einen Brief schrieb, worinnen er, wenn er auf die anbefohlene Unterdrückung der Bulla in cœna Domini kömmt, unter andern sich also ausdrückt: Er wolle diese Todsünde nicht vor den Richterstuhl des Höchsten bringen. Alleine er mußte stillschweigend nachgeben und sich dem Willen des Kayserl. Hofs unterwerfen.

Im Febr. 1769. starb Clemens der XIII. worauf er zum andern male zum Conclave eingeladen wurde. Er entschuldigte sich deshalben bey dem heil. Collegio in einem Schreiben und schützte seine beständigen Anfälle von Krankheit für, die ihn hinderten, dießmal nach Rom zu reisen. Das Loos hatte ihm die 23ste Zelle, zwischen den Cardinälen Johann Franz Albani und Perell, zugetheilt, die aber leer gelassen wurde. Er erlebte zwar die Wahl des neuen Papsts Clementis XIV. mußte aber bald darauf, nämlich den 25. Jul. 1769. zu Meyland sterben, nachdem er sein Alter über 76. Jahre gebracht und bis ins 17de Jahr die Cardinalswürde bekleidet hatte.

Sein

Sein Leichnam ward nach Pavia gebracht und in der dasigen Cathedralkirche mit öffentlichem Gepränge begraben. Der
gewesene Nuncius in Pohlen, Angelus Maria Durini, ist
sein Nepote.

CCLXIV.
Paulus de Caravalho,
ein Portugiese.

geb. * * Card. 1770. † 2. e.

Er war aus keinem erhabenen Geschlechte entsprossen, obgleich der jetzige Portugiesische Premierminister, Marquis von Pombal, sein leiblicher Bruder ist. Sein
Vater wohnte an einem kleinen Orte, Namens Pombal,
nahe bey der Stadt Coimbra, wo derselbe einen Meyerhof
hatte. Alhier wurde er gebohren. Ein Glücke vor ihn ware
es, daß des Vaters Bruder, der den geistlichen Stand erwählt hatte, an dem Königl. Hofe zu einem ansehnlichen Amte gelangte. Denn durch dessen Vorschub wurde nicht nur
sein Bruder zu der hohen Stelle eines Decembargadors in
der Stadt Oporto befördert, sondern verselbe sorgte auch vor
dessen Kinder. Den ältesten Sohn, Don Sebastian Joseph
de Caravalho, ließ er studiren und zu weltlichen Bedienungen geschickt machen, den andern aber, nämlich unsern Don
Paul, in den geistlichen Stand treten.

Es würde aber dieser schwerlich in demselben es so weit
gebracht haben, wenn nicht sein älterer Bruder das Glücke
gehabt, nach dem Tode des Königs Johannis V. bey dessen
Sohne, dem neuen Könige Joseph I. zu den höchsten Ehrenstellen zu gelangen und endlich gar unter dem Titel eines Grafens von Oeyras und nachmals eines Marquis von Pombal
zu dessen Liebling und Premierminister erhoben zu werden.

Solchergestalt fiel es unserm Don Paul nicht schwer,
gleichfalls empor zu kommen. Er wurde nicht nur ein Mitglied des obersten Hofgerichtes, Desembargo do Paço genannt,
son

sondern auch Intendant der Einkünfte der Königin und Generalcommiſſarius der Creutzbulla. Ferner erhielte er das Großpriorat von Guimaraens und die höchſtwichtige Stelle eines Generalinquiſitors von Portugall, nachdem des Königs natürlicher Bruder, Don Joſeph de Braganza, der ſolche bisher bekleidet hatte, 1760. in Ungnade gefallen war. Endlich gelangte er gar zu der Präſidentenſtelle in dem obgedachten höchſten Reichs- und Hofgerichte Deſembargo do Paço. Es ſtehen unter demſelben alle andere Gerichtshöfe im Reiche und ſelbſt die Hof- und Reichscanzley, von welchen Collegiis insgeſammt an dieſes höchſte Tribunal appellirt werden kann.

Als ſich nun der neue Papſt Clemens XIV. der im May 1769. den Apoſtoliſchen Stuhl beſtieg, gerne um den Portugieſiſchen Premierminiſter verdient machen wollte, um durch ihn die Ausſöhnung mit dem Königl. Hofe zu befördern, ſo hatte Don Paul de Caravalho, als deſſen Bruder, das Glücke, zur Cardinalswürde auserſehen zu werden. Er erhub ihn ſchon hierzu den 18. Dec. 1769. in ſeiner Bruſt, hielte aber ſolches verborgen bis den 29. Jan. 1770. da er in einem öffentlichen Conſiſtorio ihm die Cardinalswürde wirklich ertheilte und dabey rühmte, daß dieſer Prälate ſich bisher ſehr beſchäftiget habe, die Wiederherſtellung des unterbrochenen guten Vernehmens zwiſchen dem Päpſtl. und Portugieſiſchen Hofe zu befördern. Der Prälat Lambertini, ein Nepote Benedicti XIV. kriegte den Auftrag, dem neuen Cardinal das Biret zu überbringen. Als man nun zu Rom erfuhr, daß derſelbe an der Waſſerſucht ſehr gefährlich darnieder liege, wurde Herr Lambertini erinnert, ſeine Abreiſe nach Liſſabon zu beſchleunigen. Alleine ehe er ſolche antrat, lief zu Rom die Nachricht ein, daß der neue Cardinal bereits den 17. Jan. geſtorben und auch begraben ſey. Dieſes war der zwölfte Tag vor der öffentlichen Bekanntmachung ſeiner 4. Wochen vorher geſchehenen geheimen Erhebung zu der Cardinalswürde,

CCLXV.

CCLXV.

Jacobus Oddi,

von Perugia.

geb. 1697. Card. 1743. †. 1770.

Er wurde den 12. Nov. 1679. zu Perugia, einer Stadt im Kirchenstaate, aus einem alten Geschlechte gebohren und von Jugend auf von den Jesuiten in denjenigen Wissenschaften, die einem Prälaten dienlich sind, sorgfältig unterrichtet. Nachdem er seine Studia vollendet, suchte er sein Glücke an dem Päpstl. Hofe, wo er unter die Protonotarios Apostolicos aufgenommen wurde, auch nach und nach die Gouvernementsstellen zu Ancona, Civita Vecchia, Macerata und Viterbo erhielte.

Als der letzte Herzog Anton von Parma und Placenza, aus dem Hause Farnese, im Jan. 1731. ohne Leibeserben mit Tode abgieng, schickte ihn Clemens XII. nach Parma, um wider die Kayserl. Besitznehmung dieser Fürstenthümer, als vermeinter Lehenstücke des Päpstl Stuhls, Vorstellungen zu thun. Er ließ gar an den öffentlichen Orten der Stadt Manifeste anschlagen und darinnen die Unterthanen warnen, Niemanden anders den Huldigungseyd zu leisten, als dem Apostolischen Stuhle. Alleine da diese Anschläge abgerissen wurden und Oddi mit seinen Vorstellungen nichts ausrichtete, protestirte er wider die Kayserl. Besitznehmung und erklärte dieselbe aus Päpstl. Vollmacht für null und nichtig.

Der Papst ernennte ihn darauf zum Nuncio zu Cölln, nachdem er ihn den 9. Jun. 1732. zum Erzbischoff von Laodicea gewehet und unter die asistirenden Bischöffe, des Päpstl. Throns aufgenommen hatte. Im Aug. 1735. erhielte er die Nunciatur zu Venedig, wo er aber allererst den 26. Febr. 1736. seinen öffentlichen Einzug hielte. Hier blieb er biß 1739. da er in gleicher Qualität nach Portugall gesendet wurde. Er langte den 3. Oct. zu Lissabon an und wurde nicht wenig erfreut, da sein Vetter, der Prälat Oddi,

den

den 14. Dec. 1743. bey ihm anlangte und bey Ueberbrin=
gung des Birets anzeigte, daß er den 9. Sept. von Benedi=
cto XIV. zum Cardinalpriester creirt worden sey. Der Kö=
nig setzte ihm den 11. Jan. 1744. in seiner Hofcapelle das
Biret auf, worauf sich Herr Tempi einfand, der ihn in der
Nunciatur ablösete. Er hatte alsdenn den 16. Jun. seine
Abschiedeaudienz und bekam den folgenden Tag ein Creutz von
Brillanten zum Geschenke, das auf 30000. Crusaden ge=
schätzt wurde. Den 29. Sept. ernennte ihn der Papst zum
Legaten zu Urbino, welche Stelle er aber ausschlug.

Den 24. Febr. 1745. langte er zu Rom an und em=
pfieng den 7. März nebst dem Cardinal Lante den Hut, ei=
nige Zeit darauf aber den Priestertitel St. Praxidis. Den
9. Sept. 1746. bekam er die Legation zu Ravenna und im
Sept. 1749. das Bißthum zu Viterbo, wobey er die Erlaub=
niß kriegte, wegen seiner Unpäßlichkeit noch drey Monate
zu Perugia zu bleiben, auch seine Legation zu Ravenna fer=
ner beyzubehalten. Den 3. May 1758. gesegnete Benedi=
ctus XIV. das Zeitliche, worauf er zum Conclave eingela=
den wurde, darinnen er durchs Looß die 48ste Zelle zwischen
den Cardinälen Delfino und Portocarrero empfienge. Er
betrat solches den 19. May, ward aber wegen seines erreich=
ten hohen Alters wenig in Vorschlag gebracht. Der neue
Papst Clemens XIII. der den 6. Jul. erwählt wurde, ertheilte
ihm den 22. Nov. den Priestertitel St. Mariä über der Ty=
ber, worauf er nach seinem Bißthum zu Viterbo zurücke
kehrte.

Im Nov. 1759. setzte er dem neuen Cardinal Gual=
tieri, als er aus Frankreich zurücke kam, in seiner Cathedral=
kirche das Biret auf. Im Jahr 1762. hielte er in seiner
Bischöfl. Diöces einen Synodum, darinnen er in Ansehung
der Kirchenzucht einige Verordnungen machte, die der Geist=
lichkeit so harte vorkamen, daß sie sich darüber zu Rom be=
schwerte. Der Cardinal Oddi reisete darauf selbst nach Rom,
und vertheidigte die Rechtmäßigkeit und Gültigkeit seiner
Verordnungen. Im Jan. 1763. erhielte er als erster Car=
dinalpriester den Titel St. Laurentii in Lucina.

Als

Als die Jesuiten im Jan. 1768. aus Sicilien vertrieben wurden, war er gegen sie so barmherzig, daß er ihnen Fuhren entgegen schickte, sie mit allen Nothwendigkeiten versahe und ihrer bey zwey hundert in seiner Diöces aufnahm.

Im Jahr 1769. erlebte er abermal ein Conclave, zu welchem er in dem guten Jahre seines Alters eingeladen wurde. Er schrieb darauf einen sehr rührenden Brief an die Cardinäle, worinnen er meldete, daß ihm sein Alter nicht erlaubte, der Papstwahl beyzuwohnen. Gleichwohl entschloß er sich hernach noch im April, das Conclave zu betreten und darüber sein Leben in Gefahr zu setzen, um den Jesuiten, denen er sehr ergeben war, den letzten angenehmen Dienst zu leisten und ihre Parthey unter den Cardinälen zu verstärken. Er bezog zwar seine Zelle, welches die letzte ohne einer war, und gedachte die Jesuitisch-gesinnte Parthey zu unterstützen, konnte aber nichts ausrichten, weil die Französische Faction dießmal die Oberhand behielte, die den Cardinal Ganganelli zum Throne beförderte, welcher den Namen Clemens XIV. annahm. Er kehrte hierauf bald wieder nach seinem Bißthum zu Viterbo zurücke, wo er im April 1770. Todes verblicke, nachdem er über 90. Jahre alt worden, die Cardinalswürde aber fast 28. Jahre bekleidet hatte. Er war vor die Rechte des Päpstl. Stuhls sehr eingenommen, liebte die strenge Kirchenzucht und hielte den Jesuiterorden, den er bey aller Gelegenheit stark vertheidigte, in sehr hohen Werthe.

CCLXVI.
Franciscus Christophorus von Hutten,
ein Deutscher.
geb. 1706. Card. 1761. † 1770.

Er war ein Sohn Franz Ludwigs, Freyherrns von Hutten zu Stolzenberg, Kayserl. und Fürstl Würzburgischen geheimbden Raths und Oberamtmanns zu Gerolds

toldshofen, Seine Mutter, Juliana Johanna · gebohrne
Baroneße von Bicken, brachte ihn den 6. März 1706. zur
Welt. Er wurde von Jugend auf dem Prälatenstande ge=
widmet und daher auch demselben gemäß erzogen. Es glückte
ihm, daß er bey Zeiten eine Domherrnstelle in dem hohen
Stifte Speyer erhielte, welche ihm den Weg zur Bischöffli=
chen Würde bahnte. Er gelangte desto leichter darzu, da er
sich durch seine gute Eigenschaften und tugendhafte Auffüh=
rung viel Freunde im Capitul machte, auch mit verschiede=
nen Domherren in Verwand= und Schwägerschaft stunde.

Als nun der bisherige Bischoff, Damian Hugo, Graf
von Schönborn, der Röm. Kirche Cardinal, den 20. Aug.
1743. starb, hatte er nicht nur die Ehre, einer von den Dom=
herrn zu seyn, die während der Sedisvacanz die Stiftsre=
gierung führen mußten, sondern ward auch sogleich unter
die stärksten Competenten zu dem erledigten Bißthum gezählt.
Auf den 5. Nov. wurde die Bischoffswahl angesetzt. Unter
andern Competenten hatte der Churfürst von Trier, Franz
George, des verstorbenen Bischoffs Bruder, einen starken
Anhang. Als es zur Wahl kam, fehlte es nicht viel, daß
nicht derselbe erwählt wurde, weil ihm an den Zweydrittel=
stimmen, die zu einer rechtmäßigen Postulation erfordert
werden, nur eine einzige Stimme mangelte. Die Wahl wur=
de darauf bis den 26. Nov. verschoben, da sie in der Person
des Herrn von Hutten vollzogen wurde. Den 14. May
1744. empfieng er die Bischoffsweyhe.

Es fiel der Antritt seiner Regierung gleich in die Zeit
des Oesterreichischen Successionskriegs, daher seine Stifts=
lande viel Ungemach ausstehen mußten, weil bald die En=
gelländer, bald die Oesterreicher, ihre Durchzüge durch die=
selben thaten. Er bekam auch bißweilen in seiner Residenz
zu Bruchsal vornehme Gäste, dergleichen sonderlich der Groß=
herzog von Toscana war, der kurz vor seiner Erwählung zur
Kayserwürde seinen Besuch bey ihm ablegte, bey welchem er
aber sich auch wieder fleißig im Hauptquartier einfand, das
derselbe damals zu Heidelberg hatte. Er war eben zugegen,

IV. Theil.   B   als

als der Landgraf von Hessen-Darmstadt den 17. Sept. 1745. frühe unter Vorreitung vierzig blasender Postillons aus Frankfurt das Wahldiploma dem neuen Kayser überbrachte. Man begieng deßhalben den folgenden Tag ein großes Dankfest zu Heidelberg, da dann unser Herr von Hutten die Ehre hatte, die solenne Messe zu halten.

Den 23. Jan. 1748. ließ er sich zu Wien durch den Baron von Frankenstein sowohl über das Stift Speyer, als die demselben einverleibte Fürstl. Probsten Weissenburg von Francisco I. die Reichslehen reichen. Den 20. Jul. 1755. hatte er die Ehre, die Kayserliche Prinzeßin aus dem Hause Bayern, Marien Josephen, mit dem Marggrafen Ludwig George von Baden-Baden zu Etlingen zu copuliren, nachdem er den 15. Jun. vorher dem neuen Bischoffe zu Würzburg, Adam Friedrich von Seinsheim, in dessen Cathedralkirche die Bischoffsweyhe ertheilt hatte. Er stunde am Kayserl. Hofe in solcher Hochachtung, daß ihn die Kayserin, als Königin von Ungarn und Böhmen, bey Papst Clemente XIII. zur Cardinalswürde vorschlug, die er auch den 23. Nov. 1761. erhielte. Der Prälat Mantica überbrachte für ihn das Biret nach Speyer, wo es ihm in der dasigen Domkirche überreicht wurde. Er kriegte seine Stelle unter den Cardinalpriestern; jedoch weil er nicht nach Rom gekommen und den Hut selber geholt, hat er einen besondern Cardinalstitel geführt.

Im Jahr 1766. verglich er sich wegen seines Anspruchs auf sieben Dörfer in der Grafschaft Eberstein durch einen den 28. Jan. zu Rastadt getroffenen Erbvertrag dahin, daß das Städtgen Gernsbach mit den Dörfern Stauffenberg, Scheuern und Neuenburg dem Hause Baden-Durlach überlassen wurde. Er empfieng auch den 6. Dec. dieses Jahrs durch den Herrn von Geroldingen über seine beyden Reichsstifter Speyer und Weissenburg von dem neuen Kayser Joseph II. die Reichslehen.

Im

Im Jahr 1767. wurde ihm die Stelle eines bevolmäch,
tigten Kayserlichen Principalcommissarii bey Visitirung des
Reichs-Cammergerichts zu Wetzlar angetragen, die er aber
von sich ablehnte, ob ihn gleich der Kayserliche Minister,
Graf von Neuperg, zu Annehmung derselben zu bereden suchte. Im Jahr 1768. gab er einen starken Competenten zu
dem verledigten Bißthum Worms ab, welches aber den 1.
Märj dem Churfürsten von Maynz zu Theile wurde. Den
2. Febr. 1769. starb Clemens XIII. worauf er von dem Cardinalscollegio zum Conclave eingeladen wurde, in welchem
er durchs Loos die 33te Zelle bekommen, die die Cardinäle Branciforte und Buffalini zu Nachbarn hatte. Der
Kayserl. Hof hätte es gerne gesehen, wenn er in dasselbe gegangen wäre, weil ihm die geheimen Verhaltungsbefehle aufgetragen werden sollten. Alleine er hatte keine Lust, eine so
weite Reise zu thun. Er blieb daher mit Genehmhaltung des
Kayserl. Hofs unter Vorschützung einiger Unpäßlichkeit zu
Hause und ließ geschehen, daß ohne sein Zuthun den 19. May
der Cardinal Ganginelli unter dem Namen Clementis XIV.
auf den Päpstl. Stuhl gesetzt wurde.

Er hat sich um das Bißthum Speyer sehr verdient gemacht. Er wendete einen Theil des von seinem Vorfahrer
gesammleten Schatzes theils zu Erkaufung der zwey beträcht-
lichen Herrschaften Neu-und Pfauhausen, theils zu Anlegung einer öffentlichen Stiftsbibliothec an. Er brachte den
unter der vorigen Regierung angelegten prächtigen Palast
zu Bruchsal zu Stande und verbeßerte die zwey Bischöfliche
Landhäuser ohnweit dieser Stadt. Er vermachte zu Unter-
haltung des gestifteten Landhospitals 30000. Gulden und
50000. Gulden zu Anlegung eines Zucht-und Arbeitshauses.
Er verbeßerte nicht nur das von dem vorigen Bischoffe ge-
stiftete Seminarium zu Bildung geschickter Geistlichen, sondern legte auch in dem Stiftsgebiete verschiedene niedere
Schulen und philosophische Lehrstühle an. Er verschönerte
und erweiterte die Residenzstadt Bruchsal und ließ zur Be-
quemlichkeit der Reisenden die Wege und Landstrassen ver-
B 2   beßern.

beſſern. Auf ſolche Weiſe erzeigte er ſich in allen Stücken
als einen löblichen Landesherrn, guten Patrioten und exem-
plariſchen Biſchoff, daher er ſehr bedauert wurde, da er den
20. April 1770. in der Nacht zu Bruchſal das Zeitliche ge-
ſegnete, nachdem er 64. Jahre gelebt und 27. Jahre als Biſchoff regierte, die Cardinalswürde aber nicht viel über 9. Jahre
bekleidet hatte.

Er machte ſich ſelbſt einige Wochen vor ſeinem Ende
zu ſeinem Grabmale folgende Aufſchrift: *Siſte ſpectator &*
noli intermittere dicere, quod *Tu ipſe ab aliis expectas : Re-*
quieſcat per miſericordiam Dei anima Franciſci Chriſtophori,
S. R. E. Cardinalis Presbyteri , Epiſcopi Spirenſis , Præpoſiti
Weiſſenburgenſis & Odenheimenſis , in vita Peccatoris Maximi.
Der P. Andreas Seelmann, Vorſteher des Seminarii zu
Bruchſal, hat ihm den 10. May eine Lob-und Trauerrede
gehalten, die gedruckt worden, und ein ſchönes Probeſtücke
einer männlichen Beredſamkeit abgiebt.

CCLXVII.

Nereus Corſini,
ein Toſcaner.

geb. 1685. Card. 1730. † 1770.

Nereus Corſini würde ſchwerlich ein Cardinal worden ſeyn,
wenn er nicht in der Perſon Clementis XII. den Papſt
zum Vetter bekommen hätte. Denn ob er gleich aus
einem vornehmen Toſcaniſchen Geſchlechte herſtammte, das
der Römiſchen Kirche bereits verſchiedene Cardinäle und andere große Prälaten gegeben, ſo hatte er doch anfangs ſo
wenig Zutritt am Päpſtl. Hofe, daß man nicht eher von ihm
etwas hörte, als da er den geiſtlichen Purpur erhielte.

Sein Vater, Philippus Corſini, Marcheſe von Tre-
ſane, der eine Hiſtoriam Mexicanam geſchrieben und ein leiblicher Bruder Laurentii Corſini, nachmaligen Papſts Clemen-

tis XII. geweſen, war ein Staatsminiſter an dem Hofe Coſ
mi III. Großherzogs von Toſcana.   Seine Mutter Lucre
tia, des Marcheſe Rinuccini Tochter, brachte ihn den 19.
May 1685. zu Florenz zur Welt.   Er hatte noch einen ål
tern Bruder, der Bartholomäus hieß, und zu Fortpflanzung
des våterlichen Geſchlechts beſtimmt war.   Dieſer wurde von
Clemente XII. zum Herzoge und Fürſten des Påpſtl. Stuhls
erhoben und iſt der Stammvater des noch jetzo blühenden
Corſiniſchen Hauſes, hat aber bereits den 30. Nov. 1752.
das Zeitliche verlaſſen.

Unſer Nereus bekam den Herrn Vincentium Ciano zum
Lehrmeiſter, der ihm in den Sprachen und Wiſſenſchaften das
Nothwendigſte beybrachte.   Er ſollte gleich anfangs in den
geiſtlichen Stand treten, hatte aber hierzu keine Luſt, ob er
wohl unvermählt bliebe.   Seine Eltern ſturben kurz hinter
einander, als er nicht viel über 20. bis 21. Jahre alt war.
Er that darauf eine weite Reiſe in fremde Reiche und Länder
und gieng durch Italien nach Deutſchland, Pohlen, Hol
land, Engelland und Frankreich, wo er überall das Merk
würdigſte in Augenſchein nahm und mit vielen vornehmen
Standsperſonen ſich bekannt machte.   Nach ſeiner Rückkunft
wurde er an dem Toſcaniſchen Hofe mit vielem Vergnügen
empfangen und bekam ſonderlich an dem Cardinal von Me
dices, des Großherzogs Bruder, der zuletzt die Cardinals
würde niederlegte, einen großen Gönner.   Ob man nun
gleich nicht vernommen, zu was für Chargen er befördert wor
den, ſo ward er doch zu den Staatsgeſchäften gezogen.

Der Großherzog Coſmus III. ſchickte ihn als Geſandten
nach Frankreich, wo er allerhand wichtige Geſchäfte wegen der
Erbfolge bey ſeiner Prinzen Unfruchtbarkeit auszurichten hatte.
Er wurde deßhalben auch hernach nach Engelland geſchickt.
Im Jahr 1722. fand er ſich in gleicher Abſicht als Großherzogli
cher Gevollmächtigter auf dem Friedenscongreße zu Cambray
ein, wo er ſich bis ins folgende Jahr aufhielte, aber durch
ſein ſparſames Weſen und ſeinen allzugeringen Aufwand nicht
viel Ehre einlegte.   Als er wieder nach Hauſe kam, ward er
Obriſter über ein Regiment zu Pferde, das er aber wieder
quit

quittirte, so bald der alte Großherzog den 31. Oct. 1723.
Todes verbliche.

Nunmehro erhub er sich nach Rom, wohin ihn sein Vet=
ter, der damalige Cardinal Corsini, schon längst verlangt
hatte. Er sollte in den geistlichen Stand treten, hatte aber
immer noch keine Lust darzu; jedoch wollte er sich auch nicht
so, wie es sein Vetter verlangte, zu Rom vermählen, blieb
aber doch in dieser Stadt, gieng in weltlicher Kleidung und
hieß der Marchese Corsini. In diesem Stande verharrte er bis
1730. da sein Vetter, der obgedachte Cardinal den 12.
Jul. unter dem Namen Clementis XII. den Päpstlichen
Stuhl bestieg. Nunmehro ließ er sich durch seine Freunde
und besonders durch den Cardinal Davia bereden, die weltli=
che Kleidung abzulegen. Er empfieng den 23. Jul. die erste
Tonsur und ward von dem neuen Papste zum Prälaten des
Römischen Hofs erkläret.

Das ganze Corsinische Haus, von welchem man bisher
wenig zu sagen gewußt, wurde nunmehro in der ganzen Welt
berühmt und ganz Rom fieng an, demselben Weyhrauch zu
streuen. Sonderlich gerieth die Erhebung Clementis XII.
unserm Corsini zu großem Vortheil. Der Papst ernennte
ihn sogleich zum Secretario der Memoriale oder Suppliquen,
wie auch zum Protonotario Apostolico, ließ ihn auch hoffen,
daß er bald den Cardinalpurpur erlangen würde. Jedoch es
deuchtete ihm sehr fremde, als er bey der ersten Promotion,
die den 2. Oct. 1730. geschahe, übergangen wurde. Allei=
ne da ihn der Papst nicht lange hernach, nemlich den 11. Dec.
ganz alleine zum Cardinal creirte und dabey bezeugte, daß er
ihn bereits den 14. Aug. vorher in der Brust zu dieser Wür=
de erhoben hätte, gab er sich zufrieden, zumal da er zugleich
den Rang über die vier vor ihm creirten Cardinäle erhielte.
Er empfieng den Diaconattitel St. Adriani, den er aber bald
mit dem von St. Eustachio verwechselte, und wurde fast in
alle Congregationes aufgenommen.

Der Papst gab ihm nicht lange nach Besteigung seines
Throns die gute Vermahnung, er sollte sich allezeit so auf=
führen, daß Niemand beleidiget würde; seine Regierung wür=
de

de nicht lange währen, weil sein Alter und der Abgang seiner Kräfte ihn veranlaßten, mehr an den Tod als an die
irdische Herrlichkeit zu gedenken; lasset uns demnach, setze
er hinzu, beyde also leben, daß unser Name nicht nach meinem Tode verhaßt sey, und folglich lasset uns, wo möglich,
uns so aufführen, daß man mich alsdenn bedaure, Ihr aber
gute Freunde haben möget.

Man konnte gleich anfangs merken, daß der neue Cardinal an allen Päpstl. Staats- und Regierungsgeschäften
großen Antheil haben würde, weil Clemens XII. alsbald nach
dem Antritt seiner Regierung, ihm, ob er gleich nur ein
bloser Prälate war, nicht nur einen sehr nahen Zutritt verstattete, sondern ihm auch erlaubte, durch einen öffentlichen
Anschlag vom 8. Nov. in ganz Rom bekannt zu machen, daß
er zu Erleichterung Ihrer Heiligkeit allen Standspersonen
wöchentlich drey Tage Gehöre geben und sodann deroselben
davon Bericht erstatten wollte. Hierdurch wurde der ganzen Stadt zu erkennen gegeben, daß, wer nicht dem Corsini-
schen Hause, und besonders den Cardinalnepoten, seine Gaben zeigen und bey ihm auf eine genereuse Weise seine Aufwartung machen würde, sich nicht unterstehen sollte, vor des
Papsts Angesicht zu kommen und etwas von demselben zu verlangen.

Es wieß sich in kurzem mehr als zu wohl aus, was dergleichen Präliminarconferenzen mit dem Cardinal Corsini vor
kräftige Wirkungen hatten, indem dadurch verschiedene Cardinäle und Prälaten, die wegen ihres Verhaltens unter der
vorigen Regierung in des Papsts Ungnade gefallen, den
Schlüssel zu des heil. Vaters Gunst und Gewogenheit glücklich fanden und sich aus ihren verdrüßlichen Umständen nach
Wunsche herauswickelten. Der Cardinal Corsini hatte hierbey um so vielmehr Gelegenheit, eine vortheilhaftige Rolle
zu spielen, weil er selbst zu einem Mitgliede derjenigen auf-
ferordentlichen Congregationen ernennet wurde, die der Papst
dieserwegen angeordnet hatte.

Im

Im Jahr 1731. ward er Protector des Dominicaner-
und 1732. des Servitenordens, im März 1733. aber erhielte er
die wichtige Präfectur von der Signatura di Giustizia oder dem
Appellationsgerichte, welche Bedienung der Papst vorher
selbst bekleidet hatte. Es wurden ihm auch in eben diesem
Jahre als Päpstlichen Nepoten alle Ehrenbezeugungen zugestanden, die sonst dem Decano des heil. Collegii erwiesen werden, worauf er den 25. May die kleinern Orden annahm
und den folgenden Tag sich zum Sub-Diacono weyhen ließ.

Sein vielvermögendes Ansehen wurde täglich größer. Er
hatte an der Vergebung der Aemter und Bedienungen den meisten Antheil und ohne seine Einwilligung unterstund sich der
Papst nicht leichtlich, etwas in Civil- und Hofsachen vorzunehmen. Als der P. Guadagni, des Papsts Schwestersohn,
den 24. Sept. 1731. die Cardinalswürde erhielte, vermeinte man, er würde seine bisherige Auctorität an dem Päpstl.
Hofe mit ihm theilen müßen. Alleine da er dßen Erhebung
größtentheils selbst befördert hatte, war es ihm nicht schwer,
sich mit ihm so zu vergleichen, daß derselbe ihm in keiner Sache entgegen seyn durfte, sondern vielmehr beflißen seyn mußte, deßelben Ansehen eher zu vergrößern, als zu schwächen,
weil er keinen Schaden davon hatte.

Im Jahr 1732. nahm sich der Papst vor, einmal einen
Cardinal nach seinem eigenen Herzen zu creiren, nachdem bisher entweder die auswärtigen Höfe oder die Nepoten den
meisten Antheil daran gehabt hatten. Die Person, die
er sich darzu ausersehen, war Herr Paßeri, ein Prälat von
guten Eigenschaften, aber von keinem starken Vermögen. Es
war hierzu bereits ein geheimes Consistorium angesetzt, und
der Papst würde sein Vorhaben unfehlbar ins Werk gesetzt
haben, wenn nicht ein geheimer Cämmerer etwas davon dem
Cardinal Corsini hinterbracht hätte. Da nun dieser keine Lust
zu dem gedachten Prälaten hatte, weil er sich vielleicht nicht
vorher bey ihm selbst darum beworben, wußte er nicht nur
das schon angesetzte Consistorium durch Vorschützung einer
dem Papst zugestoßenen Unpäßlichkeit, sondern auch die ganze vorhabende Promotion des Herrn Paßeri zu hinterreiben,
darge-

dargegen er den Papst dahin brachte, daß er nicht lange hernach die Herren Aquaviva und Mosca eretrte, welche in den
Augen des Cardinals Corsini Leute von beßern Gaben waren;
wiewohl Herr Paßert dennoch endlich noch die Cardinalswürde bekommen hat.

Im Jahr 1734. erhielte er die Abtey Chiaravalle und
ward ein Mitglied der neuen Congregation, die der Commer-
cien wegen angeordnet wurde. Im Jahr 1737. bekam er
die Protection sowohl von dem Königreiche Irland, als dem
Englischen Collegio zu Rom, ward auch nebst dem Cardinal
Gentill zum Aufseher über die neubestätigte Academie der lateinischen Sprache bestellt, ob er gleich selbst ein schlechter La-
teiner war. Im Jahr 1738. hatte er die Ehre, bey der jungen Königin von beyden Sicilien, als sie durch den Kirchenstaat reisete, im Namen des Papsts seine Aufwartung zu
machen.

Den 6. Febr. 1740. starb Clemens XII. womit das ganze bisherige große Ansehen des Cardinals Corsini ein Ende
hatte. Den 18den gieng er mit den andern anwesenden Cardinälen ins Conclave, worinnen er durchs Loos die 47ste
Zelle zwischen den Cardinälen von Polignac und da Cunha
empfangen, die aber beyde dießmal nicht nach Rom kamen.
Er formirte die stärkste Parthey im Conclave, welche fast
aus lauter Creaturen des verstorbenen Papsts bestunde und
deßhalben den Namen des neuen Collegii erhielte. Er machte
zwar mit demselben vielen Lermen, konnte aber nichts ausrichten, weil ihm die Gegenpartheyen stets so vielen Wider-
stand thaten, daß er niemals durchdringen konnte. Sein
größter Widersacher war der Cardinal Hannibal Albani, der
nicht nur überhaupt von den sogenannten Zelanten, sondern
insbesondere auch von den Creaturen Clementis XI. und Benedicti XIII. das Oberhaupt war. Dieser machte alle seine
Anschläge zunichte und hinderte ihn an der Erreichung seiner
Absichten dergestalt, daß, ob er gleich mit seinem Anhange
viel Tage lang auf dem Cardinal Aldrovandi bestunde, er doch
mit demselben nicht durchdringen konnte.

B 5   Man

Man gab ihm Schuld, daß er dieſer Sache nicht recht
gewachſen ſey. Anfangs war er vor die Cardinäle Cenci,
Delci und Firrau bemühet. Da er aber allzu viele Hinder-
niſſe fand, fiel er auf den Aldrovandi, mit dem es ihm beynahe gelungen wäre, weil demſelben nicht mehr, als noch
eine einzige Stimme fehlte, die er aber, aller Bemühung
ungeachtet, nicht aufbringen konnte, ob ſichs gleich etliche
Tage verzog, ehe die Stimmen, die er hatte, ſich wieder verminderten. Endlich brachte der obgedachte Albani den Cardinal Lambertini in Vorſchlag. Da es ihm nun nicht ſchwer
fiel, die meiſten von ſeiner Parthey nebſt vielen von den übrigen Cardinälen auf deſſen Seite zu lenken, ſo ließ ſich endlich
Corſini bewegen, demſelben beyzutreten, weil er nicht nur
nichts an dieſem Cardinale auszuſetzen fand, ſondern ſolcher
auch keine eigentliche Creatur des Albaniſchen Hauſes war,
auch viele von ſeiner Parthey und ſelbſt der Cardinal Aldrovandi ihm geneigt waren.

Die Wahl kam hierauf in wenig Stunden zur Rich-
tigkeit. Der neue Papſt ward den 17. Aug. unter dem Namen Benedicti XIV. öffentlich proclamirt, womit denn das
Conclave, welches gleich ein halbes Jahr gewährt, ein Ende hatte. Dem Cardinal Corſini widerfuhr die Ehre, daß
der neue Papſt bey ihm zu Mittage in ſeiner Zelle ſpeiſete,
weil deſſen eigene der Gewohnheit nach von den Bedienten
des Conclavis geplündert wurde. Er beſtätigte ihn nicht
nur in allen ſeinen Aemtern, ſondern ernennte ihn auch zum
Erzprieſter der Kirche St. Johannis in Laterano, von welcher Stelle er den 9. Sept. Beſitz nahm.

Jedoch bey allen dieſen Ehrenbezeugungen war ihm
doch Benedictus XIV. nicht ſonderlich gewogen. Es gieng
ſo gar anfangs das Gerüchte, als ob er ihm zugemuthet
hätte, eine Million vor die Päpſtl. Camer herzugeben. Ob
nun wohl ſolches keinen Grund gehabt, ſo konnte man doch
bey aller Gelegenheit merken, daß der Papſt wenig wahre
Zuneigung zu ihm trüge, weil er ihm allerhand Urſache zum
Mißvergnügen gab. Dieſes gieng ſo weit, daß Corſini ſo
gar auf einige Zeit die Stadt Rom verließ. Die Gelegenheit

heit zu dieſer Entfernung war dieſe : der Cardinal hatte den
Papſt gebethen, ſeinem Hauſe das Jus patronatus über die
Capelle zu ertheilen, welche der verſtorbene Papſt in der Kirche zu St. Johannis in Laterano zu ſeinem Begräbniß er-
bauen laſſen, und zwar auf eben die Art, wie das Haus
Pamfili dieſes Recht über eine andere Capelle in dieſer Kirche
beſiße. Der Papſt gab ihm zur Antwort, daß er dieſe Sache
erſt von einer Congregation unterſuchen laſſen wollte. Als
nun der Cardinal Paßionei, welcher in dieſer Congregation
zugegen war, dem Papſte vorſtellte, daß das Pamfiliſche
Haus dieſes Recht ſtatt einer Belohnung vor die großen
Wohlthaten empfangen hätte, welche es der beſagten Kirche
erwieſen und womit es noch fortführe; da hingegen das Cor-
ſiniſche Haus ſich in keinem Stücke um dieſe Kirche verdient
gemacht habe, ſo gab der Papſt dieſer Vorſtellung Gehör.
Alleine der Cardinal Corſini hatte kaum hiervon Nachricht
erhalten, ſo ſchrieb er an den Cardinal Paßionei einen em-
pfindlichen Brief auf die Weiſe, wie er ſonſt zu ſchreiben
gewohnt war und grif hierdurch den Paßionei dergeſtalt an
ſeiner Ehre an, daß er ſich bey dem Papſte darüber beſchwer-
te und Se. Heiligkeit bath, dem Cardinal Corſini ſolches zu
verweiſen. Als nun Corſini bald darauf ſelbſt zum Papſte
kam und den heiligen Vater mit vielen Gründen zu überfüh-
ren ſuchte, daß ſein Anſuchen gerecht wäre, ſo hatten doch
ſeine Vorſtellungen keine andere Wirkung, als daß der Papſt
ihm den Rücken zukehrte und dieſe Antwort ertheilte : Ihr
werdet mir beſchwerlich! Dieſe ungnädigen Worte er-
ſchreckten den Cardinal dergeſtalt, daß er ſich geſchwinde entſchloß, Rom zu verlaſſen. Jedoch dieſe trüben Wolken
mußten bald wieder vorüber gegangen ſeyn, weil Corſini nicht
lange hernach ſich wieder zu Rom eingefunden hat.

Ob er gleich dem Papſte nicht angenehm war, ſo zog
derſelbe ihn doch in den Finanzſachen zum öftern zu Rathe.
Im Jan. 1741. erhielte er das Protectorat von der Crone
Portugall, worauf er eine Reiſe in ſein Vaterland that,
aber noch vor Ausgang des Jahrs wieder zurücke kam. Im
Jahr 1742. entſchied der Papſt nach ſeinem Wunſche die
bisherige Streitigkeit wegen des Juris patronatus über die Ca-

pelle

yeſte des Heil. Andreä Corſini in der Metropolitantirche zu
St. Johannis in Laterano, worauf den 1. Jul. die Trans-
portirung des Leichnams Clementis XII. aus dem Vatican,
die bisher ausgeſetzt geblieben, nach der gedachten Capelle
erfolgte.

Als darauf die Peſt zu Meßina in Sicilien zu graßiren
anfieng, war er einer von den fünf Cardinälen, die den 16.
Jul. 1743. die Aufſicht über die Thore zu Rom bekamen, da
denn jeglichem zwey Thore anvertraut wurden, die man ſtark
mit Soldatenwache beſetzte, welches ſo lange währte, bis die
Peſt aufhörte.

Den 24. Dec. 1749. hatte er die Ehre, als Erzprieſter
der St. Johannistirche in Lateran bey dem eingetretenen Jubeljahre die heilige Pforte an derſelben mit den gewöhnlichen
Ceremonien ſowohl zu eröffnen, als auch den 24. Dec. 1750.
wieder zu ſchließen, da er denn während dieſem Jahre nach
dem Exempel einiger andern reichen Cardinäle an den häufig
nach Rom gekommenen Pilgrimmen viele Werke der Liebe
und Barmherzigkeit auszuüben Gelegenheit hatte. Immittelſt fieng er an, ſich bey Benedicto XIV. in ſonderbare Gunſt
zu ſetzen, ſo, daß er vielen Antheil an den Regierungs- und
Finanzſachen bekam und dem Staatsſecretario, Cardinal Valenti, gleichſam zur Seite war. Er erhielte auch im Febr.
1753. das wichtige Amt eines Secretarii des heiligen Officii.
Im folgenden Jahre ließ er öffentlich bekannt machen, daß
ſeine Bibliotheck zu Rom, die ſehr zahlreich war, künftig
zum Gebrauch der Gelehrten geöffnet werden ſollte.

Den 3. May 1758. ſtarb der Papſt, worauf der Cardinal Corſini den 15den mit den andern anweſenden Cardinälen das zweytemal das Conclave betrat, worinnen er jetzt
die 35ſte Zelle bekommen, welche die Cardinäle Doria und
Tempi zu Nachbarn hatte. Er machte ſich in dieſem Conclave nicht ſo bekannt, als in dem vorigen, weil ſeine Parthey, die meiſtens aus den Creaturen Clementis XII. beſtun-
de, ſehr ſchwach worden und folglich den andern Partheyen
nicht die Wage halten konnte; indeſſen kam doch einer von
den

den Creaturen des gedachten Papſts, nämlich der Cardinal
Rezzonico, den 6. Jul. auf den Apoſtoliſchen Stuhl, der
den Namen Clemens XIII. annahm.

Er galt bey dieſer Regierung weniger als bey der vorigen, weil die Nepoten des neuen Papſts ſich Meiſter von allen
Affairen machten. Die großen Irrungen, worein der Päpſtl.
Hof mit der Crone Portugall ſowohl wegen der Jeſuiten als wegen des Nuncii Acciajoli fiel, machten dem Cardinal Corſini,
welcher Protector von dieſer Crone war, viel zu ſchaffen, weil
er ſich viele vergebliche Mühe gab, dieſelben in der Güte
beyzulegen, aber ſeinen Zweck nicht erreichen konnte. Die
Irrungen wurden immer größer, weil der Staatsſecretarius,
Cardinal Torreggiani, der den ganzen Päpſtl. Hof regierte,
lauter gewaltthätige Grundſätze hegte und ein großer Patron
der Jeſuiten war. Sonderlich ſetzte ſein hartes Verfahren
gegen den Römiſchen Buchhändler Pagliarini, bey dem man
eine Anzahl Exemplarien von einer hefftigen Satyre wider
die gedachten Ordensleute gefunden hatte, den Cardinal Corſini in eine große Entrüſtung, weil gedachter Buchhändler
nicht nur die Protection der Höfe von Liſſabon und Neapolis, ſondern auch des Hauſes Corſini genoß. Er berichtete
die Sache an den Portugieſiſchen Hof und bewog dadurch
den Papſt, den Buchhändler wieder in Freyheit zu ſetzen.
Aber die Irrungen blieben unausgemacht und es kam zwiſchen beyden Höfen zu einer völligen Trennung. Indeſſen
hatte der Cardinal Corſini das Vergnügen, daß ſein Vetter und Nepote den 24. Sept. 1759. zur Cardinalswürde
gelangte.

Er kam nunmehro zu einem hohen Alter, war aber doch
ſtets geſund und munter. Er wartete daher nicht nur ſeine
ordentlichen Aemter ab, ſondern wurde auch zu vielen außerordentlichen Congregationen gezogen, führte aber dabey einen ſehr ſtillen und eingeſchränkten Lebenswandel. Im Febr.
1769. erlebte er das dritte Conclave, da er ſchon ein 84jäh-
riges Alter erreicht hatte. Er bekam die 53ſte Zelle zwiſchen
den Cardinälen York und Canale, betrat aber ſolche nicht
zugleich mit den andern Cardinälen. So bald er aber hör-

re, daß gleich in dem erſten Scrutinio der Cardinal Chigi die meiſten Stimmen bekommen, eilte er mit ſeinem Vetter, dem jüngern Cardinal Corſini, in das Conclave und half den ganzen Plan der Erhebung dieſes Jeſuitiſch-geſinnten Cardinals zu zernichten. Er wendete ſich an die Cardinäle, denen das Intereſſe der Höfe am Herzen lag, da man es denn bald dahin brachte, daß in den folgenden Scrutinien und Acceßen die Anzahl der Stimmen, die Chigi hatte, ſo abnahmen, daß er nur ſehr wenige noch behielte. Er fiel hierauf dem Stoppani bey, verließ ihn aber bald wieder, da er die Unmöglichkeit ſahe, deſſen Wahl durchzutreiben. Er mochte auch vielleicht dieſen Ball nur ſo lange ſchlagen, bis ſich die Sachen beſſer aufklärten, weil er es mit den Kronen hielte und keinem Cardinal, der ihm zuwider war, ſeine Stimme gab.

Ein großes Vergnügen empfand er über der Gegenwart des Römiſchen Kayſers Joſephi II. der das Conclave beſuchte. Die Papſtwahl fiel den 19. May auf den Cardinal Ganganelli, einen Ordensmann, der den Namen Clemens XIV. annahm, bey deſſen Krönung er als zweyter Cardinaldiaconus aßiſtirte. Weil er nunmehro auf der Grube gienge, bekümmerte er ſich nicht viel weiter um die Angelegenheiten des Päpſtl. Stuhls, kam auch wenig mehr aus ſeinem Zimmer und hatte ſein Vergnügen an dem Wachsthum ſeines Hauſes, indem er von ſeinem Bruder nicht nur eine zahlreiche Nachkommenſchaft von Enkeln und Urenkeln erlebte, ſondern auch viele Prinzeßinnen glücklich vermählt ſahe. Er trat im Jun. 1769. ſeinem Vetter, dem Cardinal Andreas Corſini, die bisher bekleidete wichtige Stelle eines Präfect der Signatura Juſtitiæ ab, nachdem er das Secretariat des heil. Officii ſchon vorher niedergelegt hatte.

Er war nunmehro der Welt abgeſtorben. Seines Namens wurde zu Rom wenig mehr gedacht, ob er gleich ſonſt ſehr berühmt geweſen. Es waren ihm wenig Cardinäle und faſt Niemand vom Volke zu Rom gewogen, weil er ſein Anſehen unter der Regierung Clementis XII. allzuſehr gemißbraucht hatte und gegen jedermann ein hochmüthiges und eigen-

gennütziges Wesen blicken laffen. Wenn er jemanden eine
Wohlthat oder Gnade erzeigte, that er es gemeiniglich mit
einer so fremden und verdrüßlichen Mine, daß derjenige, welcher sie erhielte, nicht wußte, ob er ihm dafür danken sollte
oder nicht. Wie er Cardinal und Staatsminister wurde,
hatte man eine große Meynung von seiner Geschicklichkeit.
Man glaubte, daß, weil er so viele Reisen gethan und verschiedene Gesandschaften verrichtet, er auch in den Staatsge-
schäften ganz besonders erfahren seyn müßte. Alleine man
deutete nachgehends dieses Sprichwort auf ihn: *Tel brille
au second rang, qui s'eclipse au premier*, d. i. der auf der
zweyten Ehrenstaffel groß schiene, fällt auf der ersten
ganz klein in die Augen. Seine Neigung der Sparsam-
keit ist jederzeit stärker gewesen, als sichs vor eine Person von
seinem Range und Stande schickte.

Er starb den 6. Dec. 1770. zu Rom im 86ten Jahre seines Alters und 45ten seiner Cardinalswürde. Seine Erben
haben sich bey seinen gesammleten Schätzen sehr wohl befunden. Ob er gleich eine schöne Bibliotheck hatte, die größtentheils von seinem Oncle, Clemente XII. herrührte, so gehörte er doch weder unter die Gelehrten, noch unter die Patrone der Gelehrten.

CCLXVIII.

Petrus Paulus Conti,
von Camerino.

geb. 1689. Card. 1759. †. 1770.

Er war von Camerino, einer Päpstl. Stadt in der Anconitanischen Mark gebürtig und hatte daselbst den 24.
Febr. 1689. das Licht der Welt erblickt. Er gehörte
aber nicht zu dem vornehmen Hause der Herzoge Poli, daraus Papst Innocentius XIII. herstammt. Er legte sich von
Jugend an auf die gelehrten Wissenschaften und erhub sich
zeitlich nach Rom, um allda sich zum Dienste der Kirche zu
qualificiren. Er mußte aber lange warten, ehe er zu einigen

Aem-

Aemtern gelangen konnte. Der Päpstl. Nepote, Cardinal Corsini machte ihn zu seinem Auditor. Als Benedictus XIV. 1740. den Päpstl. Stuhl bestieg, ward er Auditor der Signatura di Giusticia. Im Jahr 1753. bekam er die Stelle eines Canonisten der Pönitentiaria und nicht lange hernach ward er Secretarius der Congregation del Buongoverno.

Den 24. Sept. 1759. nahm Papst Clemens XIII. eine große Cardinalspromotion vor, da denn der Prälat Conti das Glück hatte, unter der Zahl der neuen Cardinäle zu seyn, ob er gleich schon 70. Jahre alt war. Er empfieng nebst 15. andern noch an dem Tage seiner Promotion das Biret und den 27. Sept den Hut. Als ihm den 19. Nov. der geschlossene Mund geöffnet wurde, bekam er den Priestertitel St. Hieronymi, den er nachgehends mit dem von St. Stephan in monte Celio vertauscht hat. Weil es ihm an zulänglichen Einkünften fehlte, seinen Cardinalstand gebührend zu führen, wurden ihm durch den Päpstl. Schatzmeister monathlich 100. Scudi so lange angewiesen, bis für ihn auf andere Weise gesorgt worden.

Im Aug. 1761. erhielte er die Abtey St. Maria in Rombona. Der Papst hielte viel auf ihn und zog ihn in den Kirchensachen fleißig zu Rathe, er pflegte aber seine Meynung frey und ohne Verstellung zu sagen. Dieses that er sonderlich, als der Papst gesonnen war, einen neuen Mönchsorden unter dem Namen von der Paßion zu errichten. Denn als dem Cardinal aufgetragen wurde, die Regeln dieses neuen Ordens zu untersuchen, ließ er sich also vernehmen: Ich werde allemal gerne einen Beyfall zu Einziehung eines geistlichen Ordens geben, aber standhaft mit Nein antworten, wenn man mich wegen Stiftung eines neuen Ordens um Rath fragt. Der Papst wurde hierdurch bewogen, den Vorschlag wegen des neuen Ordens zu verwerfen.

Sein erreichtes hohes Alter machte ihn nach und nach sehr baufällig. Endlich rührte ihn der Schlag, der ihn so lähmte, daß er von seinem Lager nicht mehr aufstehen konnte.
Er

Er hatte schon etliche Jahre sich in diesem Zustande befunden, als der Papst den 2. Febr. 1769. Todes verbliche. Er sollte nun das Conclave betreten, darinnen er durchs Loos die 39ste Zelle bekommen, welche die Cardinäle Fanruzzi und de Rochechouart zu Nachbarn hatte. Alleine er schiene solches seiner Schwachheit wegen nicht bewerkstelligen zu können; gleichwohl wagte er es zu Ende des Märzens und ließ sich ins Conclave bringen. Sein Einzug war sehr sonderbar. Er schiene nur noch von einem schwachen Hauche des Lebens beseelt zu seyn, als er in einem Bette liegend hinein getragen wurde. Verschiedene Cardinäle wollten ihn bewillkommen, worunter sich auch der Französische Cardinal von Luynes befand. Alleine er kannte fast niemanden und sprach kein Wort, sondern bemühete sich nur diejenigen anzulächeln, die mit ihm reden wollten. Alle Cardinäle sahen einander an und zuckten die Achseln. Die Conclavisten hatten genug zu thun, um sich bey dem Anblicke dieses ehrlichen Greises des Lachens zu enthalten. Man glaubte, er sey nur deßwegen ins Conclave gekommen, um die Parthey des Cardinals Stoppani zu verstärken, weil dieselbe sehr schwach worden war. Alleine er spielte mehr die Rolle einer leblosen Maschine, als eines beschäftigten Cardinals.

An sich selbst war er ein redlicher und wohlgesinnter Cardinal, der die Gebrechen der Römischen Kirche sehr wohl einsahe und viel zu deren Besten beygetragen haben würde, wenn es ihm sein Alter und Schwachheit erlaubt hätte. Nach der Wahl Clementis XIV. die den 19. May vollzogen wurde, ließ er sich wieder in sein Quartier bringen, wo er noch über anderthalb Jahr auf seinem Lager zubrachte, ehe er den 22. Dec. 1770. das Zeitliche gesegnete; nachdem er sein Alter fast auf 82. Jahre gebracht, die Cardinalswürde aber nicht viel über 11. Jahre bekleidet hatte. Man hat ihm nachgerühmt, daß er viele gute Eigenschaften besessen habe.

CCLXIX.

Philippus Maria Pirelli,

ein Neapolitaner.

geb. 1708. Card. 1766. †. 1771.

Er war aus einem Neapolitanischen Geschlechte entsprossen und hatte den 29. April 1708. das Licht der Welt erblickt. Nachdem er in seinem Vaterlande seine Studia rühmlich zu Ende gebracht, wendete er sich nach Rom, um sich allda zu ansehnlichen Kirchenämtern geschickt zu machen. Er hatte sich sonderlich auf die Rechtsgelehrsamkeit geleget, daher er gar bald eine Stelle unter den Consistorialadvocaten erhielte.

Als der Spanische Infant, Don Ludwig, den 18. Dec. 1754. die Cardinalswürde und den geistlichen Stand niederlegte, hatte er die Ehre, in dessen Namen bey dieser feyerlichen Handlung das Wort zu führen. Es geschahe in einem geheimem Consistorio, wobey 30. Cardinäle zugegen waren. Als er in den Saal, wo das Consistorium gehalten wurde, eingeführt ward, fiel er dem Päpstlichen Throne, auf welchem Benedictus XIV. saß, gegenüber auf seine Knie, und hielte in einer Rede um die Erlaubniß an, daß das Schreiben des Cardinal Infantens an Ihre Heiligkeit sammt der dem Cardinal Portocarero als Spanischen Minister ertheilten Vollmacht abgelesen würde. Als dieses geschehen, hielte Herr Pirelli die zweyte Rede, darinnen er Ihre Heiligkeit ersuchte, die Ablegung der Cardinalswürde und Aufgebung der Erzbißthümer von Toledo und Sevillen für genehm zu halten, welches denn auch von dem Papste vermittelst einer kleinen Gegenrede geschahe.

Im Sept. 1759. ward er zu einem Locumtenenten bey dem Tribunal der Apostolischen Cammer ernennet, worauf er den 21. Jul. 1763. das Secretariat bey der Congregation des Concilii erhielte und den 5. Febr. 1765. zum Erzbischoff von Damascus geweihet wurde. Den 26. Sept. 1766. empfieng

pfieng er von Clemente XIII. die Cardinalswürde. Weil er
zu Rom gegenwärtig war, bekam er noch an diesem Tage
nebst acht andern aus des Papsts Händen das Biret, den
30. Sept aber den Hut und den 1. Dec. den Priestertitel
St. Bartholomäi Dell' Isola.

Nach dem Tode des Papsts gieng er mit den andern
anwesenden Cardinälen den 15. Febr. 1769. in das Conclave, in welchem ihm durchs Loos die 10de Zelle zwischen den
Cardinälen von Rohan und Boschi zugefallen war. Er machte
sich in demselben, wie einige Nachrichten versichern, auf
verschiedene Weise lächerlich und hielte es bald mit dieser,
bald mit jener Parthey, bis endlich der Cardinal Ganganelli
den 19. May erwählt wurde, der den Namen Clemens XIV.
annahm. Er fiel im Jan. 1771. plötzlich in eine gefährliche
Krankheit, die ihn nach wenig Tagen in das Reich der Todten beförderte, nachdem er sein Alter auf 63. Jahre gebracht, die Cardinalswürde aber noch nicht 5. Jahre bekleidet hatte. Er darf mit dem noch lebenden Cardinal Perelli,
der ebenfalls ein Neapolitaner ist, nicht verwechselt werden.

CCLXX.
Flavius Chigi,
ein Römer.
geb. 1711. Card. 1753. † 1771.

Dieser vornehme Cardinal stammte aus einem ansehnlichen Römischen Geschlechte her, welches das Für-
stenthum Farnese besitzt. Papst Alexander VII. war
aus demselben entsprossen, welcher den Grund zu dem Ansehen gelegt, darinnen das Haus Chigi anjetzo zu Rom stehet.
Das Haupt desselben ist beständiger Marschall der Kirche
und Protector des Conclavis. Dieses war auch der Vater
unsers Cardinals, Namens August, der den 9 Nov. 1744.
gestorben ist. Die Gemahlin desselben, Maria Eleonora
Rospigliosi, des Herzogs von Zagarola Tochter, die 10. Jahre eher gestorben, brachte unsern Flavium den 8. Sept. 1711.

zur

zur Welt. Sein älterer Bruder, der, wie der Vater, auch
August heißet, ist der heutige Fürst Chigi von Farnese, der
mit einer Prinzeßin aus dem Hause Albani vermählt ist und
zwey Söhne am Leben hat.

Der jüngere Bruder ward dem geistlichen Stande gewidmet und den Jesuiten zum Unterrichte übergeben. Nachdem er seine Studia vollendet, legte er den Prälatenhabit
an und ward den 8. May 1736. unter die participirenden
Protonotarios Apostolicos aufgenommen. Als die neue Königin Maria Amalia von beyden Sicilien, eine Tochter des
Königs Augusti III. von Pohlen im Jun. 1738. durch den
Kirchenstaat reisete, ernennte ihn Clemens XII. zum außerordentlichen Nuncio oder Legato a latere, um sie im Namen
des Papsts zu empfangen und durch die Päpstl. Lande zu begleiten. Er wurde darauf Präsident der Päpstl. Cammer
und 1740. einer von den 12. Cammerclericis, im Sept. 1743.
aber ernennte ihn Benedictus XIV. zum Generalauditor der
Päpstl. Cammer. Dieses Amt bekleidete er bis den 26. Nov.
1753. da ihn der Papst nebst 15. andern Prälaten zum Cardinal creirte. Weil er zu Rom anwesend war, empfieng er
nebst 10. andern sogleich aus des Papsts Händen das Biret
und den 29. Nov. den Hut, den 10. Dec. aber den Diaconattitel St. Angeli in foro piscium, den er nachgehends mit
dem von St. Maria in Porticu Campitelli vertauscht, wobey
er Sitz in verschiedenen Congregationen erhielte.

Er bewarb sich um kein Amt am Päpstl. Hofe, sondern lebte von seinen eigenen Einkünften zu Rom. Als der
Papst den 3. May 1758. starb, betrat er den 15den zum erstenmale das Conclave, darinnen ihm das Loos die 13de Zelle
zwischen den Cardinälen Rezzonico und Spinell zugetheilte
hatte. Er war vorjetzo ein Herr von 47. Jahren, der sich
daher seiner Jugend halben nicht die geringste Rechnung auf
die Päpstl. Würde machen durfte. Er schlug sich aber auch
zu keiner besondern Parthey, sondern gab bald diesem, bald
jenem seine Stimme, war auch endlich zufrieden, daß der
Cardinal Rezzonico, sein Zellnachbar, den 6. Jul. den Päpstl.
Stuhl bestieg, der den Namen Clemens XIII. annahm.

Er

Er setzte seine bisherige Lebensart unter der Regierung des neuen Papsts fort, und ob er sich gleich in keine öffentlichen Geschäfte mengte, so merkte man doch, daß er den Grundsätzen des Papsts anhienge. Als daher im Febr. 1769. der Päpstl. Stuhl zum zweytenmale bey seinem Leben verlediget wurde, zählte man ihn unter die stärksten Competenten dieser höchsten geistlichen Würde, ob er gleich erst 58. Jahre alt war. Wenigstens hatte er die meisten Creaturen des verstorbenen Papsts auf seiner Seite, unter welchen sich 16. eifrige Patrone des Jesuiterordens befanden, die auf alle Art und Weise demselben in seinem bisherigen Ansehen zu erhalten suchten. Man wollte versichern, daß ohne der Wachsamkeit des Französischen Abgesandtens, Marquis von Aubeterre, der Papst noch vor Eröffnung des Conclave in seiner Person würde gemacht worden seyn; denn es fiel dem Marquis in der Nacht vom 11. bis zum 12. Febr. ein Brief in die Hände, durch welchen er hinter das ganze Geheimniß des gemachten Anschlags kam, nach welchem der Cardinal Chigi auf den Päpstl. Stuhl gesetzt werden sollte. Alleine so bald diese Mine entdeckt worden, unterließ man nicht, alle Triebfedern der Staatskunst in Bewegung zu setzen, um solche Wahl zu hintertreiben.

Nachdem die neuntägigen Exequien für den verstorbenen Papst verflossen waren, begaben sich die zu Rom anwesenden und gesunden Cardinäle den 15. Febr. in das Conclave, worunter sich auch der Cardinal Chigi befand, der die achte Zelle zwischen den Cardinälen Spinola und Rohan bezog. Gleich in dem ersten Scrutinio erhielte er zu jedermanns Verwunderung 18. Stimmen und in dem versuchten Acceß eben so viele. Es fehlte also damals nur noch eine Stimme, so wäre dieser Cardinal gleich in dem ersten Scrutinio Papst geworden, ein Zufall, wovon die Geschichte sehr wenig Beyspiele hat. Er war vom Römischen Adel, dem es schon lange geschmerzet, daß er keinen Papst mehr aus seinem Mittel auf dem Throne sehen sollte. Er war zugleich ein Freund und Schwager des Cardinals Joh. Franz Albani, der von den Jesuiten erzogen worden und einen großen Anhang hatte. Als es nun in ganz Rom hieß, Chigi

C 3 sey

sey ein Patron der Jesuiten, so verursachte solches bey der Gegenparthey ein großes Aufsehen.

Es bewog dieses die beyden Cardinäle Corsini, so den Jesuiten sehr abgeneigt waren, sich eiligst aus der Stadt ins Conclave zu verfügen, um der Sache eine andere Wendung zu geben. Der Cardinal Orsini, Minister des Königs von beyden Sicilien, ward auch veranlasset, wider alles, was vor der Ankunft der ausländischen Cardinäle im Conclave vorgenommen werden würde, zu protestiren. Es hatte Orsini seine Zelle noch nicht gehörig auszieren lassen, gleichwohl fand er sich in derselben ein, um alle Cabalen zu beobachten, die von den Jesuitischgesinnten Creaturen des verstorbenen Papsts gespielt wurden. Als das folgende Scrutinium gehalten wurde, verminderte sich die Zahl der Stimmen vor den Chigi bis auf eilfe. Man fieng auch an, seine Jugend in Betrachtung zu ziehen, und glaubte, er würde durch seinen Eigensinn große Unruhe in der Kirche anrichten. Es wollten daher die Cardinäle, die es mit den Cronen hielten, durchaus nichts von ihm wissen. Als die von seiner Parthey merkten, daß sie mit ihm nicht durchdringen würden, faßten sie den Entschluß, ihre Stimmen dem Cardinal Paracciani zuzuwenden. Alleine die Umstände änderten sich dergestalt, daß Paracciani fast gar nicht in Betrachtung gezogen wurde. Indessen entdeckte man, daß der Cardinal Johann Franz Albani die Triebfeder von der übereilten Wahl des Chigi gewesen sey.

Fantuzzi und Stoppani waren nunmehro die Bälle, die am stärksten geworfen wurden; doch blieb Chigi immer noch nicht gänzlich ohne Hoffnung. Seine Parthey war ein heimliches Feuer, das unter der Asche glimmt, und, wenn man es am wenigsten vermuthet, in eine helle Flamme ausbricht. Denn man mußte befürchten, daß die Anhänger des Fantuzzi, wenn sie für sich selbst nichts ausrichten könnten, sich zu Gunsten des Chigi mit dessen Parthey vereinigen möchten. Alleine es erfolgte nichts zu seinem Vortheil. Die Französischen Cardinäle wollten von ihm nichts wissen, und alle Partheyen vereinigten sich endlich den 18. May über der Wahl

des

des Ganganelli, der den folgenden Tag einmüthig zum Papst erwählt wurde und den Namen Clemens XIV. annahm. Dieser ernennte ihn nicht nur zum Protector der theologischen Academie in der Sapienza, welches er bisher selbst gewesen, sondern auch zum Präfecto der Congregation von den heil. Kirchengebräuchen und zum Secretario des heil. Officii, die Protection des Minoritenordens aber und des Clementinischen Collegii hatte er schon vorher bekommen. Jedoch er hat diese wichtigen Aemter nicht lange bekleidet. Denn er fiel im Jul. 1771. in eine so schwere Krankheit, daß er den 12ten dieses seinen Geist aufgeben mußte, nachdem er sein Alter fast auf 62. Jahre gebracht, die Cardinalswürde aber 17. Jahre und 5. Monathe bekleidet hatte. Die Armen haben an ihm einen Vater verlohren und aus seinem Testamente, welches mehr von einer Fürstlichen als Privatperson gemacht zu seyn scheinet, leuchtet eben die Großmuth und Freygebigkeit herfür, welche dieser Cardinal in allen seinen Handlungen blicken laßen.

Lebens-

Lebensgeschichte

der

jetztlebenden Cardinäle

der

Röm. Cathol. Kirche

nach der Zeit ihrer Promotion

vom 1. Jan. 1772. an.

Sie folgen in dieser Ordnung:

I. Alexander Albani, von Urbino, geb. 15. Oct. 1692. Card. 16. Jul. 1721.

II. Carolus Albertus Cavalchini, von Tortona, geb. 29. Jul. 1683. Card. 9. Sept. 1743.

III. Fridericus Marcellus Lante, ein Römer, geb. 18. April 1695. Card. 9. Sept. 1743.

IV. Josephus Pozzobonelli, ein Meyländer, geb. 11. Aug. 1696. Card. 9. Sept. 1743.

V. Dominicus Amadeus Orsini, ein Römer, geb. 5. Jun. 1719. Card. 9. Sept. 1743.

VI. Jo-

VI. Johannes Franciſcus Albani, ein Römer, geb. 26. Febr. 1720. Card. 10. Apr. 1747.

VII. Carolus Victor Amadeus delle Lanze, ein Piemonteſer, geb. 1. Sept. 1712. Card. 10. Apr. 1747.

VIII. Henricus Benedictus Stuart von Yorck, ein Römer, geb. 6. März 1725. Card. 3. Jul. 1747.

IX. Fabritius Serbelloni, ein Meyländer, geb. 7. Nov. 1695. Card. 26. Nov. 1753.

X. Johannes Franciſcus Stoppani, ein Meyländer, geb. 16. Sept. 1695. Card. 26. Nov. 1753.

XI. Vincentius Malvezzi, ein Bologneſer, geb. 20. Jan. 1693. Card. 26. Nov. 1753.

XII. Ludovicus Maria Torreggiani, ein Toſcaner, geb. 18. Oct. 1697. Card. 26. Nov. 1753.

XIII. Antonius Serſale, ein Neapolitaner, geb. 26. Jun. 1702. Card. 22. Apr. 1754.

XIV. Ludovicus Ferdinandez de Cordoua, ein Spanier, geb. 22. Jan. 1696. Card. 18. Dec. 1754.

XV. Franciſcus Folch de Solis, ein Spanier, geb. 17. Febr. 1713. Card. 5. Apr. 1756.

XVI. Paulus de Luynes, ein Franzoſe, geb. 5. Jan. 1703. Card. 5. Apr. 1756.

XVII. Stephanus Renatus de Geſvres, ein Franzoſe, geb. 2. Jan. 1697. Card. 5. Apr. 1756.

XVIII.

XVIII. Franciſcus Conradus von Rodt, ein Deutſcher, geb. 10. Märʒ 1706. Card. 5. Apr. 1756.

XIX. Franciſcus de Saldanha, ein Portugieſe, geb. 20. May 1713. Card. 5. Apr. 1756.

XX. Carolus Rezzonico, ein Venetianer, geb. 25. Apr. 1724. Card. 25. Sept. 1758.

XXI. Antonius Marinus Priuli, ein Venetianer, geb. 25. Aug. 1707. Card. 2. Oct. 1758.

XXII. Franciſcus Joachimus de Bernis, ein Franʒoſe, geb. 22. May 1715. Card. 2. Oct. 1758.

XXIII. Hieronymus Spinola, ein Genueſer, geb. 15. Oct. 1713. Card. 24. Sept. 1759.

XXIV. Ferdinandus Maria Roſſi, ein Römer, geb. 4. Aug. 1696. Card. 24. Sept. 1759.

XXV. Nicolaus Perelli, ein Neapolitaner, geb. 22. Oct. 1696. Card. 24. Sept. 1759.

XXVI. Johannes Conſtantius Caraccioli, ein Neapolitaner, geb. 19. Dec. 1715. Card. 24. Sept. 1759.

XXVII. Marcus Antonius Colonna, ein Römer, geb. 16. Aug. 1724. Card. 24. Sept. 1759.

XXVIII. Petrus Hieronymus Guglielmi, von Jeſi, geb. 4. Dec. 1694. Card. 24. Sept. 1759.

XXIX. Cajetanus Fantuzzi, von Ferrara, geb. 1. Aug. 1708. Card. 24. Sept. 1759.

XXX. Joſephus Maria Caſtelli, ein Meyländer, geb. 4. Oct. 1705. Card. 24. Sept. 1759.

XXXI. Andreas Maria Corſini, ein Toſcaner, geb. 11. Jun. 1735. Card. 24. Sept. 1759.

XXXII. Bonaventura de la Cerda, ein Spanier, geb. 23. März, 1724. Card. 23. Nov. 1761.

XXXIII. Chriſtoph von Migazzi, ein Deutſcher, geb. 20. Oct. 1714. Card. 23. Nov. 1761.

XXXIV. Ludovicus Conſtantinus de Rohan, ein Franzoſe, geb. 24. März 1697. Card. 23. Nov. 1761.

XXXV. Joh. Franciſcus Joſephus de Rochechouart, ein Franzoſe, geb. 27. Jan. 1708. Card. 23. Nov. 1761.

XXXVI. Antonius Clairad de Choiſeul, ein Franzoſe, geb. 28. Sept. 1707. Card. 23. Nov. 1761.

XXXVII. Johannes Molino, ein Venetianer, geb. 16. Apr. 1705. Card. 23. Nov. 1761.

XXXVIII. Simon Buonacorſi, von Macerata, geb. 17. Nov. 1708. Card. 18. Jul. 1763.

XXXIX. Andreas Negroni, ein Römer, geb. 2. Nov. 1710. Card. 18. Jul. 1763.

XL. Johannes Octavius Buffalini, von Citta di Caſtello, geb. 17. Jan. 1709. Card. 21. Jul. 1766.

XLI. Johannes Carolus Boſchi, von Faenza, geb. 9. Apr. 1715. Card. 21. Jul. 1766.

XLII.

XLII. Ludovicus Calini, von Brescia, geb. 18. Jan. 1696. Card. 26. Sept. 1766.

XLIII. Antonius Branciforte, ein Sicilianer, geb. 28. Jan. 1711. Card. 26. Sept. 1766.

XLIV. Lazarus Opitius Pallavicini, ein Genueser, geb. 30. Oct. 1719. Card. 26. Sept. 1766.

XLV. Vitalianus Borromeo, ein Meyländer, geb. 3. März, 1720. Card. 26. Sept. 1766.

XLVI. Petrus Pamfili, ein Römer, geb. 7. Dec. 1725. Card. 26. Sept. 1766.

XLVII. Urbanus Paracciani, ein Römer, geb. 8. Febr. 1715. Card. 26. Sept. 1766.

XLVIII. Xaverius Canale, von Terni, geb. 15. Febr. 1695. Card. 26. Sept. 1766.

XLIX. Benedictus Veterani, von Urbino, geb. 18. Oct. 1703. Card. 26. Sept. 1766.

L. Johannes Cosmus da Cunha, ein Portugiese, geb. 20. Oct. 1715. Card. 5. Aug. 1770.

LI. Marius Marefoschi, von Macerata, geb. = = = = Card. 10. Sept. 1770.

LII. Johannes Baptista Rezzonico, ein Venetianer, geb. = = = Card. 10. Sept. 1770.

LIII. Scipio Borghese, ein Römer, geb. 1. Apr. 1734. Card. 10. Sept. 1770.

Die folgenden 17. Stellen sind zur Zeit vacant. Sollten sie durch die nächste Promotion ersetzt wer=
den,

den, so sollen diejenigen, welche sie erhalten werden, nebst den obigen Creaturen Clementis XIII.
und Clementis XIV. von dem Cardinal Spinola
n. XXIII. an in der andern Hälfte dieses 4ten
Theils gegenwärtiger Cardinalsgeschichte mit einigen Zusätzen zu den vorigen Theilen beschrieben und
damit das ganze Werk beschloßen werden.

Jetzt folgen von den jetztlebenden Cardinälen
die ersten 22. in folgender Ordnung aufeinander.

(I.)

Alexander Albani,
von Urbino.
geb. 1692. Card. 1721.

Dieser berühmte Cardinal ist ein Nepote Papst Clementis XI. und hat Don Horatium Albani, einen vornehmen Patricium zu Urbino zum Vater gehabt. Seine
Mutter, Maria Bernhardina Ondedei, brachte ihn den 19.
Oct. 1692. zu Urbino zur Welt. Er war der jüngste unter
seinen Brüdern. Der älteste Bruder, Hannibal Albani,
ist den 21. Oct. 1751. als Cardinal und der andere, Carolus
Albani, den 2. Jun. 1724. als Herzog von Soriano und Fürst
des Heil. Röm. Reichs und des Päpstl. Throns gestorben,
hat aber Kinder hinterlassen.

Seine Kindheit brachte er in seiner Vaterstadt zu. Als
aber seines Vaters Bruder, der Cardinal Johann Franz Albani, den 23. Nov. 1700. unter dem Namen Clementis XI.
den Päpstl. Stuhl bestieg, zog er mit seinen Eltern in einem
Alter von acht Jahren nach Rom, wo er nebst seinem Bruder Carolo den ehrwürdigen Vätern der piarum scholarum
anvertrauet wurde, die ihn in allen Künsten, Wissenschaften
und Sprachen fleißig unterrichteten. Sonderlich wurde er
der

der Aufsicht des P. Paulini von St. Josepho übergeben, der bey ihm den meisten Grund zu seinen Studien geleget hat. Sein Kopf war sehr geschickt, etwas leichte zu faßen, aber die ihm mangelnde Lust zum Studiren hinderte ihn, es in der Gelehrsamkeit noch weiter zu bringen, als er es wirklich gebracht hat.

Er ließ in der Jugend ein sehr freyes und lustiges Wesen spüren, und wünschte, lieber mit dem Frauenzimmer als den Büchern umzugehen. Nichtsdestoweniger bestimmte ihn sein Vetter, der Papst, der ihn sehr lieb hatte, zum geistl. Stande, ob er gleich keine Neigung darzu trug. Er mußte zu dem Ende die Rechtsgelehrsamkeit lernen, worinnen er den berühmten Professor in dem Gymnasio Romano, Franz Gaspari, zum Anführer kriegte. Mittlerweile brachen 1708. die bisherigen Mißhelligkeiten des Papsts mit dem Kayserl. Hofe in offenbare Feindseligkeiten aus, da denn unser junger Alexander das Vergnügen hatte, zum Obristen über ein neugeworbenes Regiment Dragoner ernennet zu werden, ob er gleich nicht die geringste Kriegswissenschaft hatte. Sein Feldzug lief zu seinem Glücke ohne Blutvergießen ab, weil die entstandene Kriegsflamme im Kirchenstaate gar bald wieder gelöscht wurde.

Im Jahr 1709. erhielte er nicht nur das Maltheserordensereuz, sondern ward auch zum Großprior von Armenien ernennt. Er begleitete darauf seinen ältern Bruder, Don Hannibal, nach Bologna, als derselbe im Namen des Papsts den daselbst angelangten König Friedrich IV. von Dännemark empfangen und nach Rom zu kommen, aufs freundlichste einladen sollte. Nach seiner Rückkunft wurde er nebst seinem mittlern Bruder Carl in das sogenannte Seminarium Romanum gethan, um daselbst seine Studia unter der Aufsicht der Jesuiten vollends zur gehörigen Reiffe zu bringen. Alleine das eingezogene Leben, das er hier führen mußte, war ihm so beschwerlich, daß er Tag und Nacht auf Mittel sann, wie er entwischen und der Zucht der Jesuiten entgehen möchte. Es glückte ihm auch 1711. daß er mit seinem Bruder Carl aus dem Seminario zu entkommen Gelegenheit fand.

fand. Sie hielten sich beyde die erste Nacht an einem gewissen Orte in der Stadt verborgen. Als sie aber den folgenden Tag in aller Frühe mit 8. Pferden durch das Thor St.
Laurentii die Flucht nahmen, schickte der Papst, der sogleich
Nachricht davon bekommen, eiligst reitende Bothen nach,
sie anzuhalten. Man traf sie den andern Tag zu Subbiaco
an, allwo sie sich durch die nachdrücklichsten Vorstellungen
der dasigen Benedictinermönche aufhalten ließen. Sie wurden durch den Herrn Rasponi nach Rom zurücke gebracht
und ernstlich ermahnet, sich dem Willen des Papsts gehor-
samst zu unterwerfen, welches sie auch thaten und dadurch
wieder Gnade erhielten.

Im Jahr 1712. starb ihr Vater, worauf Clemens XI.
die Verordnung machte, daß der mittelste Bruder Carl sich
verheyrathen, Don Alexander aber in den geistlichen Stand
treten sollte. Es gieng ihm dieses sehr bitter ein. Weil es
aber des Papsts ernster Wille war, mußte er sich diesem,
obwohl harten, Schluße unterwerfen. Der Papst nahm
ihn 1713. zu sich in seinen Palast und zog ihn zu vielerley
Staats- und andern Verrichtungen, um ihn hierdurch zu
Bekleidung wichtiger Aemter geschickt zu machen. Alleine
seine Neigungen trieben ihn beständig an, auf Mittel zu gedenken, wie er seinen Leidenschaften ein Genüge thun möchte; ja, er machte es so arg, daß es selbst dem Papste nicht
verborgen bleiben konnte. Es kamen dem heiligen Vater
1715. verschiedene heimliche Briefgen in die Hände, worinnen ihm Nachricht gegeben wurde, daß Don Alexander bisweilen ein Frauenzimmer in Mannskleidern in seine Zimmer kommen ließ, wodurch der Papst bewogen wurde, eine
genauere Aufsicht auf ihn zu haben, und ihm, wenn er etwas verdächtiges entdeckte, eine scharfe Strafpredigt zu
halten.

Bey dem allen wurde er fleißig zu den Staatsgeschäf-
ten angeführt und mit mancherley Präbenden versehen. Im
Jahr 1716. trug ihm der Papst auf, die geweiheten Windeln vor den neugebohrnen Kayserl. Prinzen und Erzherzog
nach Wien zu überbringen; jedoch der dazwischen gekom-
mene

mene Tod des Prinzens machte seine Absendung rückgängig. Den 8. Jun. hatte er das Vergnügen, in dem Hafen zu Nettum das Gefechte mit anzusehen, als einige Toscanische und Maltbesische Galeeren ein Barbarisches Raubschiff von 30. Canonen und 80. Mann eroberten, wovon er nachgehends dem Papste Bericht erstattete. Im October gab er zu Castel Gandolfo, wohin er den Papst begleitet hatte, wegen der Eroberung von Temeswar ein herrliches Fest, wobey ein Feuerwerk angezündet wurde.

Im Jahr 1717. fieng er an, sich unter den Gelehrten bekannt zu machen, worzu der Papst selbst Gelegenheit gab. Denn da dieser die Academie der Humanisten wieder aufrichtete, machte er unsern Don Alexander zum Präsidenten derselben, der darauf sich bemühete, ein vollständiges Cabinet von Münzen, Statuen und andern Ueberbleibseln des Alterthums sich anzuschaffen. Er trug die Aufsicht darüber dem gelehrten Francisco Blanchini auf, der daher Gelegenheit nahm, die curieusen Sachen und Antiquitäten in einer jährlich etlichemal zum Vorschein gekommenen Schrift unter dem Titel: *Analecta Erudita*, zu beschreiben. Er selbst, Albani, nahm in seiner Vaterstadt Urbino den Doctortitel an, der Papst aber ertheilte ihm die Abtey St. Laurentii in Campo, die jährlich 4000. Scudi einträgt.

Den 23. Jun. 1718. legte er den Prälatenhabit an, nachdem er zum Referendario der beyden Signaturen und Päpstl. Hausprälaten ernennet worden. Im Jan. 1719. wurde er an seines Bruders Stelle Secretarius der Memoriale und Cammerclericus, und 1720. ward er zum ausserordentlichen Nuncio nach Wien ernennet. Es gieng mit seiner Absendung Anfangs sehr schwer her, weil der Kayserl. Hof durch den Cardinal del Giudice dem Papste in einer Audienz eröffnen ließ, daß es Sr. Kayserl. Majest. sehr mißfallen würde, wenn Herr Albani in Qualität eines ausserordentlichen Nuncii nach Wien kommen würde, ehe die bisherigen Streitigkeiten beygelegt worden. Jedoch der Kayser ließ sich auf die geschehene nachdrücklichen Vorstellungen endlich noch bewegen, in desselben Absendung zu willigen, weil er hoffte,

hoffte, daß dadurch die obschwebenden Mißhelligkeiten desto eher gehoben werden würden. Der Papst hielte eine außerordentliche Congregation von 10. Cardinälen, ehe er die Instruction für seinen Nepoten ausfertigen ließ, wobey ihm monathlich 1000. Thaler und überdieß noch eine ansehnliche Summa überhaupt zu seinem Unterhalt und Bedürfniß verordnet wurden.

Den 7. Febr. 1720. nahm er von dem Papste Abschied, wobey er nebst seinem ganzen Gefolge den väterlichen Segen empfieng. Sein Bruder, der Cardinal, begleitete ihn bis Borguetto, worauf er seine Reise so schleunig fortsetzte, daß er in kurzem zu Wien anlangte. Er trat bey dem bisherigen Nuncio, dem Cardinal George Spinola, ab, wo sich sein Auditor der Secretarius, der Abt Albini, den er voraus geschickt, schon vor einigen Tagen eingefunden hatte. Seine aufgetragenen Verrichtungen betrafen folgende Puncte: 1) Commachio solte dem Römischen Stuhle wieder eingeräumet, 2) das Sicilische Tribunal aufgehoben, 3) die Herzogthümer Parma und Placenza nach Abgang des Farnesischen männlichen Stammes wieder zum Kirchenstaate geschlagen, 4) dem Hause Albani im Königreiche Neapolis ein Lehn gegeben, und 5) die Vergebung aller Bißthümer in diesem Königreiche dem Römischen Stuhle überlassen werden. Hingegen sollte er dem Kayserl. Hofe allerhand Gegenerbietungen thun, auch durch Ueberreichung vieler herrlichen Geschenke sich demselben gefällig machen. Unter diesen Geschenken befand sich vor die Kayserin ein großes Stücke Holz vom Creuze Christi in Silber eingefaßt, und mit Diamanten besetzt, 15000. Scudi am Wehrte, vor den Kayser aber das Bildniß Caroli V. mit einer goldenen Rahm, so gleichfalls reich mit Diamanten besetzt war, vieler andern Reliquien, Medaillen, Rosenkränze und dergleichen zu geschweigen.

Jedoch so groß sich Don Albani mit diesen Geschenken am Kayserlichen Hofe machte, so schlecht war die Wirkung, die sie thaten. Man befand die Forderungen des Päpstlichen Stuhls für den Kayserl. Hof vor so nachtheilig, daß der gute Albani damit kein Gehör fand. Damit aber die auf Seiten

IV. Theil.　　　　　　D　　　　　　des

des Papsts aufgewendeten Unkosten nicht ganz vergeblich seyn
möchten, mußte er dem Kayserl. Hofe mit allerhand Klagen
beschwerlich fallen. Jedoch er erhielte keine vergnügliche Antwort, weil es hieß, der Papst sollte insförderst dem P. Ein-
fuegos, einem Jesuiten, den für ihn verlangten Cardinalshut
geben. Ob nun wohl Clemens XI. nicht lange darauf in das
Kayserl. Begehren willigte und dem gedachten Pater die Cardinalswürde ertheilte, so fanden sich doch immer neue Ver-
drüßlichkeiten, die die völlige Herstellung des guten Vernehmens zwischen beyden Höfen verhinderten. Denn es liefen
zu Wien von dem damaligen Kayserl. Abgesandten zu Rom,
Cardinal von Althann, von einer Zeit zur andern so viele
Klagen über den Päpstl. Hof ein, daß der Kayser sich endlich genöthiget sahe, dem Herrn Albani durch seinen Obrist-
hofcanzler zu wissen zu thun, daß, woferne man ihm in den
Puncten, darinnen man ihm in der Person des Cardinals
von Althann zu nahe getreten, nicht Genugthuung leisten
und sonderlich den gedachten Cardinal wegen der verweiger-
ten Audienz freywillig wieder zu solcher einladen würde, er
sich weiter keine Audienz zu versprechen haben sollte.

Mit diesem unvermutheten Compliment schickte Herr
Albani sogleich einen Courier nach Rom, wodurch er so viel
wirkte, daß der Papst dem Kayser die verlangte Genugthuung
leistete. Alleine dieser ließ sich dadurch noch nicht bewegen,
dem Papste dasjenige, was er von ihm begehrte, zu gewäh-
ren, daher alles in dem bisherigen Stande blieb, worüber
der Papst den 19. März 1721. das Zeitliche verließ. Herr
Albani hatte sich bisher nichts gewisser eingebildet, als daß
er in kurzem mit der Cardinalswürde beehrt werden würde.
Alleine durch den unverhoften Todesfall des Papsts ward
ihm ein großer Strich durch seine Rechnung gemacht. Sein
ältester Bruder, der Cardinal, bath zwar den Papst noch auf
deßen Sterbebette, daß er ihn zum Cardinal creiren möchte.
Alleine Clemens XI. sahe ihn hierbey eine gute Weile stillschweigend an, bis er endlich in diese Worte ausbrach:
GOtt mache euch zu Heiligen! womit er unstreitig auf das
geführte Leben unsers Albani gesehen hat.

Sobald Albani von des Papsts Absterben Nachricht erhielte, nahm er zu Wien Abschied, und eilte nach Rom. Er
ließ seinem Bruder, Carl Albani, seine Ankunft vermelden,
der ihm bis Arignano entgegen fuhr und ihn nöthigte, seinen
Weg nach Soriano zu nehmen und sich daselbst etliche Tage
mit ihm zu vergnügen.   Den 27. April gegen Abend langte
er in Begleitung einiger ihm entgegen geschickten Carof-
sen zu Rom an und nahm sein Quartier in dem Colonnischen
Palaste.   Allhier wartete er mit Schmerzen auf den Ausgang der Papstwahl, weil ein großer Theil seines Glücks von
derselben abhienge.   Es glückte ihm auch, daß der Cardinal
Conti, der dem Albanischen Hause sehr geneigt war, den 8.
May 1721. unter dem Namen Innocentii XIII. den Päpstl.
Stuhl bestieg.   Damit er nun um so viel eher zu der Cardinalswürde gelangen möchte, ermangelte er nicht, sogleich bey
dem neuen Papste und deßen Hause auf das verpflichteste seine Aufwartung zu machen.

Den 16. Jul. erschien endlich der angenehme Tag, der
ihn mit Purpur schmückte. Denn der Papst hielte in solchem
ein geheimes Consistorium, nach deßen Endigung er ihn und
den Französischen Abt Du Bois zu Cardinälen creirte. Albani
empfieng sogleich, weil er zu Rom gegenwärtig war, aus des
Papsts Händen das Biret und wenige Zeit hernach auch den
Hut nebst allen andern Ehrenzeichen seiner neuen hohen Würde, worunter sich auch der Diaconattitel St. Adriani befand,
den er im folgenden Jahre mit dem von St. Maria in Cos-
medin vertauschte.   Der Papst ließ es hieran nicht genug
seyn, sondern ertheilte ihm auch kurz hernach sowohl die reiche Abtey St. Leonhard im Königreiche Neapolis, als auch
verschiedene andere Präbenden, die ihm jährlich viel Geld
eintrugen. Er konnte von dieser Zeit an einen ziemlichen
Staat führen und sich nach der Weise der jungen Römischen
Prälaten lustig machen. Er ließ sich daher fleißig in den vornehmsten Gesellschaften finden und stellte mehr einen weltlichen Prinzen, als einen geistlichen Herrn für; wie er denn
auch niemals die Priesterweyhe empfangen, noch ein wirkliches Kirchenamt angenommen hat.

Im Jahr 1724. gieng er nach dem Absterben Innocentii XIII. jum erstenmale ins Conclave und bejog die durchs
Loos empfangene 42te Zelle zwischen den Cardinälen Saler-
no und Ottoboni, man konnte aber nicht wahrnehmen, daß
er sich darinnen sonderlich herfür thäte.   Der neue Papst
Benedictus XIII. bey dem er sich beßer, als sein Bruder, in
Gunst ju setzen wußte,   ertheilte ihm nicht nur die reiche Abtey Monantola, sondern schenkte ihm auch die Kosten wegen
der darüber ausgefertigten Bulla.   Sein Bruder trug ihm
jum öftern die Verwaltung seiner auf sich habenden wichtigen
Bedienung eines Cämmerlings der heil. Kirche auf, weil er
sich jezuweilen von Rom abwesend befand ; ja, er hätte sie ihm
damals gerne ganj und gar abgetreten, wenn er bey vorhabender
Niederlegung derselben versichert gewesen wäre, daß sie ihm
der Papst wirklich verleihen würde ; jedoch empfienge er dage-
gen die Präfectur dell' Acqve, die über die Wasser, Moräste
und Brücken gesetzt ist.   Er wurde auch Protector des Ho-
spitals St. Johannis in Laterano.

Im Jahr 1725. wohnte er nicht nur dem Concilio La-
teranensi ju Rom bey, sondern wurde auch an des Cardinals
Corradini Stelle in die ausserordentliche Congregation aufgenommen, die der Savoyischen Angelegenheiten wegen angeordnet worden.   Er gab sich auch ju dieser Zeit viel Mühe, den Prätendenten mit seiner Gemahlin auszusöhnen. Im
Jahr 1726. empfieng er nicht nur die Protection der Cleri-
corum minorum St. Laurentii in Lucina, nachdem er solches
bereits von dem St. Brigittenorden worden war, sondern
ward auch von dem Könige von Sardinien mit einer reichen
Abtey beschenkt, welches bey ihm so viel wirkte, daß er sich
nebst dem Herrn Fini, nachmaligen Cardinal, alle Mühe
gab, jwischen dem Päpstl. und Sardinischen Hofe wegen Vergebung der Beneficien in den Sardinischen Landen einen Vergleich ju stiften.

Im Febr. 1730. sturben der Papst Benedictus XIII.
und der Cardinal Pipia in einem Tage.   Durch den Hintritt des Erstern bekam er Gelegenheit, sich in dem Conclave
hervor ju thun, durch des Andern Tod aber erlangte er die
Pro-

Protection von Sardinien und Savoyen, nebst der Abtey
Staffarda, deren jährliches Einkommen sich auf 6000. Scudi
belief. In dem Conclave formirte er auf des Sardinischen
Hofs Veranlassung, der ihm große Versprechungen that
und einen Wechsel von 10000. Thalern schickte, eine beson=
dere Parthey, die die Sardinische genennet wurde, weil sol=
che bemühet war, einen Papst zu erwählen, der das, was
Benedictus XIII. zum Vortheil dieses Hofs gethan, gut heis=
sen sollte. Alleine es konnte diese Parthey ihren Zweck nicht
erreichen, ob sie sich gleich viel Mühe gab, und deßhalben
die vorhabende Wahl von verschiedenen Cardinälen rückgän=
gig machte. Denn es glückte dem Cardinal Corsini, daß er
den 12. Jul. unter dem Namen Clementis XII. auf den Päpstl.
Stuhl erhoben wurde, der alles, was der vorige Papst dem
Könige von Sardinien zugestanden hatte, völlig wieder über
den Haufen stieß.

So gut nun vormals das Albanische Haus bey dem
neuen Papste als Cardinal angeschrieben gewesen, in so
schlechter Gunst stunde es nunmehro bey eben demselben als
Papste. Es erfuhr dieses sonderlich der Cardinal Alexander
Albani, weil er sich nicht nur unter der vorigen Regierung,
die dem neuen Papste jederzeit sehr verhaßt gewesen, in viele
Dinge gemenget hatte, sondern sich auch jetzo gegen den Sardini=
schen Hof, mit dem man nunmehro in große Mißhelligkeiten ge=
riethe, allzu geneigt erwieß. Anfangs ernennte ihn zwar
Clemens XII. zu einem Mitgliede derjenigen außerordentli=
chen Congregation, die wegen der Angelegenheiten des Sar=
dinischen Hofs angeordnet wurde, weil er hoffte, durch ihn
die Streitigkeiten desto eher zu einem erwünschten Vergleiche
zu bringen. Als er aber den Titel eines Protectors von
Sardinien auf des Papsts Verlangen nicht ablegen wollte,
wurde er von solcher Congregation 1731. wieder ausge=
schlossen.

Im Jahr 1732. ließ er einen Bericht von denen zwi=
schen dem Päpstl. und Sardinischen Hofe obschwebenden
Streitigkeiten drucken und solchen zu Rom öffentlich aus=
theilen. Er protestirte auch stark im Namen des Königs

D 3   von

von Sardinien wider die harte Bestrafung des Herrn Sardini, der unter dem vorigen Papste mit den Sardinischen Angelegenheiten am meisten zu thun gehabt. Da aber der Papst sich an solche Protestation nicht kehrte, sondern vielmehr in seinem Eifer wider den Sardinischen Hof fortfuhr, mußte er dem heil. Vater hinterbringen, daß der König die vier Päpstl. Lehen in Piemont eingezogen hätte und solche durch seine Cammerbedienten in Besitz nehmen lassen. Damit auch der Cardinal öffentlich an den Tag legen möchte, wie groß seine Ergebenheit gegen den Sardinischen Hof sey, legte er sogleich die tiefe Trauer an, als er vernommen, daß der alte König Victor Amadeus im Oct. 1732. gestorben sey.

Er konnte solchergestalt freylich in den Augen des Papsts keine angenehme Person seyn; jedoch gab er sich unter der Hand viel Mühe, zwischen beyden Höfen einen Vergleich zu stiften. Alleine der bald darauf erfolgte Krieg in Italien gab Anlaß, daß diese Sache unausgemacht bliebe. Im Jan. 1733. kleidete er zu Rom den Herrn Ruggeri in den Savoyischen Ritterorden St. Mauritii ein, welches mit besondern Umständen in Gegenwart vieler hohen Standspersonen geschahe. Nicht lange darauf wohnte er der außerordentlichen Solennität bey, da der Leichnam Benedicti XIII. mit großem Gepränge aus der Kirche des Vaticans in die von St. Maria supra Minervam gebracht wurde, wobey er einige kostbare Säulen von Achat zu Auszierung des Grabes desselben hergab.

Den 18. Febr. 1740. gieng er nach Absterben Clementis XII. zum drittenmale ins Conclave, darinnen er die 40ste Zelle zwischen den Cardinälen Laurentius Altieri und Pico empfangen. Er half nach langwierigen Intriguen den 17. Aug. Benedictum XIV. erwählen. Er hatte nebst einigen andern Cardinälen die Aufsicht über die Reinigkeit und Verschließung des Conclavis, that sich aber selbst in demselben wenig herfür. Nachdem er der Krönung des neuen Papsts beygewohnet, wurde er zum Oberaufseher der Päpstl. Capell-music und Ober-Baudirector ernennet, auch in den Sardinischen Angelegenheiten, die man nunmehro völlig beyzulegen

legen

legen suchte, fleißig zu Rathe gezogen. Es glückte ihm auch, daß der Vergleich noch vor Ausgang des Jahrs zu Stande gebracht wurde.

Im März 1741. trat er dem Abte Aquaviva die reiche Abtey St. Leonhardt im Königreiche Neapolis mit Vorbehalt einer Pension von 5600. Scudi ab und nahm im Aug. den Diaconattitel von St. Agatha in Suburra und im März 1743. den von St. Maria ad Martyres an, von der Königin in Ungarn aber ward er an des verstorbenen Cardinals del Giudice Stelle zum Minister am Päpstl. Hofe und Comprotector ihrer Reiche und Staaten ernennet. Als der Gemahl dieser Monarchin, Franciscus, Großherzog von Toscana, den 13. Sept. 1745. zum Römischen Kayser erwählet worden, stelle er deshalben den 6. Jan. 1746. in seinem Palaste zu Rom ein prächtiges Fest an, zu welchem eine große Menge hoher Standspersonen eingeladen wurden.

Den 16. Jan. 1747. starb der Cardinal Marini als erster Cardinaldiaconus, worauf er ihm in dieser Stelle folgte und den Titel St. Maria in Via lata annahm. Im April 1748. ernennte die Kayserin Königin den Cardinal Mellini zu ihrem Minister zu Rom, welche Stelle bisher der Cardinal Albani bekleidet hatte, der deshalben von derselben aus Dankbarkeit für seine bisherigen Dienste ein Brillantencreuz von 12000. Thalern am Werthe nebst zwey eigenhändigen Schreiben von beyden Kayserl. Majestäten empfienge, wobey ihn der Kayser besonders zu seinem Minister am Päpstl. Hofe ernannte, er auch Comprotector der Oesterreichischen Staaten blieb. Er besorgte das Beste des Hauses Oesterreichs mit vielem Fleiße und machte sich auch um die Deutschen Reichsfürsten verdient, welches sonderlich der Churfürst Johann Friedrich Carl von Maynz erkannte, weshalben er ihm im Nov. 1755. einen Zug von 8. schönen Friesländischen Pferden zum Geschenke schickte.

Den 3. May 1758. starb Benedictus XIV. worauf er alles dasjenige besorgen half, was ihm während der Sedisvacanz als ersten Cardinaldiacono oblag. Den 15. May betrat

er

er zum viertenmale das Conclave, worinnen ihm dießmal das Loos die 42ste Zelle zwischen den Cardinälen d'Attalaja und Stoppani zugetheilt hatte. Er war ein Herr von 66. Jahren, gab aber nichts von sich zu reden Anlaß, weil er weder für sich, noch für andere arbeitete. Nachdem die Wahl des Cardinals Rezzonico den 6. Jul. vollzogen worden, that er an das vor der Peterskirche häufig versammlete Volk die gewöhnliche Verkündigung des neuen Papsts Clementis XIII und verrichtete den 16ten die Krönung desselben.

Im Aug. 1761. erhielte er an des verstorbenen Cardinals Paßionei Stelle das wichtige Amt eines Bibliothecarii des Päpstl. Bücherschatzes, welches ihm zu großem Vergnügen gereichte. Im Jahr 1763. wurde er zu der außerordentlichen Congregation gezogen, die wegen der gedoppelten Bischoffswahl zu Lüttich einen Ausspruch thun sollte. Als der Papst 1764. wegen der entstandenen großen Theurung den Schatz Sixti V. angreifen und eine Summe aus demselben heraus nehmen mußte, war er als einer von den Oberhäuptern der dreyen Cardinalsordnungen dabey zugegen. Er empfieng auch in eben diesem Jahre als Präfectus dell'Aque den Auftrag, die Schäden zu untersuchen, die durch die Austretung der Wasser im Kirchenstaate geschehen. Im Dec. 1765. kriegte er die wirkliche Protection von Deutschland und den Oesterreichischen Staaten, die er bisher interimsweise verwaltet hatte.

Im Jan. 1766. wurde er zu der außerordentlichen Congregation gezogen, die wegen des jungen Prätendentens, der seines verstorbenen Vaters Titel und Einkünfte verlangte, ein Urtheil fällen sollte, welches aber nicht zum Vortheil dieses Prinzens ausfiel. Da auch 1767. die Jesuiten aus Spanien vertrieben wurden, war er einer von denjenigen Cardinälen, die dieses Verfahren nicht mißbilligten. Den 3. Aug. erhub er sich mit dem Cardinal Orsini in einem prächtigen Aufzuge zu dem Papste, um ihm die Vermählung der Erzherzogin Maria Josepha mit dem Könige von beyden Sicilien kund zu thun und ihn zugleich um die Erlaubniß zu bitten, daß Sie durch das Päpstl. Gebiete reisen dürfte, welches

ches denn von dem heil. Vater mit großem Vergnügen angenommen und bewilliget wurde ; aber wegen des darauf er-
folgten Hintritts der Königl. Braut unterblieb. Jedoch
da die Reyhe an derselben Schwester, die Erzherzogin Maria Carolina kam, wurde das Ansuchen von den beyden Cardinälen den 19. Febr. 1768. bey dem Papste wiederholt und
auch gewähret. Immittelst war der Papst mit dem Parmesanischen Hofe in eine starke Irrung gerathen, an der die
Bourbonischen Höfe großen Antheil nahmen. Der Cardinal Albani kriegte darauf von dem Wienerischen Hofe den
Auftrag, mit den Ministern der drey verbundenen Bourbonischen Höfen auf eine Genugthuung für den Herzog von
Parma zu dringen. Jedoch da gedachter Hof auf das von
dem Papste erhaltene Schreiben bewogen wurde, sich nicht
so gar harte gegen den Apostolischen Stuhl zu erweisen, unterstützte er in geheim die Vermittelung des Königs von
Sardinien, die dieser Monarche zu Beylegung dieser Mißhelligkeit über sich zu nehmen entschlossen war.

Im Jahr. 1769. erlebte er nach dem Hintritt Clementis XIII. das fünfte Conclave, worinnen er die 51ste Zelle
zwischen den Cardinälen Borromäo und von Porck erhielte.
Er betrat solches den 15. Febr. mit den andern anwesenden
Cardinälen, konnte aber in demselben sich nicht sonderlich
herfür thun, weil er nicht nur sehr alt, sondern auch fast
blind war. Ein außerordentliches Vergnügen empfand er,
als der Römische Kayser Joseph II. und sein Bruder, der
Großherzog von Toscana, den 15. März sich aus besonderer
Neubegierde in dem Conclave einfanden. Unser Albani
war als Vorsteher der Cardinaldiaconen einer von denen, die
diese großen Fürsten bewillkommten. Er vergoß hierbey Freu-
denthränen, küßte dem Kayser die Hände und sprach: Nun
sterbe ich mit Vergnügen ! Er unterredete sich mit ihm
eine geraume Zeit und bedauerte, daß er wegen seines blöden
Gesichts Ihre Majest. nicht recht sehen könnte, worauf der
Monarche antwortete: Rühren Sie mich an, wenn
Sie mich nicht sehen können ! Als beyde hohe Brüder
wieder fortgiengen, wollte der Cardinal sie begleiten. Als er
aber über eine Treppe steigen wollte, fieng er an zu ruffen:

Ach!

Ach! ich sehe nicht! Worauf ihm der Großherzog die Hand
reichte und sprach : Nun habe ich auch einmal die Dienste eines Conclavisten versehen.

Als der Kayser sich den Eyd vorlesen ließ, den die Cardinäle in dem Conclave ablegen müßen und er darauf fragte :
Aber beobachten sie denn auch wirklich diesen Eyd ?
antwortete Alexander Albani : Wir sollten freylich den
würdigsten erwählen; jedoch man giebt seine Stimme,
nachdem es die Umstände mit sich bringen. Als der
Cardinal Correggiani etwas darwider einwenden wollte, fiel
ihm Albani in die Rede und sprach: Ew. Majest. können
glauben, daß meine Theologie richtig ist. Uebrigens
hielte er es im Conclave meistens mit der Parthey der Kronen, ließ aber mehr seinen Vetter, den jüngern Albani, agi-
ren, als daß er selbst sich viel in die Cabalen mengte.

Als man sich nach langen Intriguen endlich vereinigte,
den Cardinal Ganganelli auf den Päpstl. Stuhl zu erheben,
war der alte Albani der erste, der demselben den 18. May
den günstigen Anschein von seiner Wahl anzeigte. Dieser
antwortete darauf ganz kaltsinnig und gelassen: Ew. Eminenz scherzen ! Alleine es langten darauf die Oberhäupter
von den Partheyen nach einander in des Ganganelli Zelle an
und bezeugten ihr Vorhaben mit Händeküssen, worauf am
folgenden Morgen die Wahl des Ganganelli wirklich erfolgte,
der den Namen Clemens XIV. annahm. Unser Cardinal
Albani hatte darauf die Ehre, den neuen Papst sowohl dem
versammleten Volke durch die gewöhnliche Proclamation bekannt zu machen, als auch den 4. Jun. in der Peterskirche
mit Aßistenz einiger andern Cardinälen denselben zu krönen.

Er war nachgehends mit dem Papste nicht recht zufrieden, daß er alles nach seinem eigenen Kopfe that und die
Cardinäle gar nicht zu Rathe zog. Er überreichte deßhalben im Namen des ganzen heil. Collegii ein Memorial, worinnen er nachdrücklich vorstellte, daß den Bullen und bißherigen Gebräuchen zufolge ein Papst alle vorfallenden wichtigen Angelegenheiten von den Cardinälen als seinen Räthen

in

in den Congregationen untersuchen lassen und alsdenn einen
Schluß fassen sollte. Alleine er kriegte keine erwünschte Antwort, weil Clemens XIV. declarirte, er würde alle Angelegenheiten selbst besorgen und keine Cardinäle zu Rathe
ziehen, um zu verhindern, daß von den vorhabenden wichtigen Geschäften nichts ruchtbar würde. Der Cardinal, der
bey dieser Gelegenheit den Papst wegen seiner Gesinnung in
Ansehung des Jesuiterordens gerne ausforschen wollte, lenkte darauf das Gespräche auf die Jesuiten, wobey er unver-
merkt in einen solchen Eifer gerieth, daß der Papst genöthiget wurde, zu ihm zu sagen: Herr Cardinal, wir hören,
GOtt sey Dank! sehr wohl. Jedoch da diese Erinnerung fruchtloß war, und der Cardinal immer in seinem heftigen Tone fortfuhr, sagte der Papst zu wiederholtenmalen
mit einer verdrüßlichen Mine und lebhaften Stimme: Sentiano! Sentiano! d. t. Wir vernehmen; wir vernehmen
es! worauf er an der Glocke zog und den Cardinal beurlaubte, welcher sich alsdenn mit äußerstem Verdruß wegen
der fehlgeschlagenen Absicht, den Papst in Ansehung der
Jesuiten auszuforschen, hinweg begab.

Der Cardinal Albani ist übrigens ein grosser Liebhaber
sowohl von der Baukunst, als den Münzen und Antiquitäten, die er zu Rom steißig aufsuchen läßt. Er wendet
viel Geld darauf und kauft die raresten Werke und seltensten
Kunststücke in Menge an sich, um damit seine Paläste und
Gärten auszuzieren. Vor der Porta Salara zu Rom hat
er einen Palast nach dem Geschmack der alten Römer anle-
gen lassen, der voller Bildsäulen und Brustbilder alter gelehrter Männer ist, die er, da sie meistens verstümmelt gewesen, künstlich hat ausbessern und eines jeden Namen mit
Griechischen Buchstaben an der Seite einhauen lassen. Das
ganze Gebäude fällt zwar altfränkisch in die Augen, wird
aber wegen seiner antiquen, künstlichen und kostbaren Einrichtung von allen Fremden, die es besehen, bewundert.

Der Cardinal Albani ist auch ein grosser Patron der
Gelehrten, der aber aus Liebe zur Gemächlichkeit nicht gerne sich in einen weitläuftigen Briefwechsel einläßt, noch mit
den

den Gelehrten viele Unterredungen hält. In den Staats-
Affairen besitzt er wenig Erfahrung, weil er sich damit niemals viel zu thun gemacht. Daß es ihm aber auch an den
Eigenschaften, die von einem guten Papste erfordert werden,
fehlen müsse, erhellet unter andern daraus, daß man ihn in
keinem Conclave, ob er gleich derselben fünfe erlebt, unter
die Papstmäßigen Cardinäle gezählt, auch ihn deshalben wenig oder gar nicht in Vorschlag gebracht.

(II.)

Carolus Albertus Cavalchini,
von Tortona.
geb. 1683. Card. 1743.

Dieser alte Cardinal stammt aus einem alten adelichen
Geschlechte her, das zu Tortona, einer Stadt im
Herzogthum Meyland, die aber jetzt mit ihrem Be-
zirk unter der Bothmäßigkeit des Königs von Sardinien stehet, seinen Sitz hat. Sein Bruder, der Marchese Cavalchini, starb den 4. Jul. 1765. als Kayserl. General. Er
selbst, der Cardinal, wurde den 29. Jul. 1683. zur Welt
gebohren und zum geistl. Stande bestimmt. Wo er aber eigentlich den Grund zu seinen Wissenschaften geleget, kann
man nicht sagen; so viel aber scheint gewiß zu seyn, daß die
Jesuiten vielen Antheil daran gehabt, welchem Orden er auch
sonsten sehr ergeben gewesen. Vermuthlich hat er seine Studia, wenn er sie ja wo anders angefangen, doch wenigstens
zu Rom zur gehörigen Reiffe gebracht und sonderlich in der
Theologie und in den canonischen Rechten sich stark geübet.

Clemens XI. nahm ihn unter die Consistorialadvocaten
auf, welches er viele Jahre gewesen, bis er endlich der älteste oder Decanus unter denselben worden. Endlich ertheilte ihm Benedictus XIII. 1728. das Secretariat von der
Congregation des Concilii, welche mit den Lehrsätzen des Concilii Tridentini zu thun hat, und daher einen gelehrten Prälaten erfordert. Er bekam zugleich den Titel eines Erzbischoffs

schoffs von Philippi, und ward zu einem aßistirenden Bischoffe des Päpstlichen Throns ernennet. Nach und nach
ward er auch ein Mitglied von den Congregationen des Ex-
amlnls der Bischöffe, der Kirchengebräuche und der Signatura dl Grazia, wie auch Canoniste und hernach Cor-
rector bey der Penitenzlaria.

In diesen Aemtern hatte er bereits das 60ste Jahr seines
Alters zurücke gelegt, als ihm endlich Benedictus XIV. den
9. Sept. 1743. die wohlverdiente Cardinalswürde ertheilte.
Er war unter 24. Prälaten, die damals den geistlichen Purpur kriegten, der vierte, und weil er zu Rom anwesend
war, empfieng er sogleich aus des Papsts Händen das Biret und den 12. Sept. nebst noch 14. andern den Hut, den
23ten aber den Priestertitel St. Mariä della Pace, wobey
er zugleich Sitz in den vornehmsten Congregationen erhielte,
von dem Papste aber mit der Abtey Staffarda in Piemont
beschenkt wurde. Der König von Sardinien, dessen gebohrner Unterthan er ist, that noch andere Abteyen und
Präbenden darzu, die zusammen bey 6000. Scudi abwarfen.

Im Jahr 1744. erhielte er die wichtige Präfectur von
der Congregation der Bischöffe und Regularen, und einige
Jahre hernach ward er auch Beysitzer des heil. Officii. Im
Jahr 1748. wurde er zum Ponenten oder Referenten in der
Canonisationssache des Cardinals Bellarmini, eines Jesui-
tens, ernennet, nachdem auf Veranlassung dieser Ordensleute schon seit vielen Jahren an der Heiligsprechung dieses
Cardinals am Päpstl. Hofe gearbeitet worden. Ob nun
wohl Cavalchini kein Freund der Jesuiten seyn wollte, so
lobte er doch in seiner Relation des Bellarmini Schriften
und besonders dessen Buch de controversiis christianæ fidei, weil
dadurch, wie er vorgab, viele Fürstl. Personen, die der Ke-
zerey zugethan gewesen, bekehret worden. Seine Relation,
die er deswegen vor der Congregation der heil. Kirchengebräuche gethan, ist 1753. zu Rom im Druck erschienen und
führt diesen Titel: *Sanctissimo Domino nostro Benedicto Pa-
pæ XIV. Relatio Caroli Alberti, Cardinalis Cavalcbini, Po-
nentis in causa Beatificationis & Canonizationis Ven. Servi Dei,*
Re-

Roberti, *Cardinalis Bellarmini*, *pro Congregatione habenda coram Sanctitate sua super dubio*: *an constet de virtutibus theologalibus & cardinalibus earumque annexis in gradu heroico ad effectum, de quo agitur.* Er brachte es wirklich so weit, daß, wo der Cardinal Paßionei nicht neue Hindernisse in den Weg gelegt hätte, Bellarminus ohnfehlbar zu einen Heiligen würde gemacht worden seyn.

Er wartete immittelst die *Congregationes* fleißig ab, mengte sich in keine auswärtigen Händel und suchte mit allen Cardinälen in guter Freundschaft zu leben. Hierdurch gedachte er, allem Ansehen nach, sich den Weg zur Päpstlichen Würde zu bahnen. Nachdem er 15. Jahre in dieser Hoffnung zugebracht und ein Alter von 75. Jahren erreicht hatte, ereignete sich die erste Gelegenheit, einen Versuch zu Erreichung seiner Absicht zu thun. Denn es starb den 3. May 1758. Papst Benedictus XIV. Man gieng den 15. ins Conclave, worinnen Cavalchini durchs Loos die erste Zelle bekommen, die den Cardinal Rovero zum Nachbar hatte. Man zählte ihn unter die vornehmsten Candidaten des Päpstl. Stuhls. Er würde auch ohnfehlbar die Päpstliche Würde davon getragen haben, weil er 33. Stimmen hatte, wenn ihm nicht der Französische Hof durch den Cardinal von Luynes die Ausschliessung gegeben hätte. Die Ursache wurde nicht gemeldet, mochte aber wohl der Jesuiten wegen geschehen, denen er niemals abgeneigt gewesen. Vermuthlich geschahe es auch in Ansehung des Sardinischen Hofes, weil er unter die gebohrnen Unterthanen desselben gezählt wurde. Er bezeigte bey dieser Ausschliessung eine solche Bescheidenheit, daß er nicht nur nichts darwider einwendete, sondern auch denen, die ihm ihre Stimmen gegeben, dankte. Indessen hätte diese Ausschliessung bey nahe dem Cardinal Portocarero die Päpstliche Krone zuwege gebracht, weil er als das Haupt der Spanischen Faction, mit welcher die Oesterreichische Faction verbunden war, schon so viel Stimmen in seiner Gewalt hatte, daß, da die Französischen Cardinäle ihm vorher schon ihre Stimmen gegeben, es nicht viel fehlte, daß nicht durch den Beytritt einiger Cardinäle von des Cavalchini Parthey die erforderten zwey

Drit.

Drittel zusammengebracht und die Wahl in desselben Person als canonisch vollzogen worden.

Alleine die Scenen änderten sich und der Cardinal Rezzonico hatte nicht lange hernach, nämlich den 6. Jul. das Glücke, daß er unter dem Namen Clemens XIII. auf den Päpstl. Stuhl erhoben wurde, da denn Cavalchini sich unter denen befand, die am stärksten vor ihn gearbeitet und dessen Wahl befördert hatten. Der neue Papst erkannte solches auch sehr wohl, daher er ihn einer besondern Hochachtung würdigte, und ihn fast an allen seinen Handlungen Theil nehmen ließ. Er erklärte ihn gleich nach seiner Erhebung zum Prodatario, welche Stelle einige Jahre ledig gewesen. Es wurde zwar darwider von Seiten des Französischen Hofes eben, wie zuvor im Conclave wider seine Wahl, protestirt. Alleine der Papst, der ihn wegen seines Verhaltens im Conclave sehr lieb gewonnen, gab zur Antwort, daß er in den Französischen Angelegenheiten selbst Datarius seyn wollte. Er wurde kurz darauf auch einer von den Protectoren des Deutsch-Ungarischen Collegii.

Den 12. Febr. 1759. trat er in die Ordnung der Cardinal-Bischöffe und erhielte das Bißthum Albano. Ob er gleich mit dem Staatssecretario, Cardinal Torreggiani, nicht einerley Gesinnung hatte, so war er doch bey dem Papste wohl angesehen. Er zog ihn fast zu allen ausserordentlichen Congregationen und hatte ihn öffters in seiner Gesellschaft. Er mußte ihn gemeiniglich begleiten, wenn er eine Lustreise nach Castel Gandolfo that, heuchelte aber nicht, wenn er in einer Sache seine Meynung sagen sollte. Er war vor einiger Zeit Protector von dem Capuciner-Orden worden. Als daher diese Patres den 8. May 1761. zu Rom einen neuen General erwählten, befand er sich zugegen und half die Wahl des P. Pauls von Colindres befördern.

Den 12. April 1763. starb der Decanus des heiligen Collegii, Cardinal Spinelli. Ob nun wohl der Cardinal Paolucci als Vicedecanus das nächste Recht zum Decanat hatte, so schlug er doch solches wegen seines kränklichen Zustandes

standes aus und überließ es dem Cardinal Cavalchini, der auch den 16. May darzu beſtätiger und ihm das Bißthum zu Oſtia und Veletri gegeben wurde. In dieſer Qualität war er zugegen, als der Papſt 1764. bey dem groſſen Getreide-mangel und Theurung mit Einwilligung des Cardinalecollegii eine Summa von 500000. Thalern aus dem Schaze Sixti V. nehmen ließ, an der Päpſtl. Bulla aber, dadurch Clemens XIII. den 7. Jan. 1765. den Jeſuiterorden beſtä-tigte, hatte er keinen Theil, weil er die Parthey der Jeſui-ten verlaſſen hatte und ſich nunmehro unter die Widerſacher derſelben zählte, um dadurch die Gunſt der Bourboniſchen Höfe zu erlangen.

Es wirkte aber die neue Conſtitution ſo wenig Gutes vor die Jeſuiten, daß ſie vielmehr 1767. aus den Königrei-chen Spanien und beiden Sicilien eben ſo, wie vorher aus Portugall und Frankreich, getrieben wurden. In den Congregationen, die der Papſt darüber auſſerordentlich an-ſtellte, war Cavalchini allezeit der Meynung, daß dieſen Or-densleuten nicht unrecht geſchehen, daher man auch dieſel-ben in den Kirchenſtaat nicht aufnehmen, vielmehr den gan-zen Orden aufheben und die Patres von ihren Gelübden ent-binden ſollte. Er hielte deshalben einemals eine umſtändli-che und nachdrückliche Rede in der Congregation des Heil. Officii, die nachgehends im öffentlichen Druck erſchienen. Folgende Stellen in derſelben verdienen hier angeführt zu werden:

„ Schon ſeit zwey Jahrhunderten wird die Geſellſchaft
„ von ſo vielen Städten, Provinzen und Republicken durch
„ ein ununterbrochenes Geſchrey bey dem Heil. Stuhle ver-
„ klagt, und der Heil. Stuhl hat immer geſchwiegen. Ih-
„ re Lehre iſt öfters von der Franzöſiſchen Geiſtlichkeit be-
„ ſchuldiger und durch die Edicte der Fürſten verbannet
„ worden, und der Heil. Stuhl hat geſchwiegen. Man
„ hat ſie wegen ihrer Miſſionen angeklagt und dieſe Klagen
„ ſind von ſo vielen Völkern, Monarchen, Biſchöffen, A-
„ poſtoliſchen Legaten dem Heil. Stuhle vorgetragen wor-
„ den, aber der Heil. Stuhl hat geſchwiegen. Endlich da
„ ſich

„ sich die ganze Christliche Republick unsers Jahrhunderts
„ vereiniget, die Gesellschaft anzuklagen, und sich wegen
„ ihrer Betrügereyen, Nachstellungen und Falschheiten ein-
„ müthig zu beschweren, wird uns da noch das Stillschwei-
„ gen des Heil. Stuhls vortheilhaft zu seyn scheinen, und
„ wird man da noch glauben, daß nichts anders zu urthei-
„ len und zu beschlüssen sey, als was mit den gefährlichen
„ Grundsätzen der Jesuiten und mit ihren Wünschen über-
„ einstimmt? Da einer oder der andere der Humiliatorum
„ einem Cardinal nach dem Leben trachtete, glaubte man,
„ dieses Verbrechen könne nicht anders, als durch die Un-
„ terdrückung des ganzen Ordens gebüßet werden; und uns
„ sollte so wenig an dem Leben Christlicher Fürsten liegen,
„ daß wir die blutgierigen Jesuiten so gar, wie bisher ge-
„ schehen, mit unserm Schutze beehren? Sie sind aus dem
„ Königreiche Portugal, das vor diesem der Römischen
„ Kirche am getreusten gewesen, als Königsmörder verban-
„ net worden, und Rom siehet nicht alleine die Gefahr des
„ Lebens eines so Durchl. Sohnes der Kirche mit gleich-
„ gültigen Augen an, sondern trägt auch kein Bedenken,
„ die Vertheidigung des Hochverraths zu übernehmen; ⸱ ⸱
„ Ja es hat Rom zu eben der Zeit auf eine sehr ungereimte
„ Art die Einrichtung der Gesellschaft von neuem bestättigt
„ und mit Lobsprüchen überhäuft, die größer sind, als sie
„ so gar von ihren eigenen Schülern ausgedacht werden
„ konnten. Nachdem man die Constitutiones und Privile-
„ gien der Gesellschaft in Frankreich sorgfältig untersucht,
„ so hat man gefunden, daß sie sowohl der Sicherheit des
„ Königs, als dem Frieden der Kirche und der öffentlichen
„ Ruhe entgegen sind, daher man auch die Abschaffung die-
„ ses Ordens für nothwendig gehalten hat; uns aber kömmt
„ indessen nicht einmal ein Verdacht ins Gemüthe, diese
„ Constitutiones zu untersuchen, ja, wir setzen so gar an-
„ dere übermäßige Privilegien und Freyheiten zu den er-
„ stern hinzu. Heute wird dem heil. Stuhle ein neues und
„ abscheuliches Verbrechen derselben vorgetragen, nämlich
„ die boshafteste Nachstellung gegen das Leben des Königs
„ von Spanien. ‒ ‒ Eine lange Reyhe von ungeheuern
„ Verbrechen, als die Usurpation ganzer Reiche, die Em-

IV. Theil.   E   pörung

„ pörung ganzer Völker, die Mißbräuche des Gottesdien-
„ stes und der Sacramente, beweisen, daß die Gesellschaft
„ schuldig ist ; aber was gehet uns das an? Werden unse-
„ re Berathschlagungen noch immer von ihrer Willkühr ab-
„ hangen ? und werden wir ihre Grundsäze, die nichts als
„ Rache und Mord athmen, noch immer durch unsere Ge-
„ walt schützen? Mit welchem Rechte dieses geschehen könne,
„ sehe ich nicht ein, man müße denn deutlich zeigen, daß der
„ heil. Stuhl die Mutter der Jesuiten wäre rc. „

Es heißt ferner in dieser Rede : „ Sie rühmen sich, die
„ Pfeiler und Stützen des Apostolischen Stuhls zu seyn;
„ aber wir wollen ohne alle Vorurtheile untersuchen, mit
„ welchem Rechte sie sich dieser glänzenden Benennung an-
„ maßen. Wir wollen zum Grunde setzen, daß wir unter
„ dem Namen des heil. Stuhls den Primat der Kirche ver-
„ stehen, vermöge dessen der Papst der allgemeine und un-
„ trügliche Vater und Hirte, der Bewahrer des Glaubens,
„ der Beschützer des rechtgläubigen Lehrbegriffs, der Aufse-
„ her der Sitten und der Statthalter JEsu Christi ist. Ich
„ weis nicht, ob er hierinnen von den Jesuiten unterstüzt
„ oder nicht vielmehr durch Hinterlist gehindert worden.
„ Sie haben durch den gefährlichen Probabilismus und durch
„ böse Lehrsäze die Unschuld der Sitten verderbt. - - - -
„ und welche Vortheile sind der Kirche aus ihren Mißionen
„ erwachsen ? - - und was können wir in denselben weiter
„ bewundern, als daß sie eine weltliche Regierungsform er-
„ richtet und sich Unterthanen und Völker nach dem Geseze
„ der Natur gezogen haben, welche zwar ein ruhiges Leben
„ führen ; alleine ob ihre Art zu leben nach der Vorschrift
„ des Evangelii und der Richtschnur des Glaubens einge-
„ richtet sey, unterstehe ich mich nicht zu behaupten. Wenn
„ wir endlich unter dem Namen des heil. Stuhls die welt-
„ liche Herrschaft der Kirche verstehen, so sehen wir, daß
„ seit der Errichtung der Gesellschaft solche auch nicht um
„ einen Zoll breit vermehret worden. „

Es heißt ferner : „ Ich frage ; was für einen Begriff
„ wir uns von der Freyheit der Kirche machen ? - - die
„ Gesell-

„ Gesellschaft wird des Hochverraths beschuldiget, eines Ver-
„ brechens, dessen Erkenntniß der König von Portugall sei-
„ nem Richterstuhle übergiebt, wodurch die Freyheit der
„ Kirche verletzt wird; und da der König von Spanien
„ selbige vor unsern Richterstuhl stellt, so sagen wir gleich-
„ falls, die Freyheit der Kirche werde dadurch verletzt. Daß
„ die Jesuiten als solche, die nach zeitlichen Gütern streben
„ und dem guten Namen, dem Leben, wie auch den Seelen
„ nachstellen, vertrieben werden sollten, wie es das Recht
„ der Natur fordert, ist fast die einhellige Stimme aller Völ-
„ ker. Wir glauben hingegen, daß es der Freyheit der Kir-
„ che gemäß sey, ihnen zu schmeicheln, ihnen zu den gehei-
„ men Berathschlagungen Zutritt zu verstatten und uns nach
„ ihrem Gutachten zu richten. „

Der Schluß dieser merkwürdigen Rede lautet also:
„ Euch, erlauchte Versammlete, - - euch bitte ich instän-
„ dig, daß ihr nicht die Kirche, die Mutter aller übrigen,
„ die sich auf eure Rathschläge so sehr verläßt, hintergehet.
„ Lasset euch nicht durch Partheylichkeit verleiten, die böse
„ Sache der Gesellschaft zu vertheidigen, damit ihr nicht in
„ ihren Untergang mit verwickelt werdet. Ueberleget, ich
„ bitte euch, die Beschaffenheit der Umstände und der Zeiten,
„ und stellt euch vor, daß jener Ausspruch betrachtungswür-
„ dig ist, daß ein in einem einzigen Augenblicke gemachter
„ Schaden auch durch vieler Jahre Arbeit nicht verbessert
„ werden könne. An dich, endlich, heiligster Vater, rich-
„ te ich eben die Worte, mit welchen die fromme Esther GOtt
„ anruffte: daß du deinen Scepter, o Herr, nicht denen
„ übergeben mögest, welche nichts sind, damit sie nicht über
„ unsern Untergang spotten, sondern laß ihren Anschlag
„ auf ihren Kopf kommen, und mache denjenigen, der ge-
„ gen uns zu wüten anfängt, zu Schanden! „

Durch diese nachdrückliche Rede setzte er sich zwar bey
den Bourbonischen Höfen in großes Ansehen, machte sich
aber bey allen Freunden und Patronen des Jesuiterordens
äußerst verhaßt; jedoch da er zugleich allzu eifrig über die
Rechte der Kirche und des Apostolischen Stuhls hielte, durfte

er sich keine Rechnung auf die Päpstl. Würde machen, sondern mußte befürchten, daß ihm die Kronen um deßwillen
die Ausschließung geben würden; wiewohl sein hohes Alter
ihn nicht hoffen ließ, zu dieser höchsten Würde jemals wieder
in Vorschlag gebracht zu werden. So viel ist gewiß, daß
er der Congregation beygewohnet, worinnen das bekannte
Breve wider den Herzog von Parma abgefaßt worden, welches die Bourbonischen Höfe so sehr erbittert hat.

Der Cardinal Cavalchini hält auch sehr scharf über das
Ceremoniel und will sonderlich der Ehre des Cardinalstandes
nichts vergeben lassen. Als daher der Cardinal Piccolomini
im Aug. 1768. dem durch Rom reisenden Spanischen Abgesandten am Sardinischen Hofe, Grafen von Aguilar, die
erste Visite gegeben, schrieb er als Decanus des heil. Collegii einen heftigen Brief an diesen Cardinal und verwieß ihm
solches. Er ließ auch eine Abschrift davon zum Andenken
für die Nachkommen in der Päpstl. Staatscanzley beylegen.

Den 2. Febr. 1769. erschrack er gewaltig, als ihm in
der Nacht der Cardinal Rezzonico in einem Briefgen den
plötzlich geschehenen Todesfall des Papsts berichtete. Seine
schwache Gesundheit wurde dadurch so alterirt, daß er bett-
lägerig wurde. Es wurde indessen ein Conclave veranstaltet,
in welchem er die zweyte Zelle zwischen den Französischen
Cardinälen von Choiseul und Gesvres erhielte. Er betrat
allererst den 7. April das Conclave, weil seine Unpäßlichkeit es
nicht eher verstattete; doch erholte er sich im Conclave dergestalt, daß er den 5. May die Messe lesen konnte.

Er war nunmehro ein Mann von 86. Jahren, schien
aber doch seines Alters und Hustens ungeachtet die Lust zur
Päpstl. Krone nicht ganz verlohren zu haben; zumal da der
Französische Hof geneigt schiene, seine Ausschließung, die
ihm als einem gewesenen Mitgliede der Congregation, die
man wegen Parma angeordnet, gegeben worden, aufzuhe-
ben. Alleine er mußte sich die Papstsgedanken vergehen
lassen, da man ihn als einen abgelebten Mann ganz aus der
Acht ließe. Nachdem die Partheyen, die vor die Cardinäle
San-

Fantuzzi und Stoppani arbeiteten, einander stets die Wage gehalten und dadurch die Wahl verzögert hatten, stellte endlich der Cardinal von Bernis mit den Französischen und Spanischen Cardinälen, wie auch dem Pozzobonelli und Sersale bey dem Cardinal Cavalchini eine geheime Unterredung an, darinnen 4. bis 5. Subjecta zur Päpstl. Würde in Vorschlag gebracht wurden, darunter einer gewiß erwählt werden sollte. Hierdurch wurde der Grund zu der Wahl des Ganganelli gelegt, der den 19. May unter dem Namen Clemens XIV. auf den Päpstl. Stuhl gesetzt wurde.

Er hatte als Decanus des heil. Collegii die Ehre, ihm die erste Verehrung zu leisten, war aber Schwachheit halber nicht im Stande, ihm den 4. Jun. die Bischoffsweyhe zu ertheilen, die er noch nicht empfangen hatte; doch ward er von demselben in seinen Aemtern und besonders in dem Prodatariate bestättiget.

Man siehet ihn nunmehro zu Rom für einen todten Mann an, weil er zu allen Verrichtungen ganz unvermögend ist und wenig mehr aus seinem Zimmer kommt. In seinen jüngern Jahren konnte man ihn unter die geschicktesten Cardinäle zählen. Er hatte Kenntniß und Erfahrung von allen Dingen, die den Päpstl. Stuhl angiengen. Er kannte den Römischen Hof von innen und von außen und war eifrig beflissen, dessen Ansehen zu vermehren. Sein Wandel ist übrigens ohne Tadel und in allen seinen Handlungen läßt er keinen Eigennutz spühren, ob man ihn gleich nicht von aller Gewinnsucht bey der Dataria frey sprechen will.

(III.)

Fridericus Marcellus Lante,
ein Römer.

geb. 1695. Card. 1743.

Er stamme aus einem alten Römischen Geschlechte her, das jetzt den Fürstlichen Titel führt. Sein Vater hieß

Anton

Anton Lante, die Mutter aber Aloysia Angelica de la Tremouille, des Marquis Ludwigs von Noirmoutier Tochter und des vermaligen Cardinals de la Tremouille sowohl, als der berühmten Prinzeßin Ursini Schwester. Er wurde den 18. April 1695. zu Rom zur Welt gebohren und standesmäßig erzogen, auch in den Sprachen und gelehrten Wissenschaften in seiner Vaterstadt fleißig unterrichtet. Sein älterer Bruder, Ludwig Lante, der 1727. gestorben, vermählte sich mit der verwittweten Marchesin von Litta, gebohrnen Prinzeßin Vaini, die ihm verschiedene Kinder gebohren, welche das väterliche Geschlechte fortpflanzen. Er selbst blieb im weltlichen Stande bis im Nov. 1719. da er allererst die geistliche Kleidung anlegte und ein Prälate wurde.

Im Jahr 1720. schickte ihn Clemens XI. nach Spanien, dem neuen Cardinal Borgia das Biret zu überbringen. Er wurde hierauf im April 1728. Gouverneur zu Ancona und 1730. Präsident zu Urbino, worauf er 1731. von Clemente XII. mit den geweiheten Windeln für den jungen Dauphin nach Frankreich geschickt wurde. Er hielte den 8. April zu Paris als außerordentlicher Nuncius seinen öffentlichen Einzug und überreichte zu Versailles sein Geschenke, worauf er den 15. Oct. nach Italien zurücke kehrte und seine Präsidentenstelle zu Urbino wieder antrat, auch den 1. Oct. 1732. zum Erzbischoff von Petra geweihet wurde. Den 18. Jun. 1733. starb sein Vetter, Anton Franz de la Tremouille, Herzog von Royan und Marquis von Noirmoutier, seiner Mutter Bruder, ohne Erben, welcher ihn zum Universalerben seiner Verlassenschaft eingesetzt hatte.

Den 9. Sept. 1743. hielte Benedictus XIV. eine große Cardinalpromotion, da denn Herr Lante das Glücke hatte, sich unter Zahl derer zu befinden, die damals den geistlichen Purpur kriegten. Weil er von Rom abwesend war, überbrachte ihm Herr Delmonte das Biret nach Urbino, welches ihm in der dasigen Domkirche mit den gewöhnlichen Ceremonien überreichet wurde. Im Jahr 1745. erhub er sich nach Rom und empfieng den 7. März den Cardinalshut, einige Wochen hernach aber den Priestertitel St. Sylvestri in

in Capite. Er ward auch Protector von Engelland, in welcher Qualität er im Dec. 1745. das Hochwürdige in der
Englischen Nationalkirche aussetzen ließ, um den glücklichen
Fortgang der damaligen Unternehmung des jungen Prätendentens zu befördern.

Im Jahr 1746. ward er zum Legaten zu Ferrara ernennt, welches Amt er drey Jahre verwaltete, worauf er sich
wieder zu Rom einfand und in dem heil. Jubeljahre 1750.
den Pilgrimmen viel gutes erwieß. Im Jahre 1752. erhielte er die Präfectur von der Congregation del Buongoverno,
die Protection des Carmeliterordens aber hatte er schon vorher bekommen. Er stunde zur selbigen Zeit an dem Französischen Hofe in solchem Ansehen, daß, als der Staatsse-
cretarius, Cardinal Valenti, im Jahr 1755. mit einer schweren Unpäßlichkeit befallen wurde, er von demselben bey dem
Papste zum Staatssecretariat vorgeschlagen wurde, das er aber
nicht erhielte.

Den 3. May 1758. starb Benedictus XIV. worauf er
zum erstenmale dem Conclave beywohnte, worinnen ihm
das Loos die 15te Zelle angewiesen, welche die Cardinäle
Spinell und Orsini zu Nachbarn hatte. Er war damals
ein Herr von 63. Jahren und prangte mit verschiedenen guten Eigenschaften, nur stunden ihm seine vielen vornehmen
Anverwandten im Wege, von welchen man besorgte, sie möchten allzu vielen Antheil an der Regierung nehmen, wenn er
auf den Päpstl. Stuhl gesetzt würde. Er kam daher wenig
in Vorschlag und gab während dem Conclave nicht viel von
sich zu reden Anlaß. Er ließ sich die Wahl des Cardinals
Rezzonico, der den Namen Clemens XIII. annahm, gefallen, und wohnte seiner Krönung bey, wurde auch von ihm
zu einem Mitgliede der neuen Congregation ernennet, die über
die Verwaltung der Finanzen und die Einkünfte der Apostolischen Cammer die Aufsicht haben sollte. Er war überhaupt
einer von den Cardinälen, die unter der Regierung Clementis XIII. in besonderem Ansehen stunden und zu den meisten
ausserordentlichen Congregationen gezogen wurden. Hierdurch aber verlohr er die Gunst des Französischen Hofs so,

E 4   daß,

daß, wenn man gleich in dem künftigen Conclave an seiner Erhebung hätte arbeiten wollen, er ohnfehlbar von demselben die Ausschliessung würde zu gewarten gehabt haben.

Den 13. Jul. 1759. erhielte er das Bißthum Palestrina, durch welches er in die Ordnung der Cardinalbischöffe trat, den 18. Jul. 1763. aber gelangte er zu dem Vicedecanat des heil. Collegii, wobey er das Bißthum zu Porto und St. Ruffina erhielte. Den 15. Febr. 1769. betrat er nach dem Tode Clementis XIII. zum zweytenmale das Conclave, worinnen er dießmal die 41te Zelle zwischen den Französischen Cardinälen von Rochechouart und Luynes empfangen. Er sung vorher zu St. Peter die feyerliche Meße des heil. Geistes und reichte den folgenden Tag in Abwesenheit des Decani den Cardinälen die heil. Communion.

Er wurde in diesem Conclave so wenig, als in dem vorigen in Vorschlag gebracht. Er war zwar aus dem Römischen Adel entsproßen, der sich schon längst bemühet hatte, einen Papst aus seinem Mittel zu erlangen, das aber die Eifersucht der andern gemeiniglich verhindert hatte. Das Volk zu Rom war ihm sehr gehäßig, weil er mit Finanz und Cammersachen zu thun gehabt. Es nennte ihn einen Geldwucherer, der mit dem Judenspieße lauffe, auf lauter Handlungsgeschäfte denke und sich mit dem Schweiße seines Nächsten bereichere. Alleine man thut ihm hierinne unrecht. Er ist allerdings ein geschickter Statiste und großer Finanzverständiger, der durch seine Unterhandlung dem Römischen Hofe viele wesentliche Vortheile verschaffen kann, sonderlich wenn er in gewissen Angelegenheiten weniger Feuer zeigt.

Als die Französischen Cardinäle im Conclave anlangten, schienen sie anfangs einige Achtung für ihn zu haben; aber er gehörte unter die Irrlichter, unter deren falschen Scheine man seinem Zwecke näher zu kommen gedenkt. Immittelst eiferte er gar sehr wider diejenigen, so die Geheimniße des Conclave in der Stadt bekannt machten. Den 6. May verließ er das Conclave, weil er sahe, daß er in die Wahl keinen Einfluß hatte. Es wurde solche den 19. May in der

Person

Perſon der Cardinals Ganganelli vollzogen. Der neue Papſt
nennte ſich Clementem XIV. und ließ ſich den 28. May in der
Peterskirche zum Biſchoff weihen , welche feyerliche Handlung der Cardinal Lante verrichtete, weil der Cardinal Cavalchini, als Decanus des heil. Collegii, ſolches Alters und Unpäßlichkeit halben nicht thun konnte. Der neue Papſt geſtat-
tete ihm darauf, die reiche Abtey Forſa an ſeinen Vetter ab-
zutreten.

Es wird jetzt ſeine in den öffentlichen Nachrichten wenig
gedacht. Seine nächſten Erben von ſeinem großen Vermögen ſind ſeines verſtorbenen Bruders Söhne, davon der ältere, Philippus Lante, Fürſt von Belmonte, mit ſeiner Gemahlin, Maria Virginia Altieri, das Geſchlecht fortgepflan-
zet hat, der jüngere aber, Franciſcus Lante, ein Maltheſer-
ritter iſt.

(IV.)

Joſephus Pozzobonelli,
ein Meyländer.
geb. 1696. Card. 1743.

Er wurde den 11. Aug. 1696. zu Meyland gebohren. Von
ſeinem Geſchlechte, nach welchem er Lateiniſch Puteobo-
nellus heißet, iſt mir nichts bekannt. Vermuthlich kamme
er von einer Familie her, die das Patriciat zu Meyland be-
ſitzet. Er erwählte den geiſtlichen Stand und brachte es in
den Wiſſenſchaften , die von einem geſchickten Prälaten der
Römiſchen Kirche erfordert werden, ſehr weit. Er erhielte
frühzeitig ein Canonicat an der hohen Stiftskirche zu Meyland und ließ ſich zum Prieſter weihen. Er bekam an dem
Cardinal Odeſchalchi ; damaligem Erzbiſchoff, einen großen
Patron, der ihn zum Generalvicario in dieſem hohen Erzſtifte
beſtellte, welches er auch nach deßen Tode blieb, da der Cardinal Stampa 1741. zu dieſem Erzbißthum gelangte. Jedoch dieſer ſtarb bald wieder, als er noch nicht zwey Jahre ſolches bekleidet hatte.

Nie-

Niemand glaubte, daß Pozzobonelli an deßen Stelle zu diesem ansehnlichen Erzbißthum gelangen würde. Die Königin von Ungarn, als Besitzerin des Herzogthums Mey-land, hatte das Recht, dem Papste drey Personen vorzuschla-gen, unter welchen er eine erwählen konnte. Allein da die-se Monarchin damit verzog, fuhr Papst Benedictus XIV. zu und ernennte den 15. Jun. 1743. den Herrn Pozzobonelli zu diesem Erzbißthum, nachdem ihm dieser Prälate wegen seiner Tugenden und guten Eigenschaften schon längst bekannt ge-wesen. Die Freude der Einwohner war fast allgemein, da den 18. Jun. die Nachricht von seiner Erhebung nach Mey-land kam, wo er durchgehends in besonderer Hochachtung stunde. Er befand sich gleich in einer feyerlichen Proceßion, als die Zeitung in der Stadt anlangte, daher der Adel ihm sogleich nach Endigung derselben die Glückwünsche abstattete. Es wurde darauf in der Domkirche das Te Deum Laudamus gesungen, und Abends sowohl der Erzbischöffliche Palast mit Lichtern erleuchtet, als auch auf dem Platze von Verzaro ein vielfältiges Freudenfeuer angezündet.

Den 3. Jul. langte er zu Rom an, wo ihm der Papst zum Hausprälaten und Protonotario Apostolico ernennte. Den 12ten wurde er examiniret, wobey er die Ehre hatte, daß ihn der Papst selbst eine Stunde lang aus der Kirchenhi-storie fragte, der über deßen Antwort sich sehr vergnügt be-zeugte. Der Papst weihete ihn darauf in eigener Person ein, worauf er von Rom nach Meyland zurücke kehrte, um von seiner Erzbischöfflichen Würde Besitz zu nehmen. Allein da die Königin von Ungarn ihn in solcher nicht erkennen wollte und ihm deßhalben die Erzbischöfflichen Einkünfte verküm-mert hatte, weil er ohne ihre Zuthun vom Papste eigenmäch-tig darzu ernennet worden, kehrte er nach Rom zurücke, wo ihn indeßen Benedictus XIV. den 9. Sept. zum Cardinal creirt hatte. Als er kurz darauf in dieser Päpstlichen Haupt-stadt anlangte, empfieng er das Biret und nicht lange her-nach den Hut aus des Papsts Händen, worauf er den 15. Oct. den Priestertitel St. Mariä in Via und Sitz in ver-schiedenen Congregationen kriegte. Zu Ersparung des Auf-wands hielte er sich zu Rom ganz eingezogen und wartete mit

Ver-

Verlangen auf die Beylegung der seinetwegen entstandenen Zwistigkeiten mit dem Wienerischen Hofe.

Diese erfolgte endlich im Febr. 1744. durch die Vermittelung des Cardinals Paolucci, der sich noch als Nuncius zu Wien aufhielte und viel Mühe anwendete, für den Cardinal Pozzobonelli ein Decret auszuwirken, daß er zum Besitz seines Erzbißthums gelangen möchte. Da nun die Stadt Meyland in gleicher Absicht ein Memorial der Königin überreichen ließ, gab sie endlich den Vorbitten Gehöre und gestunde dem Cardinal das Erzbißthum Meyland zu. Sobald derselbe davon Nachricht erhielte, ließ er zu seiner Abreise von Rom Anstalt machen und den 26. März durch den Prälaten Visconti von der Metropolitankirche zu Meyland Besitz nehmen. Den 1. Apr. nahm er von dem Papste Abschied, worauf er zu Ende der folgenden Woche von Rom abreisete und den 21ten über Genua zu Meyland anlangte.

Im Sept. 1751. hatte er das Vergnügen, die feyerliche Ceremonien bey öffentlicher Aussetzung des Leichnams des Heil. Caroli Borromät zu verrichten. Der Cardinal delle Lanze nahm an dieser andächtigen Handlung Theil, als welcher zu dem Ende den 18. Sept. von Turin zu Meyland anlangte. Man brachte mit diesen Feyerlichkeiten etliche Tage zu. Den ersten Tag verrichtete solche der fremde Cardinal, den folgenden Tag aber der Cardinal Pozzobonelli. Er sang die hohe Meße und hielte, wie jener, eine Lobrede auf diesen Heiligen. Den dritten Tag wurde dessen Leichnam in einem crystallenen Behältnisse, worüber noch ein anderes von Silber gezogen war, auf den vornehmsten Gassen in Procession von 8. Bischöffen herum getragen, wobey die Geistlichkeit, die Dicasterien, die Brüderschaften und eine andere grosse Menge Volks nachfolgte.

Der Cardinal gab sich auch in diesem Jahre Mühe, das Bißthum Trident unter seine Erzbischöfliche Diöces zu kriegen. Er legte Zeugnisse dar, daß solches zu den Zeiten sowohl des Heil. Ambrosii als des Heil. Simpliciani der geistlichen Gerichtsbarkeit des Erzbißthums Meyland unterworfen

fen gewesen, sich aber hernach bey der grossen Spaltung der
Orientalischen und Occidentalischen Kirche davon loß gemacht hätte. Alleine er hat mit seinem Suchen nicht durchdringen können.

Im Jan. 1755. gab er eine Verordnung wegen Verminderung der Feyertage zu Meyland heraus, nachdem er
vorher den 19. Dec. 1754. in seinem Palaste eine Versammlung von vielen Geistlichen darüber angestellt hatte, um den
aus Wien überschickten Entwurf zur Ausführung zu bringen. In dieser Verordnung wurden zwar 16. Feyertage
im Jahre abgeschaft, jedoch mit der Bedingung, daß ein
Jeder bey einer Todsünde gehalten seyn sollte, eine Meße
zu hören, und die vor solchen Festen hergehenden Fasttage
genau zu beobachten. Den 18. Sept. that er in Begleitung
einiger Cavaliers eine Reise nach der Schweitz, um zu Ma-
ria-Einsiedel seine Andacht zu verrichten, wie auch bey dem
Fürsten und Abte dieses Klosters einen Gegenbesuch abzu-
statten, weil dieser Abt bey ihm, als er sich in dem Leventi-
ner-Thale, so zu seinem Kirchspiele gehöret, befunden, seine Aufwartung gemacht.

Im Jahr 1758. wurde er zum erstenmale zum Concla-
be eingeladen, nachdem Benedictus XIV. den 3. May gestorben war. Das Loos hatte ihm die 22ste Zelle zwischen
den Cardinälen Delci und Argenvilliers zugetheilet. Er
langte im Jun. in demselben an. Ob er nun wohl viele gute Eigenschaften besaß, auch ein zur Päpstl. Würde dienliches Alter hatte, ward er doch wenig in Vorschlag gebracht.
Der Cardinal Rezzonico erhielte den Preiß. Er wurde den
6. Jul. erwählt und den 16. gekrönt, worauf der Cardinal
Pozzobonelli nach seinem Erzbißthum zurücke kehrte.

Daß er ein Anhänger und Patron des Jesuiterordens
sey, offenbarte sich sonderlich 1767. da zu Meyland in aller
Stille eine Jesuitische Brüderschaft errichtet wurde, die der
Cardinal nicht wenig beförderte. Die Glieder derselben ver-
pflichteten sich gegen den Jesuiten-General durch einen Eid,
daß sie in allen geistlichen Dingen an niemand anders, als
an

an ihn sich wenden, und anf seinen Ausspruch alles ankommen lassen wollten, so ferne derselbe nach Verhörung der
Partheyen sich in die Stille begeben, GOtt daselbst um Rath
fragen und alsdenn in dessen Namen das Urtheil sprechen
würde. Die Fahne dieser Brüderschaft war bereits von
dem Cardinal Pozzobonelli als Erzbischoff in der Hauptkirche
in der Stille geweihet worden, als der Vorgesetzte dieser Brüderschaft die Unvorsichtigkeit begienge, die Gesetze derselben
sogleich in den Druck zu geben. Alleine so bald die Regierung Nachricht davon bekam, wurde dieser Vorgesetzte eingezogen, dessen Schriften versiegelt und der Verlauf der
ganzen Sache sogleich von dem Grafen von Firmian, Präsidenten der Regierung, nach Wien berichtet, wo man sein
Verfahren billigte und dem Anstifter zwar die Freyheit wie-
dergab, aber die ganze Brüderschaft caßirte.

Es wurde überhaupt die Macht des geistlichen Arms in
dem Herzogthum Meyland gar sehr eingeschränkt. Es betraf dieses sonderlich auch den Cardinal Pozzobonelli, als
Erzbischoff. Denn da bisher alles, was gedruckt werden
sollte, durch dessen Hände gegangen und auf dessen Gutdün-
ken es ankam, wenn etwas der Presse übergeben werden sollte, so wurde ihm dieses Vorrecht 1767. genommen. Es
kam auch im Sept. dieses Jahrs 'eine pragmatische Verordnung, die in der ganzen Oesterreichischen Lombardey beob-
achtet werden sollte, zum Vorschein, die aus vielen Arti-
ckeln bestunde, deren Hauptinnhalt dahin gienge, daß einem
zu Meyland errichteten Collegio alle weltliche Gerichtsbarkeit,
welche der Papst und die Bischöffe bisher über die geistlichen
Personen und Güter ausgeübt, aufgetragen und den Geistlichen dabey aufgelegt wurde, alle seit 1722. an sich gebrach-
te Güter wieder zu verkaufen, wobey allen geistlichen und
weltlichen Unterthanen verbothen wurde, ohne Bewilligung
des gedachten Collegii sich nach Rom zu wenden, um einige
Gnade, ausgenommen die Indulgenzbreven, zu erbitten.

Im Aug. 1768. ließ der Graf von Firmian ein Circularschreiben an alle Bischöffe in der Oesterreichischen Lombardey ergehen, darinnen die Päpstl. Bulla in cœna Domini

verb.

verbothen und die Päpstliche Gerichtsbarkeit gar sehr einge-
schränkt wurde, wobey des Heil. Caroli Borromäi als Mey-
ländischen Erzbischoffs nicht zum Besten gedacht wurde.
Dieses Circularschreiben machte in ganz Italien ein grosses
Auffsehen. Die Meyländischen Bischöffe weigerten sich,
demselben nachzuleben. Sie antworteten, es wäre diese
Bulla zu Meyland unter der Erzbischöflichen Regierung des
Heil. Caroli Borromäi rechtmäßig bekannt gemacht und ihr
Gebrauch in allen Kirchensprengeln des Herzogthums einge-
führt worden. Sonderlich waren die Antwortschreiben der
Cardinäle Pozzobonelli und Durini sehr merkwürdig. Sie
hielten es vor die Ehre des Heil. Caroli Borromäi für sehr
anstößig, daß man denselben in dem Circularschreiben keinen
Heiligen, sondern nur blos den Cardinal von St. Praxidis
genennet. Es thaten auch diese Cardinäle zu Wien starke
Vorstellungen wider die Einziehung der kleinen Klöster und
Lehnäuter, die die Klöster an sich gebracht, womit sie aber
kein Gehöre fanden.

Im December wurde auch das Inquisitionsgericht zu
Meyland, das seit seiner Errichtung von den Dominica-
nern in ihrem hiesigen Kloster gehalten worden, abgeschaft
und statt dessen eine andere geistliche Congregation angeordnet, von welcher der Cardinal Pozzobonelli, als Erzbischoff,
Präsidente seyn sollte. Es wurde ihm auch 1769. die Bü-
chercensur zu Meyland, jedoch in Gemeinschaft des Senats,
wieder übertragen und ihm hierbey der Abt Mangoni an die
Seite gesetzt.

Im Febr. 1769. wurde er zum zweytenmale zum Conclave eingeladen, worinnen er dießmal die 48ste Zelle zwischen
den Cardinälen Pallavicini und Migazzi bekommen. Er
langte allererst den 15. April in demselben an, und weil aus
Deutschland sich diesmal kein Cardinal einfand, so hatte er
die Kayserliche Verhaltungsbefehle in Ansehung der Wahl
bekommen, welche dem Wienerischen Hofe desto mehr Ehre
brachten, je uneigennütziger und für das allgemeine Wohl
der Kirche solche eingerichtet waren. Er hatte vorher selbst
zu Viterbo mit dem Kayser gesprochen.

Er

Er wurde für einen würdigen Candidaten des Päpstl. Stuhls gehalten, empfieng auch zu verschiedenenmalen eine Anzahl Stimmen. Alleine er entsagte selbsten aller Hoffnung zur Päpstl. Würde und nahm deshalben mit dem grösten Vergnügen die Kayserl. Instruction über sich, ja, er bath die Cardinäle, sie möchten ihn nicht weiter in Vorschlag bringen. Hierdurch machte er sich die Französischen und Spanischen Cardinäle zu Freunden, die mit ihm zu Werke giengen, die Papstwahl zu vollenden. Sie kamen daher mit ihm in der Zelle des Cardinals Cavalchini zusammen und hielten geheime Conferenzen über 4. bis 5. Cardinäle, darunter einer erwählet werden sollte. Nachdem man endlich über den Ganganelli einig worden, brachte man in der Zelle des Pozzobonelli den 17. May zu Nachts die Sache vollends zu Stande. Die Partheyen wurden darauf durch starkes Zureden dergestalt gewonnen, daß sie zu der Wahl des Ganganelli ihre Einwilligung gaben, die sodann den 19. May vollzogen wurde.

Nachdem der neue Papst, der sich Clemens XIV. nennte, gekrönt worden, erhub sich der Cardinal Pozzobonelli wieder nach Meyland, von dar er auch seitdem nicht wieder weggekommen. Nach dem Tode des alten Cardinals Oddi ward er erster Cardinalpriester mit dem Titel St. Laurentii in Lucina. Den 15. Octob. 1771. hatte er die Ehre, den Erzherzog Ferdinand, Stadthalter in Meyland, mit der Prinzeßin von Modena in der Cathedralkirche zu Meyland einzusegnen.

Als er das letzte Conclave betrat, hatte er das seltene Glücke, daß er mit Spott- und Stachelschriften verschonet bliebe. Es hieß, er lasse sich als ein christlicher Philosoph den Ehrgeiz nicht blenden, um nach der Päpstlichen Hoheit zu trachten. Er wäre gelehrt und besitze viel Standhaftigkeit, sein Ansehen zu behaupten. Er sey zu Rom beliebt und den Kronen nicht unangenehm, würde auch, wenn er zur Regierung käme, Gottesfurcht und Gerechtigkeit befördern.

(V.)

(V.)

Dominicus Amadeus Orſini,
ein Römer.

geb. 1719. Card. 1743.

Dieſer vornehme Cardinal ſtammt aus dem berühmten Römiſchen Geſchlechte Orſini her, welches das Neapolitaniſche Herzogthum Gravina beſitzt. Sein Vater war Philippus Bernualdus Orſini, Herzog von Gravina, ein Bruders Sohn Papſt Benedicti XIII. welcher den 21. Febr. 1730. geſtorben iſt. Er ward von Clemens XI. zum Fürſten des Päpſtl. Stuhls erklärt, von Kayſer Carolo VI. aber 1724. mit dem Titel Altezza in den Reichs-Fürſtenſtand erhoben, auch 1729. in Frankreich für ſich und ſeine männlichen Nachkommen mit den Vorzügen der ausländiſchen Fürſten verſehen. Seine Mutter hieß Hyacintha Ruſpoli und war des Fürſtens Franciſci Mariä von Cervetri Tochter, von welcher er den 5. Jun. 1719. zu Neapolis gebohren worden. Sie hat ſeinen Vater über 23. Jahre überlebt und iſt allererſt den 14. Nov. 1757. geſtorben.

Er wurde als ein gebohrner Prinz im weltlichen Stande erzogen, und führte bey Lebzeiten ſeines Vaters den Titel eines Fürſtens von Solafra. Als derſelbe den 4. Januar. 1734. ſtarb, war er nicht viel über 15. Jahre alt. Er folgte ihm als der einzige Sohn in allen ſeinen Ehren und Gütern und nahm nunmehro den Titel eines Herzogs von Gravina an. Der König von Sicilien ernennte ihn noch in dieſem Jahre zum Kammerherrn und ſchickte ihn im Junio 1738. als auſſerordentlichen Bothſchafter an den Papſt, ihm wegen der ſeiner Gemahlin Marien Amalien, gebohrnen Königl. Prinzeßin von Pohlen und Sachſen, bey ihrer Reiſe durch den Kirchenſtaat erwieſenen Ehre zu danken. Er hatte ſich den 19. April vorher mit Anna Flaminia Odeſchalchi, des Herzogs Balthaſars von Bracciano Tochter, vermählt, nachdem die vorgehabte Heyrath mit der einzigen Tochter des Marcheſe Serra zu Neapolis, die keinen andern

dern

dern als den jungen Fürſten della Scala, dem ſie einmal
das Wort gegeben, zum Gemahl haben wollte, zurücke gegangen war.

Er kehrte von Rom nach Neapolis zurücke und wurde
daſelbſt den 8. Febr. 1739. mit einer Prinzeßin, die Maria
Hyacintha genennet wurde, erfreuet. Den 19. Jan. 1740
ward ſeine Gemahlin unter die Königl. Hofdamen aufgenommen, worauf ſie den 9. Aug. 1742. ein Paar Prinzen
als Zwillinge zur Welt brachte, davon der ältere, Dominicus, der jetzige Herzog von Gravina iſt, der jüngere aber,
Namens Philippus, im May 1745. das Zeitliche verlaſſen
hat. Er war gleich zu Rom, da die Entbindung zu Neapolis geſchahe, kam aber bald nach Neapolis zurücke; jedoch
er wurde in nicht geringes Leidweſen geſetzt, als die Gemahlin den 26. Aug. und folglich 17. Tage nach ihrer Niederkunft aus Alteration über ein geſchehenes Erdbeben im 20ſten
Jahre ihres Alters Todes verbliche.

Der betrübte Wittwer entſchloß ſich darauf, in den
geiſtlichen Stand zu treten. Er machte ſolches an dem ganzen Päpſtl. Hofe bekannt, worauf er den 3. April 1743. von
Rom, wo er ſich jetzt am meiſten aufhielte, nach Neapolis
reiſete, um daſelbſt der bevorſtehenden Niederkunft der Königin beyzuwohnen. Allhier erhielte er den 10. Sept. die
Nachricht, daß ihm den Tag vorher Benedictus XIV. aus
Dankbarkeit für die ihm von deſſen Großoncle, Benedicto
XIII. ertheilte Cardinalswürde zu eben dieſer hohen Würde
erhoben hätte, ob er gleich allererſt 24. Jahre alt war und
4. Jahre im Eheſtande gelebt hatte. Ein gewiſſer Prälate
überbrachte ihm das Biret, das ihm der König auſſetzte.
Er empfieng wegen ſeiner neuerhaltenen Würde nicht nur
von dem Hohen Adel und allen Groſſen des Hofs die Glückwünſche, ſondern auch von dem Könige und ſeinen nächſten
Anverwandten herrliche Geſchenke. Er ſchrieb alsbald einen
ſehr verbindlichen Brief an den Papſt und bedankte ſich in-
ſonderheit, daß er ihm bey Ertheilung der Cardinalswürde
vermittelſt eines Breve die Freyheit ertheilt, nicht eher als
in ſeinem 40ſten Jahre völlig in den geiſtlichen Stand zu

ıd die geistlichen ordines anzunehmen. Er schrieb an
ı seine Mutter zu Rom und ersuchte sie, nach Nea-
ı kommen und die Erziehung seiner beyden Söhne
b zu nehmen, weil er entschlossen sey, zu Rom sei-
ändigen Aufenthalt zu nehmen. Er überließ also sei-
esten Sohne seine Titel, Güter und Würden, ob-
erselbe nur noch ein Kind war, und führte bis zu
Najorennität nebst seiner Mutter die Vormundschaft
ı und die andern Kinder.

n April 1744. erhub er sich nach Rom und empfieng
May aus den Händen des Papsts den Cardinalshut
ı 25. Jun. den Diaconattitel St. Viti und St. Mo-
en er nachgehends erstlich mit dem von St. Nicolao
ere und hernach mit dem von St. Maria ad Marty-
auscht hat. Er hielte sich von nun an meistens zu
uf und lebte wie ein weltlicher Fürst. Im Julio
bekam er die Protection von den beyden Sicilien.
n. 1752. beschenkte er den Papst mit einem vortreffli-
emählde von der Arbeit des berühmten Placidi Con-
welches den Päpstl. Vergleich mit Venedig in der
ache von Aquileja vorstelle. Der Papst wird in sol-
ıf seinem Throne vorgestellt. Zu seinen Füssen hat
Frieden, welcher zweyen Figuren, die Deutschland
enedig anzeigten, winket, ihm näher zu kommen.
m Throne stehen zwey Geistliche, welche zwey Erzbi-
ıe Creutze und zwey Erzbischöfliche Mützen halten,
ı auf die von Benedicto XIV. errichteten zwey Erz-
ıer gezielet wird. In der Ecke siehet man die Ge-
eit. Oben ist die Religion, welche ihre Augen auf
pst richtet, und weiter drüber erblickt man den Heil.
ı den Wolken, der dessen Haupt mit seinen Strah-
uchtet. Dieses Gemählde ward von dem Papste mit
m Vergnügen aufgenommen.

en 25. April 1757. vermählte er seine einzige Tochter,
Hyacintha, mit des Fürstens von Piombino ältestem
Anton Ludwig Buoncompagne, Herzoge von Arce,
ı sie aber nicht viel über 2. Jahre in der Ehe gelebt,
weil

weil ſie den 9. Jun. 1759. ohne Kinder geſtorben. Nicht lange nach dieſer Vermählung ſtarb auch des Cardinals Mutter zu ſeinem groſſen Leidweſen zu Rom, eben da er zugleich ſelbſt ſich an einem Fieber krank befand.

Den 3. May 1758. verließ Benedictus XIV. das Zeitliche, worauf er mit den übrigen anweſenden Cardinälen den 15ten ins Conclave gienge, in welchem er die 16de Zelle zwiſchen den Cardinälen Lante und Paßionei inne hatte. Den folgenden Tag überreichte er dem Cardinalscollegio ein Päpſtl. Breve wegen ſeiner Wahlfähigkeit, ob er ſchon nicht völlig in den geiſtlichen Stand getreten war. Die Wahl fiel den 6. Jul. auf den Cardinal Rezzonico, der den Namen Clemens XIII. annahm.

Im Oct. 1759. ward er von dem Könige von beyden Sicilien zum gevollmächtigten Miniſter am Päpſtl. Hofe ernennet, und weil er noch nicht Luſt hatte, die geiſtlichen Orden anzunehmen, erhielte er im März 1760. durch ein Päpſtl. Breve eine abermalige Verlängerung der Nachſicht auf 3. Jahre, nachdem diejenige, die ihm der vorige Papſt gegeben, zu Ende gegangen war. Kurz vorher empfieng er im Namen des jungen Königs Ferdinandi IV. von beyden Sicilien bey dem Papſte die Belehnung über das Königreich Neapolis. Er leiſtete in deſſelben Namen den gewöhnlichen Eid und ſtattete darauf bey dem heil. Vater die Dankſagung ab. Als er ſich nach ſeinem Palaſte zurücke begeben, empfieng er von den Cardinälen wegen ſolcher Inveſtitur die Glückwünſche, die er ſodann ſehr prächtig bewirthete.

Als der Siciliſche Hof die Irrungen, die wegen der nach Corſica geſchehenen Abſendung eines Päpſtl. Viſitatoris zwiſchen der Republic Genua und dem Apoſtoliſchen Stuhle entſtanden, durch ſeine Vermittelung beyzulegen ſuchte, mußte der Cardinal Orſini zu dieſem Ende zu Rom, im Namen ſeines Hohen Principals, des Königs, im März 1761. dem Papſte verſchiedene Vergleichsvorſchläge anbieten, die aber die gehoffte Wirkung nicht thaten.

F 2

Im April 1762. hatte er das Vergnügen, daß ſich ſein Sohn, der Herzog von Gravina, der nunmehro in dem 20ſten Jahre ſeines Alters ſtunde, mit Maria Thereſia Caraccioli, des Fürſtens Marini Franciſci von Avellino Tochter, vermählte, die ihn nachgehends mit verſchiedenen Enkel und Enkelinnen erfreuet hat.

Den 27. Aug. 1763. wurde er, krafft des ſeinem Hauſe von den Kayſern Ferdinand II. und Carl VI. dem Caſpar Caltamiglia, einem alten Deutſchen von Adel, ertheilten Privilegii, in den Reichs-Freyherrnſtand erhoben, und im Junio 1765. wurde ihm von dem Könige in Frankreich die Protection ſeiner Krone anvertrauet. Nachdem er auch ſich noch nicht entſchlüſſen wollte, in Betrachtung ſeiner Cardinalswürde die geiſtlichen Orden anzunehmen, erhielte er in dieſem Jahre durch Vorſpruch der Könige in Spanien und Frankreich abermals einen Aufſchub in Anſehung der Annehmung dieſer Orden.

Im Jahr 1767. trat der junge König von Sicilien nach zurücke gelegtem 16den Jahre ſeines Alters nicht nur die Regierung an, ſondern erwählte auch die Kayſerl. Prinzeßin und Erzherzogin Maria Joſepha, zu ſeiner Gemahlin. Ehe nun dieſelbe ihre Reiſe von Wien nach Neapolis antrat, erhub ſich den 3. Aug. der Cardinal Orſini nebſt dem Cardinal Alexander Albani, als Kayſerlichen Miniſter, in einem prächtigen Aufzuge zu dem Papſte und that demſelben nicht nur die getroffene Vermählung zu wiſſen, ſondern ſuchte zugleich um die Erlaubniß an, daß die Prinzeßin ihre Reiſe nach Neapolis durch den Kirchenſtaat thun dürfte. Damit nun die hohe Braut auf ihrer Reiſe bequem fortkommen möchte, ließ der Papſt nicht nur die Wege hier und da verbeſſern, ſondern es wurde auch für dieſelbe, weil die Luft in der Gegend von Piperno, wo ſie eine Nacht zubringen ſollte, nicht allzu geſund iſt, das Schloß des Cardinals Orſini Roccagogga zum Nachtquartier auserſehen. Alleine ehe ſie von Wien abreiſete, kriegte ſie die Kinderblattern, daran ſie den 15. Oct. ſterben mußte.

Oct.

Der Cardinal Orſini hatte ihr ein ſehr erbauliches und zugleich koſtbares Geſchenke beſtimmt. Es ſtellte die Geiſſelung Chriſti für. Der Heyland war von gediehenem Golde und die Säule, woran er gebunden war, von Bergcriſtall, die Baſis aber von blutfarbigtem Jaſpis und das goldene Capital von Corinthiſcher Bauart. Dieſes Geſchenke kriegte darauf derſelben jüngere Schweſter, die Erzherzogin Maria Carolina, die die Reihe der Vermählung im folgenden Jahre traf, welche auf ihrer Reiſe nach Neapolis den 8. May 1768. ſelbſt nach Rom kam, wo ihr der Cardinal Orſini aufwartete und ihr das obgedachte Geſchenke überreichte.

Immittelſt hatten die Jeſuiten in den Königreichen Neapolis und Sicilien eben das Schickſal, das ihnen in den Königreichen Portugall, Frankreich und Spanien wiederfahren. Sie wurden im Nov. 1767. plötzlich aus dem Königreiche geſchaft, welches dem Cardinal Orſini als Sicilliſchen Miniſter zu Rom, viele ſaure Geſichter am Päpſtl. Hofe zuzog, ohngeachtet er nicht eher etwas davon erfahren, als da es bereits geſchehen geweſen. Den 22. Dec. übergab er dem Papſte in einer Audienz die Antwort ſeines Hofs auf die Klagen, die wegen der Vertreibung der Jeſuiten und Einziehung ihrer Güter angebracht worden. Der Inhalt derſelben gieng dahin, daß ein jeder Landesfürſt das Recht habe, Perſonen aus ſeinen Landen zu vertreiben, die ihm gefährlich oder verdächtig wären.

Dieſe Irrungen zwiſchen beyden Höfen vermehrten ſich, da Clemens XIII. unterm 30. Jan. 1768. das beruffene Breve wider den Herzog von Parma ergehen ließ. Der Cardinal Orſini mußte nicht nur auf Befehl des Königs ſehr nachdrückliche Vorſtellungen wider daſſelbe bey dem Papſte thun, ſondern der König ſelbſt ließ auch ein ſehr ſcharfes Edict wider daſſelbe in allen ſeinen Staaten publiciren, auch den 11. Jun. ſowohl von der Stadt Benevento als der Stadt Pontecorvo, die beyde dem Apoſtoliſchen Stuhle gehören, durch ſeine Trouppen in Beſitz nehmen. Der Cardinal Orſini mußte deshalben zu Rom mit den Miniſtern der Bourbonſchen

F 3   ſchen

schen Höfe gemeine Sache machen und unter andern auf die
Aufhebung des Jesuiterordens dringen helfen.

Den 2. Febr. 1769. starb Clemens XIII. worauf er mit
den andern anwesenden Cardinälen den 15den ins Conclave
gieng, darinnen er vorjetzo die 18de Zelle zwischen den Cardinälen delle Lanze und Serbelloni inne hatte. Er machte
viel Lermen in dem Conclave und formirte eine besondere
Parthey, die bald stark, bald schwach war. Er half alle
Anschläge derer, die einen Jesuitischgesinnten Cardinal zu
erheben suchten, zernichten, und dieses betraf gleich anfangs
den Cardinal Chigi. Man machte schon Cabalen zu dessen
Erhebung, ehe die Cardinäle noch das Conclave betraten.
Als nun derselbe gleich in dem ersten Scrutinio so viele Stimmen kriegte, daß ihm nur zween Stimmen noch an der erforderten Anzahl fehlten, ward der Cardinal Orsini als Sicili-
scher Minister bewogen, wider alles dasjenige zu protestiren,
was vor der Ankunft der fremden Cardinäle vorgenommen
werden würde. Ob auch gleich seine Zelle nicht völlig zube-
reitet war, so speisete er doch in dem Conclave, um alle Cabalen zu beobachten, welche von den Creaturen des verstorbenen Papsts gespielt wurden.

Er wollte keine geheimen Zusammenkünfte der Cardinäle gestatten und als dieses einsmals geschahe, fieng er darüber in dem Conclave einen großen Lermen an, der von vielen für unanständig ausgelegt wurde. Als er auch im März
entdeckte, daß eine Anzahl Cardinäle anfiengen, an der Erhebung des Serbelloni zu arbeiten, stunde er des Nachts aus
dem Bette auf, weckte die Cardinäle seines Anhangs, gab
ihnen von der Sache Nachricht und vereitelte dadurch alle
Projecte. Er hielte es meistens mit den Französischen und
Spanischen Cardinälen, war aber stets sehr ungewiß, wen
er im Ernste auf den Päpstl. Stuhl zu befördern suchen sollte; doch hatte er seine meiste Absicht auf den Ganganelli.
Um die Gemüther auszuforschen, gab er öfters den Cardinälen in seiner Zelle kleine Tractamente von Erfrischungen, dabey aber nicht viele erschienen.

Als

Als der Kayſer mit ſeinem Bruder, dem Großherzogen im März ins Conclave kam, war er einer der erſten, die ſich ihm näherten und ihn in die verſchloſſenen Schranken führten, auch ihn überall hin begleiteten. Die Cardinäle Stoppani und Fantuzzi waren lange Zeit die Puppen, mit welchen man im Conclave ſpielte. Jeder hatte einen ſtarken Anhang, es konnten aber bey keinem die erforderlichen Stimmen zuſammen gebracht werden. Endlich, da man nicht einig werden konnte, zeichnete man ihrer fünfe aus, die man vor andern für wahlfähig hielte. Hierunter war auch der Cardinal Ganganelli, welchen Orſini gleich von Anfang nicht zuwider geweſen war. Als nun die Franzöſiſchen Cardinäle am meiſten auf ſeine Wahl drungen, erzeigte ſich Orſini nicht ſchwürig, demſelben mit ſeinem Anhange beyzutreten, worauf denn am 19. May die Wahl Clementis XIV. einmüthig vollzogen wurde.

Die genaue Verbindung, darinnen der Cardinal Orſini als Miniſter mit dem Sicilliſchen Hofe ſtehet, macht ihn in den Augen der Römer ſehr verhaßt. Es kam zu Anfang des letzten Conclave ein Gedichte zum Vorſchein, das den Titel führte : *Codicillo del P. Generale de Geſuiti.* In ſolchem ward Orſini ein hälber Römer und halber Neapolitaner genennet und ſehr verächtlich dargeſtellt. Es hieß unter andern, er habe ſeine Cardinalsmütze mit ſeiner eigenen Hand gar ſehr beſchmutzt, da er dem Papſte die Schrift des unwürdigen Marcheſe Tanucci von Unterdrückung des Jeſuiterordens überreicht.

In einer andern zu Rom verfertigten Schmähſchrift wurde der Cardinal Orſini alſo angeredet : " Die geſuchte Miniſterſtelle des Königs beyder Sicillen iſt nicht für ,, Dich! Du wirſt es ſchon ſehen, wie ſehr Du Dein Ge,, wiſſen beſchwereſt. Weißlich iſt von den Concilien verbo,, ten worden, daß kein Cardinal die Geſchäfte eines weltli,, chen Fürſtens an dem heil. Stuhle übernehmen ſoll, damit ,, er nicht Gelegenheit habe, meineidig zu werden. Du haſt ,, zwar bey Empfahung des Purpurs geſchworen, niemals ,, etwas wider die Rechte der heil. Mutter zu thun. Dieſen ,, Eid haſt Du gebrochen und wider den Papſt Clemens XIII.

F 4 ,,in

„ in einem Pro Memoria harte Drohungen ausgestoßen,
„ wenn er nicht die heiligen und gerechten canonischen Ver-
„ ordnungen widerriefe; und als er Dich an die Pflicht Dei-
„ nes Eides erinnerte, wollteſt Du Dich gegen ihn als ein
„ Rechtsgelehrter vertheidigen, ohne jemals ſtudirt zu ha-
„ ben. „

(VI.)

Johannes Franciscus Albani,
ein Römer.

geb. 1720. Card. 1747.

Sein Vater, Carl Albani, Fürſt von Soriano, war
ein Nepote des berühmten Papſts Clementis XI. der
aus der Stadt Urbino gebürtig war. Seine Mutter,
Thereſia, war eine gebohrne Gräfin von Borromeo, die
ihn den 26. Febr. 1720. zu Rom zur Welt gebohren hat.
Weil damals Clemens XI. ſein Großoncle ſich noch am Leben
befand, ſo empfieng er auch deſſelben Taufnamen, Johannes
Franciscus, verlohr aber ſeinen Vater den 2. Jun. 1724.
durch den Tod, da er nicht viel über 4. Jahre alt war. Jedoch
ſeines Vaters Brüder, die Cardinäle Hannibal und Alexander Albani, ſorgten für ſeine Erziehung, und untergaben
ihn den beſten Lehrern vom Jeſuiterorden, die ihn in Sprachen und Wiſſenſchaften ſo treulich unterrichteten, daß er
frühzeitig in den Prälatenſtand treten konnte, zu welchem er
auch von Anfang beſtimmt worden, da hingegen der älteſte
Bruder, Horatius Franz, als Herzog von Soriano im weltlichen Stande bliebe, ſich 1748. vermählte und das Geſchlechte fortpflanzte.

Papſt Benedictus XIV. ernennte ihn zum Protonotario Apoſtolico und im Sept. 1743. zum Cammerclerico
und Ponente dell' Immunità. Er konnte nunmehro auf die
baldige Erhebung zur Cardinalswürde ſichere Rechnung machen. Jedoch der König Auguſt III. von Pohlen, der die um
ihn erlangten Verdienſte ſeines Oncle, des Cardinals Hannibal

Nibal Albani, einigermaßen zu vergelten gedachte, beförderte solche durch seine Nomination desto geschwinder. Es geschehe diese Erhebung den 10. April 1747. da er zum Cardinaldiacono creirt wurde.   Er empfieng sogleich aus den Händen des Papsts das Biret, den 13. April aber den Hut und
den 16. May den Titel St. Cäsarei.   Der Prälat Carl An-
tarani brachte die Nachricht von seiner Erhebung nach Dreße-
den, weßhalben er sowohl von dem Könige, und dem ganzen Königl. Hause, als auch von dem Premierminister, Grafen von Brühl, und dem damals vielgeltenden P. Quarini sehr
ansehnliche Geschenke bekam.

Den 21. Oct. 1751. starb sein Oncle, der Cardinal Hannibal Albani, worauf er an deßen Stelle die Protection von
Pohlen und der Republick Ragusa an dem Päpstl. Hofe erhielte.   Nach dem Absterben Benedicti XIV. ward ein Conclave veranstaltet, welches er den 15. May mit den andern
zu Rom anwesenden Cardinälen betrat.   Er hatte in solchem
die 50te Zelle, die die Cardinäle Portocarero und Hieronymus Colonna zu Nachbarn hatte.   Er hielte sich sehr stille
und gab wenig Gelegenheit, von sich zu reden, war auch keiner Parthey zuwider, sondern gab seine Stimme bald diesem,
bald jenem Cardinal, bis endlich den 6. Jul. der Cardinal
Rezzonico unter dem Namen Clemens XIII. den Päpstlichen
Stuhl bestieg.

Im Febr. 1759. trat er in die Ordnung der Cardinalpriester und empfieng den Titel von St. Clemente, den vormals auch sein Vetter, der Cardinal Hannibal Albani, geführt hatte.   Den 21. Jul. 1760. legte er den Priestertitel
nieder und empfieng dargegen das Bißthum von Sabina,
wodurch er in die Ordnung der Cardinalbischöffe trat, ob er
gleich nur erst 40. Jahre alt war. Den 6. Jan. 1766. wurde der Leichnam des verstorbenen Prätendentens, der zu Rom
für einen König von Engelland erkannt worden, in der Kirche
zu den 12. Aposteln öffentlich ausgesetzt, da denn unser Cardinal Albani die Ehre hatte, das feyerliche Seelenamt in Gegenwart des ganzen Cardinalscollegii zu halten, worauf solcher in der Peterskirche mit vielem Gepränge beygesetzt wurde.

F 5   Er

Er mußte hierauf im Namen des neuen Königs Sta-
nislai Augusti von Pohlen bey dem Papste um die Gewährung verschiedener Dinge, die seinen Vorfahrern verweigert
worden, Ansuchung thun. Das Erste war, daß die Nuncii
in Pohlen künftig eben, wie die andere Nuncii zur Cardinalswürde erhoben, ferner dem Könige allemal drey Prälaten, um einen davon zum Nuncio zu erwählen, vorgeschlagen, und endlich dem Könige vergönnet werden sollte, eine
Abgabe auf die Geistlichkeit im Reiche zu Verbesserung des
Militarwesens zu legen. Der König überschickte zugleich
dem Cardinal sein mit Brillanten reich besetztes Bildniß, so
auf 4000. Thaler geschätzt wurde. Alleine die Bemühungen
waren in Ansehung der ersten beyden Puncte vergebens, das
Letztere aber wurde zugestanden. Er stunde übrigens bey Clemente XIII. in gutem Ansehen, wurde zu verschiedenen ausserordentlichen Congregationen gezogen und war ein Freund
der Jesuiten, ob er sichs gleich nicht so gar deutlich merken
lassen wollte.

Den 15. Febr. 1769. betrat er nach dem Tode dieses
Papsts zum zweytenmale das Conclave, darinnen er diesmal
die 22ste Zelle zwischen den Cardinälen Cästelli und Durint
hatte. Als der Venetianische Abgesandte Erizzo den 19. Febr.
bey dem heil. Collegio Audienz erhielte, traf ihn gleich die Ordnung, das Haupt der Cardinalbischöffe zu seyn, da er denn
desselben Rede im Namen des ganzen Collegii mit einer zier-
lichen Gegenrede beantwortete. Er that sich in diesem Conclave gar sehr herfür und formirte eine eigene Parthey, die
meistens aus Jesuitischgesinnten Cardinälen bestunde. Er
schlug eine Zeitlang den Ball und brachte bald diesen bald jenen auf die Bahn, ohne zu bestimmen, welchem er am meisten zugethan sey. Er war mit dem Betragen der Cardinäle
Rezzonico und Orsini übel zufrieden und führte den andern
Cardinälen das unanständige Wesen derselben mit lauter
Stimme zu Gemüthe. Er brachte auch bisweilen einen und
den andern Cardinal in Vorschlag, um die Gesinnung der
andern dadurch auszuforschen.

In

In dieser Absiche brachte er den Guglielmi, den Veterani, den Colonna und andere auf die Bahn. Er war auch dem Chigi und Fantuzzi nicht zuwider, davon er den Erstern sonderlich im Febr. und den Letztern im May zu erheben suchte. Die Französischen Cardinäle und besonders der von Bernis gaben sich viele Mühe, ihn an sich zu ziehen und dahin zu bewegen, daß er dem Ganganelli beyträte, wiewohl sie ihm nicht deutlich ihre Meinung eröffneten. Da er nun merkte, daß die Französische Parthey in diesem Conclave die Oberhand behalten und ohne solcher keine Wahl zu Stande kommen würde, vereinigte er endlich den 16. May seine Stimmen, die er in seiner Gewalt hatte, mit denen, die die Kronen hatten. Man muß doch einmal, sprach Albani zu dem Cardinal von Bernis, zu einem festen Entschluße schreiten. Nun so wollen wir, erwiderte Bernis, die Probe mit dem Cardinal Serfale machen. " Nein, versetze Albani, " niemals wird das heil. Collegium in diesen willi-
,, gen; schlagen Sie einen andern für, der den Kronen eben
,, so angenehm ist; lasset uns einen Versuch mit dem Gan-
,, ganelli machen; er ist ein Ordensmann von untadelhaften
,, Sitten; er ist frey von allen Partheyen; er hat eine ge-
,, sunde Gelehrsamkeit; sein Alter ist das geschickteste; er ist
,, aus dem Kirchenstaat gebürtig und dem Volke beliebt. ,,
Kaum konnte Bernis glauben, daß er denjenigen nennen würde, welcher den Kronen schon vorzüglich angenehm wär. Wohl! erwiderte er, suchen Sie nun Stimmen für ihn.

Den 17. May stiegen die Stimmen für ihn in dem Scrutinio auf 18. Nach Endigung desselben begab sich Albani mit den fremden Cardinälen zu Rezzonico und Torreggiani und lud sie zu ihrer Parthey ein. Ob es nun gleich der Erste abschlug, der Andere aber sich einen Tag Bedenkzeit ausbath, so ließ er doch nicht eher nach, bis er sie gewonnen hatte. Er stellte sonderlich dem Torreggiani die gefährlichen Folgen eines längern Aufschubs für und brachte ihn endlich dahin, daß er es auf sich nahm, den Rezzonico zu überreden. Endlich brachte man den 18ten die Wahl des Ganganelli zu Stande. Die Häupter der Partheyen fanden sich alsdenn mit ihren Anhängern nach und nach in seiner Zelle ein. Bernis machte
mit

mit seinem Anhange den Anfang.   Hierauf folgte Orsini. Alsdenn trat Joh. Franz Albani mit den seinigen ein. Endlich erschien auch Rezzonico mit den seinigen.   Den folgenden Morgen ward die Wahl vollzogen.   Er nahm den Namen Clemens XIV. an und erkannte die Verdienste unsers Albani um seine Erhebung dergestalt, daß er ihn seines besondern Vertrauens würdigte und ihn deßhalben, da er den 5. Jun. mit einem prächtigen Aufzuge nach seiner Residenz im Quirinal fuhr, nebst dem Serbelloni bey sich in der Caroße sitzen hatte.

Die Römer urtheilten bey seinem Eintritt ins Conclave nicht zum Besten von ihm. Ein gewisser Spötter schrieb von ihm also: *Gio Franc. Albani non aspira alla sedia di Pietro, ed e contento sol quando Livia buon occhio il mira*, d. i. Joh. Franz Albani trachtet nicht nach dem Stuhl Petri; er ist zufrieden, wenn ihn nur Livia günstig ansiehet. Als der Kayser ins Conclave war und derselbe nach der Eidesformul fragte, die die Cardinäle ablegen müßten, hatte er die Ehre, ihm solche lateinisch vorzulesen.   Er beredete den neuen Papst, sich Clemens XIV. zu nennen, als er merkte, daß er sich Sixtum VI. nennen lassen wollte. Er schlug ihm auch den Cardinal Spinola zum Staatssecretair vor, worinne er ihm aber nicht zu willen war, weil auf den Vorspruch des Spanischen Hofs ihm Palavicini hierinnen vorgezogen wurde,

(VII.)

Carolus Victor Amadeus delle Lanze, ein Piemonteser.

geb. 1712. Card. 1747.

Dieser vornehme Piemonteser ward den 1. Sept. 1712. zu Turin zur Welt gebohren. Sein Vater hieß der Graf von Sales und starb den 18. May 1749. Ob der heutige Marquis von Sales, der am Sardinischen Hofe

se in großem Ansehen stehet, und den Ritterorden dell' Annon-
ciada trägt, sein Bruder sey, kann ich nicht gewiß sagen.
Er erwählte nach vollendeten Studiis, die er meistens zu Turin getrieben, den geistlichen Stand und nennte sich den Abt
von Sales, darf aber mit einem andern Abt dieses Namens
nicht verwechselt werden, der 1741. das Bißthum Aosta
bekommen.

Derjenige, von dem ich hier handele, lebte zu Turin
ungebunden von seinem eigenen Vermögen und stunde so
wohl in Ansehung seines Hauses, als seiner besondern Qualitäten an dem Sardinischen Hofe in solchem Ansehen, daß
ihn der König bey Papst Benedicto XIV. zur Cardinalswürde vorschlug. Es hatte sich dieser heil. Vater unter der Regierung Benedicti XIII. als Cardinal um diesen Monarchen
sehr verdient gemacht, da er das Concordat wegen Vergebung der geistlichen Beneficien, das demselben so angenehm
war, befördern helfen. Es hielte daher nicht schwer, vor
den Herrn delle Lanze einen Cardinalshut zu erbitten. Die
Promotion geschahe den 10. April 1747. worauf der Commandeur von Aste das Biret überbrachte, das ihm der König mit den gewöhnlichen Ceremonien aufsetzte.

Den 13. Jun. langte er selbst über Bologna zu Rom
an, wo ihm der Papst, als er den 26sten von Castel Gandolfo zurücke kam, nach einigen Tagen im öffentlichen Consistorio den Cardinalshut reichte und den Diaconattitel St.
Cosmi und St. Damiani ertheilte, auch ihn zum Mitgliede
von verschiedenen Congregationen ernennte. Er blieb fast
bis zu Ende des Jahrs zu Rom und machte eine sehr glän-
zende Figur. Der Papst verstattete ihm einen nahen Zutritt und seine Aufführung war so beschaffen, daß er von jedermann hochgeachtet wurde. Er ließ sich zum Priester
weihen und empfieng von dem Papste den Titel eines Erzbischoffs von Nicosia, worzu er ihn selbst in eigener Person
weihete, wobey fast alle Cardinäle, Prälaten und andere
Personen des Römischen Hofs zugegen waren. Er trat
auch in die Ordnung der Cardinalpriester und empfieng den
Titel St. Sixti, den er nachgehends mit dem von St. Pra-
xide vertauscht hat. Nach

Nachdem er sich zu Rom sattsam vergnüget und seine gute Eigenschaften zur Genüge gezeiget, beurlaubte er sich von dem Papste und Römischen Hofe und trat den 1. Dec. 1742. seine Rückreise nach Turin an, wo er den 22. glücklich anlangte. Der König ernennte ihn darauf zum Groß-Almosenierer, wodurch er zum vornehmsten Prälaten an seinem Königl. Hofe gemacht wurde. Er hat in dieser Qualität sowohl die eheliche Einsegnung des Kronprinzens, Herr zogs von Savoyen, mit der Spanischen Infantin, als auch die Taufen der von ihr gebohrnen Kinder verrichtet.

Im Jahr 1751. that er eine Reise nach Meyland zu dem dasigen Erzbischoff, dem Cardinal Pozzobonelli, und half die feyerliche Aussetzung des Leichnams des Heil. Caroli Borromäi verrichten. Er langte den 18. Sept. daselbst an und hielte noch diesen Tag in der Metropolitankirche die feyerliche Vesper. Den andern Tag sang er die solenne Messe und legte darauf eine schöne Rede zum Lobe des gedachten Heiligen ab. Er genoß während seines Aufenthalts daselbst bey Hohen und Niedrigen grosse Ehre.

Im Jahr 1758. gab ihm der Hintritt Benedicti XIV. Gelegenheit, abermal eine Reise nach Rom zu thun. Es wurde daselbst ein Conclave eröffnet, darinnen er die 9te Zelle kriegte, die die Cardinäle Borghese und Mosca zu Nachbarn hatte. Im Jun. fand er sich in demselben ein und half die Wahl Clementis XIII. befördern, nach dessen Krönung er sich wieder nach Hause verfügte. Dieser Papst lebte bis ins zehende Jahr und starb den 2. Februar 1769. Er wurde hierauf zum zweytenmale zum Conclave beruffen, darinnen er dießmal die 17de Zelle zwischen den Cardinälen Pamfili und Orsini kriegte und noch vor Ausgang des Febr. zu Rom anlangte. Als er den 28ten sich in das Conclave erhub, versammlete sich das Volk häufig um seinen Wagen, rief ihn als Papst aus und bath um seinen Segen. Alleine dieses Bezeigen des Volks gereichte nicht zu seinem Vortheil, weil dieses bey den andern Cardinälen Neid gegen ihn erweckte. Er langte mit der geheimen Instruction seines Hofes im Conclave an und spielte seine Rolle unvergleichlich. Er

Er kriegte jezuweilen selbst eine Anzahl Stimmen, konnte aber den Cardinälen Fantuzzi und Stoppani, die allezeit mehr Stimmen hatten, nicht die Wage halten.

Als der Cardinal von Bernis eilf Cardinäle, die der Congregation wegen des Herzogs von Parma beygewohnet hatten, im Namen der Krone Frankreich mit der Ausschlüssung bedrohete, so mißfiel diese dreuste Art zu handeln dem Cardinal delle Lanze dergestalt, daß er deutlich zu erkennen gab, wie sehr dieses die Wahlfreyheit einschränke. Hat doch, sagte er, der Allerchristlichste Monarche nur eine, nicht aber eilf ausschliessende Stimmen. Das damalige Scrutinium zerschlug sich darüber. Alle Cardinäle waren mißvergnügt, und der Cardinal von Bernis hatte die Rache über genug zu arbeiten, daß er die beunruhigten Gemüther wieder besänftigte. Die Wahl wurde endlich den 19. May in der Person des Cardinals Ganganelli vollzogen, welcher den Namen Clemens XIV. annahm. Nach vollzogenen Krönungssolennitäten kehrte der Cardinal delle Lanze wieder nach Turin zurücke.

Daß er ein Liebling des Römischen Volks zu nennen sey, erhellet aus desselben Bezeigen, als er das letztere mal ins Conclave gienge. Man wußte damals nichts weiter gegen ihn einzuwenden, als daß er das Päpstl. Alter nicht habe. Man rühmt ihn als einen der gelehrtesten und exemplarischen Prälaten der Römischen Kirche, der zugleich wegen seiner Geschicklichkeit zu negotiiren, wegen seines Eifers für die Catholische Religion, wegen seiner Staatseinsichten und wegen seines großen Geistes unter die brauchbarsten Cardinäle dieser Zeit gezählt wird. Man hielte ihn ehedessen für einen Jansenisten, weil er den berühmten Capuciner, P. Norbert, geschützet. Alleine er hat seine Gesinnungen geändert, auch selbst bey seiner letzten Anwesenheit zu Rom von dem General der Jesuiten einen Besuch angenommen.

Die Piemontesischen Ordensleute sind sonst übel mit denjenigen Cardinälen zufrieden, die Abteyen besitzen. Sie nennen einen solchen Cardinal aus Rachgier ein Animal rubrum,

brum, omnium beneficiorum capax, rapax, vorax. Alleine vor den Cardinal delle Lanze haben sie so viele Hochachtung, daß sie ihn von den andern ausnehmen. Er besitzt auch nur eine einzige Abtey, in welcher er bey seinen Mönchen lebt und allen ihren Klosterübungen wie ein regulirter Abt beywohnet.

(VIII.)
Henricus Benedictus Stuart von Porck,
ein Römer.
geb. 1725. Card. 1747.

Dieser vornehme Cardinal stammt aus Königl. Engelländischen Geblüte her. Sein Vater war Jacobus, vermeinter Prinz von Wallis, insgemein der Prätendente oder Ritter von St. George genannt. Man hielte denselben für ein untergeschobenes Kind Königs Jacobi II. von Engelland aus dem Schottländischen Hause Stuart, der von seinem Schwiegersohne, Prinz Wilhelmen von Oranien, 1689. aus dem Reiche vertrieben worden und den 16. Sept. 1701. zu St. Germain in Frankreich gestorben ist. Sein Sohn nahm hierauf den Titel eines Königs von Engelland mit dem Namen Jacobi III. an, wurde aber nach geschlossenem Utrechtischen Frieden von niemanden weiter als vom Päpstl. Stuhle dafür erkannt. Er nahm seinen Aufenthalt zu Rom, vermählte sich mit Maria Clementina, des Königl. Pohlnischen Prinzens Jacobi Sobieski Tochter, und starb den 1. Jan. 1766.

Unser Cardinal war der zweyte Sohn seines Vaters und ward den 6. März 1725. zu Rom gebohren, daher er auch für einen Römer gehalten werden will. Es waren nach dem Gebrauch des Engelländischen Hofs verschiedene Cardinäle und andere vornehme Prälaten und Standspersonen bey seiner Geburt zugegen, Papst Benedictus XIII. aber hatte ein solches Vergnügen über die Vermehrung des Prätendentischen Hauses, daß er diesen Prinzen noch denselben

selben Abend in des Prätendentens Palaste selbst taufte und
ihm den Namen Heinrich Benedict Clemens beylegte.

Kurz nach seiner Geburt zerfiel seine Mutter mit dem
Vater dergestalt, daß sie ihn verließ und sich in das Kloster
St. Cäcilia zu Rom begab, wo sie bis 1727. blieb, ehe sie
mit ihm wieder ausgesöhnt und sich zu ihm wieder zu begeben
bewogen werden konnte. Sie starb endlich den 18. Jan.
1735. und hinterließ einen großen Ruhm der Heiligkeit.
Man begrub sie als eine wirkliche Königin mit großer Pracht
und da ihre Mutter eine gebohrne Pfalz-Neuburgische Prinzeßin war, stunde sie fast mit allen Königl. Häusern Catholischer Religion in Verwandschaft.

Unser Prinz wurde zu Rom unter der Aufsicht seiner
Eltern und eines Hofmeisters aus Schottland standesmäßig
erzogen und in den Sprachen und Wissenschaften, die einem vornehmen Prinzen anständig sind, von den besten Lehrmeistern,
darunter sich sonderlich verschiedene Jesuiten befanden, sorgfältig erzogen und zwar nicht in der Meynung, ein Prälate
zu werden, sondern vielmehr mit der Zeit den Degen zu
führen und einen Kriegshelden abzugeben. Alleine er war
dazu nicht gebohren und besaß weniger Muth zu Felde zu
gehen, als sein älterer Bruder, der bey verschiedener Gelegenheit und sonderlich bey der Landung in Schottland und
dem Einfalle in Engelland 1745. seine Herzhaftigkeit gezeiget hat. Als er sich in dieser Absicht 1744. nach Frankreich
erhub, sollte ihn der jüngere Bruder begleiten, er kam aber
nicht weiter als bis Albano. Jedoch da es mit der vorge-
habten Landung in Schottland 1745. wirklich Ernst wurde,
wollte Prinz Heinrich an dieser Unternehmung ebenfalls Theil
nehmen. Er verließ daher den 29. Aug. vor Tage die Stadt
Rom in der Stille und ohne einiges Gefolge, und nahm den
Weg nach Genua; wohin ihm nach einigen Tagen verschiedene Cavaliers und Bediente folgten. Er fand sich zu Paris ein, ließ sich den Titel eines Herzogs von Yorck beylegen und nahm auf dem Schlosse Navarre, das dem Herzoge
von Bouillon gehöret, seinen Aufenthalt. Er miethete auch
das völlig meublirte Haus zu Bagneux bey Sceaux, das
sonst der Prinz, Graf von Clermont, inne gehabt.

IV. Theil.   G   Mit

Mit der Abreise zu seinem Bruder nach Schottland verzog sichs bis den 22. Dec. da er Nachmittags um 1. Uhr in
Begleitung von 3. Cavaliers und 12. Bedienten zu Pferde
in einer Post-Chaise von Paris nach Boulogne in der Pie-
cardie, wo die stärkste Kriegsrüstung geschahe, abreisete.
Alleine die Einschiffung der Trouppen, die den 29. Dec. vor
sich gehen sollte, bekam Aufschub, als man Nachricht kriegte, daß der älteste Bruder, Prinz Carl Eduard, sich bey
Annäherung des Herzogs von Cumberland mit seinem Anhange genöthiget gesehen, aus Engelland wieder nach Schottland zu fliehen.   Unser Prinz blieb indessen zu Boulogne
und wartete auf das vorhabende Embarquement, so aber wegen der rückgängig gewordenen Unternehmung auf die Brit-
tischen Reiche unterblieb, worauf er sich in das Lager des
Grafens von Sachsen, der im Febr. 1746. die Stadt Brüs-
sel belagerte, erhub, nach geschehener Eroberung dieser Stadt
aber nach Paris zurücke kehrte.

Allhier empfieng er von seinem Bruder folgendes
Schreiben:

"Mein lieber Bruder!

" Wage Dich nicht über das Meer.   Du wirst eben
" dieselbe Gefahr laufen, der ich alle Augenblicke, ohne daß
" sie sich vermindert, blos gestellt bin.   Schone deiner, um
" den Namen der Stuarte und mein Blut zu rächen, wenn
" ich umkomme.   Weil man nichts von demjenigen gehal-
" ten, was man mir versprochen, so muß ich befürchten,
" von aller Welt verlassen zu werden und vielleicht gar mei-
" ne Freyheit zu verlieren.   Sey klüger und wage dich
" nicht eher, als bis man dir mit der Hilfe zuvor gekom-
" men.   Ich glaube aber, so lange noch Stuarte seyn wer-
" den, werden wir ein Spiel derjenigen seyn, die uns nur
" zu ihrem eigenen Vortheil etwas zu schaffen machen.,,

Im May 1746. folgte er dem Könige Ludwig nach den
Niederlanden und wohnte dem Feldzuge unter dem Grafen
von Sachsen mit dem Titel eines Grafens von Albanien bey,
langte aber noch vor Endigung desselben wieder zu Paris an,

wo

wo auch den 15. Oct. sein Bruder sich einfand. Er erhub
sich mit demselben den 19den nach Fontainebleau zum Könige, der sie beyde sehr gnädig empfienge, ihnen Quartier auf
dem Schlosse gab und sie mit ansehnlichen Pensionen versahe.
Sie kehrten nachgehends nach Paris zurücke, brachten das
Jahr vollends daselbst zu und ergötzten sich bisweilen mit
der Jagd.

Im Jahr 1747. begab sich der jüngere Bruder, Prinz
Heinrich, wieder nach Rom, wo er den 25. May anlangte.
Er war nunmehro auf Anrathen vieler vornehmen Freunde
entschlossen, in den geistlichen Stand zu treten. Der Papst
Benedictus XIV. hatte eine große Freude darüber und machte ihm unter der Hand Hoffnung, bald zur Cardinalswürde
zu gelangen. Dieses erfolgte auch nach wenig Wochen. Denn
da der Heil. Vater den 3. Jul. ein geheimes Consistorium
hielte, creirte er ihn unvermuthet zum Cardinal, nachdem
der Prinz einige Tage vorher bey einer in der großen Capelle
des Quirinals von dem Papste gehaltenen Messe die so genannten Orden empfangen hatte. Der Papst hielte hierbey
eine weitläufige Rede, darinnen er sowohl den neuen Cardinal, als desselben Eltern sehr rühmte. Der Anfang lautete also:

" Ehrwürdige Brüder! wir haben uns entschlossen,
„ zur Ehre des Almächtigen und zu Unterstützung und Zier-
„ de der Kirche einen Cardinaldiaconum zu creiren. Es ist
„ unser theurer Sohn in JEsu Christo, Heinrich Bene-
„ dict Clemens, Herzog von Yorck, nach dem Fleische
„ ein Sohn unsers in JEsu Christo geliebten Sohnes, Ja-
„ cobi III. Königs von Großbritannien, den wir schon un-
„ ter die Fahne der geistlichen Militz haben einschreiben
„ lassen. „

Nachdem er hierauf die rühmlichen Thaten seines Vaters erzählet und die Heiligkeit und vielen Tugenden seiner
verstorbenen Mutter gerühmet, fährt er in seiner Rede also
fort: " Von solchen Eltern ist Heinrich, Herzog von Yorck
„gebohren und zwar, um zu beweisen, daß gute Bäume

nöthe

„ nothwendig auch gute Früchte herfür bringen müßen. Er
„ hat nunmehro das 23te Jahr erreichet.   Dieses ist eben
„ daſſelbe Alter, zu welchem der Heil. Carolus Borromäus
„ gelanget war, als Pius IV. sein Oheim und unſer Vor-
„ fahrer, ihn unter die Zahl der Cardinäle aufnahm. „ Hierauf gedenket Benedictus XIV. noch etlicher Cardinäle, die
jung zu dieser Würde gelangt sind und wegen der Reinigkeit
ihrer Sitten unter die Zahl der Heiligen und Seligen gesetzt
worden.   Alsdenn beschließt er seine Rede also:

„ Wir sind überzeugt, daß Heinrich Benedict, Her-
„ zog von Yorck, in die Fußtapfen dieser großen Cardinäle
„ treten werde.   Von seinen ersten Jahren an hat er sich
„ mit Eifer und Fleiß auf diejenigen Künste gelegt, die den
„ Geist schmücken.   Vor allen aber hat er sich bestrebet, die
„ Beyspiele nicht aus dem Gesichte zu verlieren, die ihm seine
„ Eltern gelassen.   Er, von dem Reitz der Religion einge-
„ nommen, erwählte sich in allen seinen Handlungen die
„ Gottesfurcht zur Begleiterin und Führerin.   Weder die
„ Wollüste, noch der Hochmuth und die Eitelkeit der Welt
„ hat ihn auf dem Pfade der Tugend wankend machen kön-
„ nen.   Sie ist es, die ihm das löbliche Vorhaben einflößet,
„ sich unter das Panier der Kirche zu begeben, damit er,
„ von allen Sorgen und Beschäftigungen dieser Welt be-
„ freyet, um so viel leichter in der einzigen nothwendigen
„ Sache, nämlich in dem Heile der Seelen, arbeiten kön-
„ te. Sollten wir denn wohl Unrecht haben, wenn wir uns
„ versprechen, daß wir, indem wir ihn unter die Zahl der
„ Cardinäle aufnehmen, dem Apostolischen Stuhle dadurch
„ eine Quelle der Ehre eröffnen, und daß wir der Religion
„ dadurch eine ganze Reihe von Vortheilen und Nutzbarkei-
„ ten zuwege bringen ?   Denn auf einen solchen Prinzen
„ kann man die Worte des Heil. Bernhardi in seinem 42ten
„ Briefe deuten :   Seine Sitten sind seinem Alter zu-
„ vor geeilet; durch seine Verdienste ist er der Zahl
„ seiner Jahre zuvor gekommen, und seine Tugenden
„ haben das ersetzet, was an seinen Tagen fehlet. Fol-
„ gende Worte der Heil. Schrift schicken sich gleichfalls auf
„ ihn :   Klugheit unter den Menschen ist das rechte
„ graue

„ graue Haar und ein unbefleckt Leben ist das rechte
„ Alter. Sap. IV. 9.

Es wurden wegen dieser Promotion die Canonen auf
der Engelsburg gelöset und in der Stadt alle Glocken geläu-
tet. Der neue Cardinal ward darauf mit den gewöhnlichen
Ceremonien bey Sr. Heiligkeit zur Audienz geführt, wobey
er sowohl das gewöhnliche Biret, als auch den Hut erhielte.
Der neue Cardinal stattete hierauf nach abgelegtem Eide die
gewöhnliche Danksagung ab und begab sich sodann in sein
Quartier, wo sowohl er, als sein Vater, der Prätendente,
von dem Cardinalscollegio, den Prinzen, Prinzeßinnen, Am-
bassadeurs, Ministers, Prälaten und gesammten Adel die
Glückwünschungscomplimente empfienge.

Es wurde vor der Promotion seinetwegen von dem Papste eine Ceremonialcongregation gehalten, worinnen einige
dießfalls obwaltende Schwierigkeiten gehoben, auch ihm folgender Titel bestimmt wurde : Se. Königl. Hoheit und
Eminenz, der Durchlauchtigste Herzog Heinrich von
Yorck, der Heil. Röm. Kirche des Titels St. Mariä in
Campttello Cardinaldiaconus. Jedoch der Titel, Königl.
Hoheit, ist ihm gar selten gegeben, sondern er gemeiniglich
nur der Cardinal von Yorck genennet worden. Er soll
nachgehends, da er dem Papste alleine aufgewartet, demselben folgendes Compliment gemacht haben : " Allerheilig-
„ ster Vater! Das feste und unbewegliche Vorhaben, in un-
„ serer heil. Religion zu leben und zu sterben, wie auch mei-
„ ne Erziehung und das große Exempel des Königs, meines
„ Herrn und Vaters, nebst dem Andenken der Königin, mei-
„ ner Mutter glorwürdigsten Gedächtnißes, die mir stets
„ vor Augen schwebt, haben mich bewogen, den Entschluß
„ zu faßen, allen weltlichen Dingen zu entsagen, um mich
„ noch stärker dem Dienste GOttes zu widmen, indem ich
„ einen Stand erwählt, der unter allen der vollkommenste
„ ist. Kaum haben Ew. Heiligkeit meine Neigung verspürt,
„ so haben Sie solche sogleich gebilliget, gelobet und mit ei-
„ ner recht väterlichen Zärtlichkeit unterstützet. Sie sehen
„ mich gegenwärtig in dem Habite meines neuen Standes

G 3

„ und

„ und meiner neuen Würde, worinnen ich Ew. Heiligkeit
„ alle Zärtlichkeit meiner unterthänigsten Erkenntlichkeit, die
„ mit dem brennenden Verlangen nach der Unterredung mit
„ Dero höchsterwürdigen Person verknüpft ist, bezeuge, wo-
„ bey ich wünsche, daß sich die Kirche noch viele Jahre der
„ Vorsorge eines so großen Hirtens zu erfreuen, ich aber
„ an demselben ein lebendiges Muster des geistlichen Lebens,
„ das ich mir von diesem Augenblicke an zu führen vorge-
„ nommen habe, vor Augen haben möge. „

Im März 1748. befand er sich so krank, daß ihn der
Papst in eigener Person besuchte, es besserte sich aber bald
wieder mit ihm, worauf er im Aug. kurz nach einander in
Gegenwart seines Vaters und vieler Cardinäle von dem Papste in seiner Capelle die Subdiaconat- und Diaconatweihe,
den 1. Sept. aber die Priesterweihe empfienge, worauf er
den 4ten in solcher Qualität seine erste Meße in der Privat-
capelle seines Palasts lase. Er sagte sich hierdurch von der
Succeßion in Engelland auf ewig los, sein Vater aber
gab ihm die Protection von diesem Königreiche, der Spanische Hof aber vermehrte seine Beneficia auf 60000. Thaler.

Den 2. Aug. 1750. ward er in die Academie der Ar-
cadier zu Rom aufgenommen, nachdem er wenig Tage vorher eine reiche Abtey im Königreiche Neapolis empfangen.
Es war dieses das heil. Jubeljahr, da er denn Gelegenheit
hatte, an den häufig nach Rom kommenden Pilgrimmen seine große Mildthätigkeit auszuüben. Im Jan. 1751. über-
stunde er glücklich die Kinderblattern, worauf er im Nov.
nicht nur die reiche Abtey Anchin in Hennegau, sondern
auch das Erzpriesterthum zu St. Peter in Rom erhielte, welches letztere durch den Tod des Cardinals Hannibal Albani
verlediget worden. Er nahm den 14. Nov. von demselben
Besitz.

Im Jul. 1752. zerfiel er mit seinem Vater, dem alten
Prätendenten, weil dieser es bey dem Papste dahin gebracht
hatte, daß sein, des Cardinals, Cammermeister Lercari, der
bey ihm in großen Gnaden stunde, aber dem Vater äußerst
ver-

verhaßt war, den 26. Jul. plötzlich die Stadt Rom verlaßen
müßen. Der Cardinal befand sich dadurch so beleidiget, daß
er in der darauf folgenden Nacht von Rom nach Nocera sich
begab, mit dem Vorsaze, keinen Fuß eher wieder in Rom
zu sezen, als bis sein gewesener Cammermeister zurücke gekommen. Von Nocera kam er den 20. Aug. nach Bologna,
wo er in dem Palaste von Angelelli sein Quartier nahm und
von allen Standspersonen besucht wurde. Im Sept. langte
der Prälat Millo von Rom zu Bologna an, der unter
andern Verrichtungen von dem Papste den Auftrag bekommen hatte, den Cardinal wieder mit seinem Vater auszusöhnen und ihn zu bewegen, nach Rom zurücke zu kommen. Alleine er konnte bey ihm nichts ausrichten.

Der Cardinal blieb auf seinem Sinne und begehrte so
gar von seinem Vater, er möchte ihm das nöthige Silberser-
vis nach Bologna abfolgen laßen, der aber zur Antwort sagen ließ, es gehöre solches zu den Kleinodien des Stuarti-
schen Hauses, die er nicht aus den Händen geben könnte.
Endlich drungen die Ermahnungen des Papsts, die er an
ihn schriftlich ergehen ließ, durch, weil sie sehr rührend waren. Er reisete darauf den 9. Nov. mit großem Gepränge
unter Lösung von 44. Canonen von Bologna ab und wurde
7. Italienische Meilen weit von den Vornehmsten des Adels
und der Geistlichkeit in 77. Kutschen, darunter 18. mit sechs
Pferden bespannt waren, eingeholet. Er hatte die Cardinäle Doria und Bolognetti bey sich sizen und langte den 21.
Nov. in der Stadt an. Er fuhr gerade nach dem Palaste
des Prätendentens, seines Vaters, wo er abstieg und von
demselben aufs zärtlichste und mit Thränen empfangen wurde. Er verließ hierauf die Diaconatsordnung und nahm den
18. Dec. den Priestertitel von den 12. Aposteln an, den er
nachgehends mit dem von St. Maria über der Tyber vertauschte. Im Nov. 1755. erhielte er die reiche Abtey St.
Amand bey Cambray.

Den 3. May 1758. starb Benedictus XIV. worauf die
Cardinäle den 15ten ins Conclave giengen, in welchem der
Cardinal von Yorck durchs Loos die 41e Zelle zwischen den
G 4   Car-

Cardinälen Rovero und von Bayern bekommen hatte. Er
hielte sich zu den Benedictinischen Creaturen und gab nicht
viel von sich zu reden Anlaß. Die Wahl fiel den 6. Jul. auf
den Cardinal Rezzonico, der den Namen Clemens XIII. annahm und den 16ten in der St. Peterskirche gekrönt wurde, da denn der Cardinal von Dorck als Erzpriester dieser
Kirche, ihn mit dem ganzen Capitul bey seiner Ankunft zu
empfangen die Ehre hatte. Den 19. Nov. erhielte er von
dem neuen Papste die Bischoffsweihe, die er darauf im Dec.
auch dem neuen Bischoffe von Aquapendente ertheilte, welches
seine erste Bischöffliche Handlung war. Im April 1760.
gab er seinem kranken Vater die letzte Oelung, der aber dießmal wieder gesund wurde, der Seligsprechung aber des Don
Juan von Palafox, die den 9. Dec. in der Congregation
begit Sagri Riti vorgenommen wurde, wollte er nicht bey-
wohnen, ob er gleich ein Mitglied derselben war, weil die
Jesuiten, von denen er ein Patron ist, sich solcher heftig
widersetzten.

Im Jul. 1761. erhielte er das Bißthum zu Frascati, krafft
dessen er in die Ordnung der Cardinalbischöffe trat. Im Jan.
1763. ward er Vicecanzler und Summista der Kirche. Um
nun sich ein desto größeres Ansehen in der Römischen Kirche
zu geben, hielte er zu Frascati den 8. Sept. einen Synodum
dioecesanam, der drey Tage währte, bey welchem sich 125.
Personen nebst vielen Theologen, wie auch der Cardinal Orsini, der Erzbischoff von Avignon und andere Prälaten zugegen befanden. Er ließ die Acta dieses Synodi prächtig drucken und überreichte sie dem Papste.

Den 1. Jan. 1766. starb sein Vater, der alte Prätendente von Großbritannien, der den 6ten in der Kirche zu
den 12. Aposteln mit vielem Gepränge beygesetzt wurde.
Er erbte einen ansehnlichen Theil von Edelgesteinen und Ju-
welen, das gesammte Silbergeschirr und alle Meublen, Pferde und Wagen. Es langte den 18ten darauf sein Bruder,
der Prinz Carl Eduard, unter dem Titel eines Barons von
Douglas zu Rom an, dem der Cardinal entgegen fuhr und
ihn zärtlich empfienge. Des Prinzens Absehen war, die
Vor-

Vorzüge seines Vaters von dem Papste zu erhalten, die Ihm aber verweigert wurden. Der Cardinal war übel damit zufrieden, konnte aber für ihn nichts ausrichten, doch gab er ihm, wenn er mit ihm ausfuhr, die Oberstelle, obgleich der Papst und das Cardinalscollegium es nicht gerne sahen. Der Prinz wandte sich hierauf nach Bologna, wo er einen Pallast gekauft hatte, um daselbst künftig zu wohnen. Weil man dessen Pensiones sehr beschnitten hatte, thaten ihm der Cardinal und einige andere großmüthigen Personen zu seinem Unterhalte einigen Zuschuß. Im May 1767. kam er wieder nach Rom, da ihn dann sein Bruder, der Cardinal, am 10. dem Papste vorstellte, welcher ihn zwar gnädig, aber als einen Fremden empfieng. Er that hierauf Verzicht auf den Königl. Titel und entschloß sich, als eine Privatperson Besuch anzunehmen.

Den 2. Febr. 1769. starb Clemens XIII. worauf die Cardinäle den 15ten wieder ins Conclave giengen. Der Cardinal von York hatte in solchem die 52te Zelle, die die alten Cardinäle Alexander Albani und Nereus Corsini zu Nachbarn hatte. Er betrat nicht gleich das Conclave, sondern fand sich allererst den 22ten Febr. in demselben ein. Er kam in solchem des Abends wenig aus seiner Zelle und gab sich viele Mühe, den Cardinal Stoppani, einen großen Freund seines Hauses, zur Päpstl. Würde zu befördern. Er war anfangs das Haupt von dessen Parthey, beobachtete aber nicht die nöthige Behutsamkeit, die Absichten derer, die für diesen Cardinal arbeiteten, verborgen zu halten. Es glückte daher dem Cardinal Ganganelli, daß er den 19. May unter dem Namen Clemens XIV. den Päpstl. Stuhl bestieg. Als solcher den 28. May die Bischoffswürde empfieng, war er einer von denen, die bey dieser seltenen Handlung assistirten. Den 4. Jun. wurde der neue Papst gekrönt, wobey er sich abermal als Erzpriester zu St. Peter zugegen befand.

Man eignet ihm zwar keine große Stärke des Geistes zu und urtheile von ihm, daß er den Jesuiten äußerst ergeben sey, ob er gleich hierzu das Ansehen nicht haben will; gleichwohl soll er in gewißen Unterhandlungen viele Geschick-

lichkeit

lichkeit bewiesen haben und in Aufrechthaltung der Bulla in cœna Domini und Behauptung der Rechte des Apostolischen Stuhls einen großen Eifer hegen.

(IX.)

Fabritius Serbelloni,
ein Meyländer.
geb. 1695. Card. 1753.

Er ist aus einem reichen und vornehmen Geschlechte in Meyland entsprossen und hat daselbst den 7. Nov. 1695. das Licht der Welt erblickt. Der bekannte Kayserl. Generalfeldmarschall, Graf von Serbelloni, ist sein leiblicher Bruder. Er wurde dem geistlichen Stande gewidmet und daher in allen den Wissenschaften, die von einem vornehmen Prälaten erfordert werden, von Jugend auf unterrichtet. Nachdem er seine Studia vollendet, suchte er sein Glücke am Päpstl. Hofe zu machen. Er trat zu Rom in den Prälatenstand und wurde von Benedicto XIII. als Inquisitor nach Maltha geschickt. Von hier kam er unter dem Titel eines Erzbischoffs von Patraßo als Nuncius nach Florenz. Hier blieb er bis 1735. da er den Herrn Oddi in der Nunciatur zu Cölln ablösete.

Den 7. Nov. 1738. langte er als Päpstl. Nuncius zu Warschau in Pohlen an und erhielte im folgenden Jahre die reiche Meyländische Abtey St. Denis de Moreta. Er erlebte bald darauf den Oesterreichischen Successionskrieg, darein auch der König August verwickelt wurde, der anfangs die Preußische und hernach die Oesterreichische Parthey hielte, aber darüber 1745. die Preußen in seine Sächsische Erblande kriegte, die ihn nöthigten, seine Retirade nach Prag zu nehmen, als sie sich der Residenzstadt Dreßden näherten, die sie auch nach der Schlacht bey Kesselsdorf den 18. Dec. besetzten, aber nach bald erfolgtem Frieden wieder räumten. Herr Serbelloni hielte sich indessen in Pohlen auf und beobachtete

achtete alles, was ihm als einem Päpstl. Nuncio in diesem
Reiche oblag.

Nach hergestelltem Frieden ward er von Benedicto XIV.
zum Nuncio am Wienerischen Hofe ernennet, allwo er auch
den 20. April 1746. von Dreßden anlangte und den 22ſten
bey beyden Kayserl. Majeſtäten seine erste Privataudienz hatte. Den 2. Oct. hielte er zu Wien seinen öffentlichen Einzug, worauf er den 8ten bey dem Kayser und den 11ten bey
der Kayserin öffentliche Audienz hatte. Den 27ten überreichte er im Namen des Papſts für den am 17ten Märʒ
1741. gebohrnen Kronprinʒen Joseph, jetʒigen Kayser, die
geweiheten Windeln, ſamt dem Pathengelde, kriegte aber
von der Kayserin ʒur Antwort: Der Prinʒ, mein Sohn,
hat weder Windeln noch Spitʒen mehr nöthig, weil
er schon Ungarische Kleidung trägt. Den 5. May
1747. hatte er die Ehre, den neugebohrnen ʒweyten Kayserl. Prinʒen, Peter Leopold, jetʒigen Großherʒog von Toſcana, ʒu taufen.

Den 26. Nov. 1753. nahm Benedictus XIV. eine groſ-
se Cardinalspromotion vor, da denn Herr Serbelloni das
Glücke hatte, unter denen ʒu seyn, die damals den geiſtlichen Purpur erhielten. Er kriegte durch einen Courier den
4. Dec. die erste Nachricht davon, das Biret aber, das
ihm der Graf Petroni allererst im Jan. 1754. überbrachte,
ward ihm den 3. Febr. von dem Kayser in der Hofkirche
mit den gewöhnlichen Ceremonien aufgesetʒt. Er fand sich
ʒu dem Ende Vormittags um 10. Uhr in dem völligen Cardinalshabite bey Hofe ein und begleitete den Kayser unter
Vortretung einer ʒahlreichen Hofstatt aus der Burg nach
der Kirche, wo die feyerliche Handlung nach verrichteten
ordentlichen Gottesdienste geschahe, welche von der Kayserl.
jungen Herrschaft mit angesehen wurde.

Den 7. Märʒ hatte er bey dem Kayser und den 8ten
bey der Kayserin und den Durchl. jungen Herrschaften seine
Abschiedsaudienz, worauf er sich noch bis den 4. Jun. ʒu
Wien aufhielte, da er allererst mit einem ʒahlreichen Gefol-

ge

ge seine Reise nach Rom antrat. Er langte den 26sten in dieser Stadt an, wo er in dem Palaste des Herzogs von Fiano abstieg. Der Papst war eben an diesem Tage von Castel Gandolfo zurücke gekommen. Den 14. Jul. hielte er nebst dem fast zu gleicher Zeit angekommenen Cardinal Enriquez seinen öffentlichen Einzug zu Rom. Sie wurden, als sie im Quirinal angelangt, ohne Ceremonien bey dem Papste zur Audienz geführt. Den 18ten empfiengen sie im öffentlichen Consistorio die Cardinalshüte. Wegen der damaligen grossen Hitze durften sie die gewöhnliche Cavalcade nicht halten, sondern nur mit einigem Gepränge auffahren. Den 22sten ward ihnen der Mund geschlossen, nicht lange hernach aber wieder geöffnet, da denn Serbelloni insonderheit den Priestertitel St. Stephani in Monte Celio und zugleich Sitz in verschiedenen ansehnlichen Congregationen erhielte. Den 16. Sept. ward er zum Legaten zu Bologna ernennet, in welcher Legation er 1757. auf 3. andere Jahre bestättiget wurde.

Als der Papst den 3. May 1758. starb, wurde er zum Conclave eingeladen, darinnen er durchs Loos die letzte Zelle kriegte, die den Cardinal Durini zum Nachbar hatte. Er langte erst im Jun. darinnen an; man hat aber nicht vernommen, daß er viel in Vorschlag gebracht worden wäre. Den 6. Jul. wurde der Cardinal Rezzonico erwählt, der den Namen Clemens XIII. annahm. Nachdem derselbe den 16. gekrönet worden, ward er den 2. Aug. in seiner Legation zu Bologna von neuem auf drey Jahre bestättiget.

Als er von dar nach Rom zurücke kam, wohnte er den Congregationen bey, von denen er ein Mitglied war. Im Jahr 1763. ward er Großprior des Maltheserordens zu Rom und Protector von dem Ungarisch-Deutschen Collegio. Er erhielte auch den 16. May eben dieses Jahrs das Bißthum zu Albano, wodurch er in die Ordnung der Cardinälbischöffe trat, und im Oct. 1767. ward er Protector des Augustinerordens. Der Papst zog ihn fleißig zu den ausserordentlichen Congregationen, worinnen er allezeit seine Neigung zu dem Jesuiterorden und zu Behauptung der Päpstl. Hoheit und
Kirchen-

Kirchengewalt zu erkennen gab. Sonderlich war er ein Mitglied von derjenigen Congregation, darinnen im Januario
1768. das bekannte Breve wider den Herzog von Parma geschmiedet wurde, das so vieles Aufsehen an den Catholischen
Höfen gemacht.

Im Febr. 1769. erlebte er als Cardinal das zweyte Conclave, darinnen er dießmal die 19de Zelle zwischen den Cardinälen Orsini und Buonacorsi kriegte. Er betrat dasselbe
mit den andern anwesenden Cardinälen den 15. Febr. Er
war ein Herr von 74. Jahren und annoch bey guten Leibes-
und Gemüthskräften, daher er nicht ohne Hoffnung, Papst
zu werden, in das Conclave gienge. Der Kayserl. Hof wäre ihm nicht zuwider gewesen, wenn sich eine Parthey vor
ihn herfür gethan hätte. Im März hatte es hierzu einiges
Ansehen, es wurde aber der Anschlag durch die Cardinäle
Orsini und Corsini bald wieder zernichtet. Die Umstände
hiervon sind diese:

Das Conclave hatte sich in drey Partheyen getheilt, davon zweye, die die Cardinäle Johann Franz Albani und Re-
zonico zu Anführern hatte, gerne die Wahl zu ihrem Vortheil vor der Ankunft der Französischen und Spanischen Cardinälen vollziehen wollten. Einigen von diesen Partheyen
glückte es, solche Anstalten zu treffen, daß den 10. März
der Cardinal Serbelloni erwählt werden sollte, wenn einige
von der andern oder dritten Parthey ihm beytreten würden.
Alleine Serbelloni und seine Parthey betrogen sich. Einmal
wußte man, daß man sich von ihm keine gelinde Regierung
versprechen konnte, weil er eine starke Neigung zu ernstli-
chen Befehlen hegte; hernach wollte man sich nicht von
neuem der Willkühr der Nepoten aussetzen, deren er eine
ziemliche Anzahl hatte. Einige sahen es auch als einen Be-
weiß keiner wahren Frömmigkeit an, daß er, so lange er
Bischoff von Albano gewesen, seine Kirche nur einmal besucht habe.

Als der Kayser mit seinem Bruder, dem Großherzoge,
den 15. März das Conclave besuchte, hatte Serbelloni das
Vergnügen, nicht nur diesen Monarchen seine Aufwartung
zu machen, sondern auch, da man ihm die neue Kleidung
zeigte,

zeigte, die vor den künftigen neuen Papst gemacht worden, von ihm die Wörte zu hören: Es wird solche keinem beßer als dem Serbelloni stehen. Alleine seine Hoffnung verminderte sich, da der angekommene Französische Cardinal von Bernis allen Cardinälen, die der Congregation wegen des Herzogs von Parma beygewohnet hatten, im Namen der Krone Frankreich die Ausschliessung gab. Nichts desto weniger kriegte der Cardinal Stoppani, ob er gleich auch ein Mitglied von dieser Congregation gewesen, einen ziemlichen Anhang. Selbst Serbelloni unterstützte ihn anfangs sehr nachdrücklich. Alleine er verließ hernach desselben Parthey wieder, da er merkte, daß vor ihn selbst sich wieder einige Hoffnung äußerte. Alleine diese Hoffnung verschwand gar bald, da die Französischen Cardinäle durchaus nichts von ihm hören wollten, und daher die Karte ganz anders mischeten.

Seine eigenen Landsleute hatten keine Lust zu ihm. Man warf ihm Stolz und Herrschsucht vor und machte sich von ihm zu Rom eine so schlechte Vorstellung, daß es hieß: Wenn man den Serbelloni zum Papst erhebt, so wird Rom seinen Nero wieder kriegen. Bey so gestalten Umständen mußte er geschehen lassen, daß den 19. May der Cardinal Ganganelli unter dem Namen Clemens XIV. den Apostolischen Stuhl bestieg, dessen Bischoffsweihe und Krönung er beywohnte, auch die Ehre hatte, daß, als der neue Papst den 5ten Jun. aus dem Vatican nach der ordentlichen Residenz im Quirinal sich erhub, er nebst dem jüngern Cardinal Albani bey ihm in der Carroße saß.

(X.)
Johannes Franciscus Stoppani,
ein Meyländer.
geb. 1695. Card. 1753.

Er stammt aus einem Meyländischen Geschlechte her, das eben nicht sehr berühmt ist. Er erblickte in der Hauptstadt dieses Italienischen Herzogthums den 26. Nov. 1695.

1695. das Licht der Welt. Man weiß von seiner Jugend und Erziehung nichts zu melden. So viel erhellet aus seinen Lebensumständen, daß er ein Schüler der Jesuiten gewesen und in den canonischen Rechten eine grosse Erkenntniß erlanget. Er wendete sich nach Rom und suchte sein Glücke am Päpstl. Hofe zu machen. Er trat allda in den Prälatenstand und ward vom Papst Clemente XII. als Inquisitor nach Maltha geschickt, von dar er 1735. als Nuncius nach Florenz kam, wo er den 21. Jun. seinen Einzug hielte. Der Papst hatte ihm vorher die Abtey zu Alessandria della Paglia gegeben, die jährlich 2300. Scudi einträgt und ihn zum Erzbischoff von Corinth ernennet.

Im Jahr 1739. lösete er den Herrn Oddi in der Nunciatur zu Venedig ab und fand sich in solcher Qualität den 6. Jul. allda ein, hielte aber allererst den 16. April seinen öffentlichen Einzug daselbst. Hier blieb er bis 1743. da ihn Benedictus XIV. als Nuncium an den neuen Römischen Kayser aus dem Hause Bayern Carolum VII. schickte, der damals zu Frankfurt am Mayn Hof hielte. Er reisete den 24. Nov. von Venedig ab und langte den 10. Dec. zu Frankfurt an. Als dieser Kayser den 10. Jan. 1745. zu München Todes verbliche, mußte er ihm die letzte Oelung geben. Er blieb hierauf an dem Hofe des jungen Churfürstens zu München bis in den Monat Julium, da er aus Rom Befehl kriegte, als außerordentlicher Nuncius der neuen Kayserwahl zu Frankfurt beyzuwohnen. Er langte den 13. Jul. daselbst an, wurde aber von dem Churfürstl. Collegio in der Qualität eines Nuncii nicht erkannt; jedoch blieb er bis nach vollzogener Wahl, die auf den Großherzog Franciscum von Toscana fiel, in dieser Stadt und ließ zu Bezeugung seiner Freude über diese Erhebung sein Quartier illuminiren. Den 10. Nov. kehrte er von Frankfurt nach Rom zurücke, wo er 1747. zum Präsidenten zu Urbino ernennet wurde.

Den 26. Nov. 1753. wurde er bey der großen Promotion, die Benedictus XIV. an diesem Tage vornahm, zum Cardinal creirt. Der Prälat Veterani, jetziger Cardinal, überbrachte ihm das Biret nach Urbino, wo es ihm in der

Cathe

Cathedralkirche aufgesetzt wurde. Er langte im May 1754. zu Rom an, empfieng aus des Papsts Händen den Cardinals-hut und, nachdem ihm der Priestertitel St. Martini in Montibus ertheilt worden, ernennte ihn der Papst zum ordentlichen Legaten zu Urbino; jedoch den 20. Sept. 1756. kriegte er die Legation zu Ravenna.

Den 3. May 1758. starb der Papst, worauf er Gelegenheit hatte, zum erstenmale das Conclave zu betreten. Er hatte in solchem durchs Loos die 43te Zelle zwischen den Cardinälen Alexander Albani und Bardi bekommen. Im Jun. langte er aus seiner Legation zu Rom an. Er gieng alsbald ins Conclave, worinnen er aber vorjetzo nicht sonderlich in Vorschlag gebracht wurde. Den 6. Jul. kam die Wahl des Cardinals Rezzonico zu Stande, der den Namen Clemens XIII. annahm, deßen Krönungssolennitäten er beywohnte. Den 2. Aug. wurde er in der Legation zu Ravenna auf 3. Jahre bestättiget, welche 1761. zu Ende giengen. Er fand sich darauf wieder zu Rom ein, wo ihn der Papst fast zu allen ausserordentlichen Congregationen zog und besonders 1763. zu einem Mitgliede des heil. Officii ernennte. Er erhielte auch den 18. Jul. dieses Jahrs das Bißthum Palästrina, wodurch er eine Stelle unter den Cardinalbischöffen kriegte.

Unter den ausserordentlichen Congregationen, zu welchen er gezogen wurde, war diejenige für ihn sehr fatal, die wegen des Päpstl. Breve wider den Herzog von Parma im Jan. 1768. gehalten wurde, weil er sich hierdurch die Bourbonischen Höfe zu Feinden machte und sonderlich den Französischen Hof so vor den Kopf stieß, daß ihm derselbe in dem folgenden Conclave die Ausschließung von der Päpstl. Würde geben ließ.

Dieses Conclave wurde im Febr. 1769. eröffnet, nachdem Clemens XIII. das Zeitliche gesegnet hatte. Er kriegte in solchem, wie im vorigen die 43ste Zelle, die vorjetzo die Cardinäle von Luynes und Negroni zu Nachbarn hatte. Er hatte nunmehro das 74te Jahr seines Alters zurücke gelegt und besaß viele gute Eigenschaften, die ihn des Päpstl. Stuhls

würdig

würdig machten. Er hatte auch das ganze Conclave hindurch
die meiste Hoffnung denselben zu besteigen. Das Oberhaupt
seiner Parthey war anfangs der Cardinal von York, der
aber nicht heimlich genug damit zu Werke gienge. Der Cardinal Fantuzzi hielte ihm beständig die Wage; jedoch blieben
ihm die vielen guten Freunde, die er unter den Cardinälen
hatte, getreu, und suchten seine Erhebung auf alle Art und
Weise zu befördern. Sie brachten es eines Tages wirklich
so weit, daß ihm nur noch etliche Stimmen an der erforderten Zahl fehlten. Er selbst that sich Gewalt an, um seine
wahre Gesinnungen zu verbergen; doch zweifelte man nicht,
daß er zu allen Zeiten bereit seyn würde, sich vor die Jesuiten zu erklären, wenn es die Umstände erforderten. Sonderlich konnten ihm die Bourbonischen Höfe seinen Beytritt
zu dem Breve wider Parma so leichte nicht verzeihen.

Als der Kayser Joseph II. mit seinem Bruder dem Großherzoge von Toscana, den 15. März das Conclave besuchte,
war er gleich Vorsteher der Cardinalbischöffe, daher er ihn
mit einer kurzen Rede empfienge, worauf er ihm die Cardinäle,
die in dem Conclave waren, vorstellte. Der Monarche wollte bey seinem Eintritt den Degen ablegen, aber Stoppani
bath, Se. Majest. möchten ihn an der Seite behalten, weil
er zur Vertheidigung der Heil. Kirche diente. Der Kayser
fragte ihn: wenn man den neuen Papst machen würde? und
bekam zur Antwort: wenn die fremden Cardinäle ankämen.
Auf die Frage: welches das längste Conclave gewesen? antwortete Stoppani: Das Lambertinische? Nun gut, sagte
der Kayser, bleiben sie ein Jahr beysammen, aber wählen Sie einen Papst, wie Lambertini, einen Freund
von allen.

Sein größter Widersacher im Conclave war der Französische Cardinal von Bernis, der ihn in der Liste derjenigen
hatte, die von dem Französischen Hofe die Ausschliessung bekommen sollten. Die Benedictinischen Creaturen, die es
mit dem Stoppani hielten, waren sehr übel mit dem jetztgedachten Cardinal zufrieden. Indem sie sich alle Mühe gaben, den Haß gegen ihn zu heben, wurde dadurch die Papst-

IV. Theil.   H   wahl

wahl sehr aufgehalten. Endlich brachte es der Cardinal von
Bernis so weit, daß sich alle Häupter der Partheyen über
der Erhebung des Cardinals Ganganelli vereinigten und denselben den 19. May zum Papst erwählten, der den Namen
Clemens XIV. annahm. Man bedauerte den Cardinal Stoppani, daß dessen Gehorsam gegen Clemens XIII. der ihn zu
der obgedachten Congregation gezogen, und der Antheil, den
er an der Ausfertigung des bekannten Breve wider Parma
genommen, so unangenehme Folgen für ihn gehabt.

Er wohnte der Bischoffsweihe und Krönung des neuen
Papsts bey und lebt seit dem zu Rom ganz stille und eingezogen, befindet sich aber jezuweilen unpäßlich.   Er wird für
einen Mann von Verdiensten gehalten, der die Höfe kennet
und viele Staatseinsichten hat; aber eben dieses ist es, was
ihm das Römische Volk vorwarf, als er in das letzte Conclave gienge. Es hieß nämlich, er habe immer seinen Kopf
voller Projecte, und diese würden, wenn er Papst werden
sollte, auf die Erhöhung des Stuhls, auf die Behauptung
der Bulla in cœna Domini und auf die Beybehaltung des Jesuiterordens abzielen.

(XI.)

Vincentius Malvezzi,
ein Bologneser.
geb. 1715. Card. 1753.

Er wurde den 22. Febr. 1715. zu Bologna zur Welt gebohren.   Sein Geschlechte ist daselbst eines von den
vornehmsten und führt den Gräfl. Titel. Er wurde dem
geistl. Stande gewidmet und daher zu Erlernung der gelehrten Wissenschaften von Jugend auf sorgfältig angeführt. Er
war kaum 14. Jahre alt, so kriegte er an dem Cardinal Lambertini, seinem Landsmanne, einen großen Patron, der ihn
zu sich nach Rom kommen ließ und stets in seinem Palaste
bey sich hatte.   Als auch derselbe 1731. das Erzbißthum in
seiner

seiner Vaterstadt Bologna erhielte, nahm er ihn mit sich dahin. Hier setzte er seine Studia fleißig fort und wußte sich
diesem Cardinal so gefällig zu machen, daß er ihn zu seinem
Vertrauten erwählte. Er ertheilte ihm die Heil. Orden, und
weihte ihn zum Priester. Als er 1740. nach Rom ins Conclave reisete, nahm er ihn als seinen Conclavisten mit, da denn
Malvezzi das außerordentliche Vergnügen hatte, daß sein
bisheriger großer Patron den 17. Aug. unter dem Namen
Benedictus XIV. zum Papste erwählt wurde.

Nun konnte Herr Malvezzi gewiß versichert seyn, daß
er bald Cardinal werden würde. Es verliefen aber doch etliche Jahre, ehe solches erfolgte, weil der neue Papst nicht
das Ansehen haben wollte, als ob er ein Freund des Nepotismi wäre. Er erklärte ihn zwar zum Prälaten und nahm ihn
zu sich in seinen Palast, beförderte ihn aber nicht eher zu einem Amte als im Sept. 1743. da er ihn zum Protonotario
Apostolico und Cammermeister ernennte, welche letztere Bedienung die nächste Stuffe zur Cardinalswürde ist. Er hatte in solcher den 3. Nov. 1744. die Ehre, den jetzigen König
in Spanien als König von beyden Sicilien, da er nach Rom
kam, um dem Papste die Füße zu küssen, im Namen des
Papsts zu bewillkommen und ihn bey Sr. Heiligkeit einzu-
führen.

Den 26. Nov. 1753. erschien endlich die Stunde, da
ihm der heil. Vater nebst 15. andern vornehmen Prälaten
die Cardinalswürde ertheilte. In der Rede, die er bey dieser Gelegenheit an das heil Collegium hielte, gab er ihm, ohne ihn zu nennen, folgenden Lobspruch! "Sie werden un-
„ ter denen, die ich zu Cardinälen zu erheben Vorhabens bin,
„ denjenigen finden, welchen wir von seiner Jugend an bis
„ gegen das 40ste Jahr, das er bald erreichet, so zu sagen
„ in unserm Schoose erzogen und ihm zu Bologna die heil.
„ Orden ertheilet, auch den wir immer den Studien und Wis-
„ senschaften ergeben gesehen, die seinem Alter gemäß gewe-
„ sen und von dem wir sagen können, daß er mit allen den
„ Tugenden begabt sey, die seinen Character erhöhen müßen
„ und welcher seit dem 14ten Jahre, da er beständig uns zur

„ Sel-

„ Seite gewesen, uns beständige Proben seiner Klugheit,
„ seines Eifers und Fleißes in Erfüllung seines Amts gege-
„ ben, dabey aber stets sich im Studiren geschäftig erwie-
„ sen, daher wir ihm ofte wichtige Sachen anvertrauet und
„ über den bedenklichsten mit ihm Rath gepflogen haben.„

Ob Malvezzi diesen Lobspruch in allen Stücken verdient
habe, lässet man an seinen Ort gestellt seyn. Zum wenigsten stimmen sie Zeugniße damit nicht überein, da man nach
der Zeit von ihm vernommen. Weil er sich am Tage seiner
Promotion zu Rom gegenwärtig befand, empfieng er sogleich
nebst 8. andern neucreirten Cardinälen aus des Papsts Händen das Biret und den 29sten den Hut, den 10ten Dec. aber,
da ihm der geschlossene Mund geöffnet wurde, den Priestertitel St. Marcellini und St. Petri, wobey er zum Mitgliede von verschiedenen wichtigen Congregationen ernennet
wurde.

Den 14. Jan. 1754. trat ihm der Papst das Erzbißthum
zu Bologna ab, das er sich seit seiner Gelangung auf den
Päpstl. Stuhl vorbehalten und bisher durch den Herrn Scar-
selli als Generalvicarium verwalten lassen. Er ertheilte ihm
den 19. März in der Paulinischen Capelle des Quirinals die
Bischoffsweihe, wobey sich 25. Cardinäle zugegen befanden.
Den 26. May verließ er Rom und erhub sich nach Bologna,
um von seinem Erzbißthum Besitz zu nehmen.

Der Cardinal Quirini ließ deßhalben ein Glückwün-
schungsschreiben an ihn drucken, welches dieser aber nicht
wohl aufnahm, weil er ihm allzuviele Lehren darinnen gegeben, auf was Weise er seine Erzbischöffliche Würde gehörig
führen sollte, auch ihm die Anlegung eines Seminarii und
den Bau der Metropolitankirche daselbst sehr ernstlich ange-
priesen hatte. Er antwortete ihm darauf in einem weitläu-
figen und sehr spitzigen Schreiben, das den Quirini sehr är-
gerte, auch ihn bewog, in einem anderweitigen Schreiben
seine Empfindlichkeit darüber an den Tag zu legen. Er that,
als ob ein anderer in jenes Namen den Brief geschrieben hätte, damit er um so viel heftiger darauf antworten könnte.

Der

Der Cardinal Malvezzi kam von Bologna nicht eher
wieder nach Rom, als da er nach Absterben des Papsts Benedict XIV. zum Conclave beruffen wurde. Es geschahe
im May 1758. Er langte aber nicht eher als zu Ende dieses Monaths zu Rom an und betrat den 31sten das Conclave, darinnen er die 39ste Zelle zwischen den Cardinälen Mes-
mer und Paolucci bezog. Er machte sich in demselben sehr
verhaßt, weil er zuviel Eifer wider alle Cardinäle, die den
Jesuiten geneigt waren, bezeugte, konnte aber nicht verhindern, daß nicht ein besonderer Patron derselben, nämlich
der Cardinal Rezzonico, den Päpstl. Stuhl bestiegen hätte,
der den Namen Clemens XIII. annahm. Nach desselben
Krönung erhub er sich wieder in sein Erzbißthum, aus welchem er nicht eher wieder als 1769. nach Rom gekommen,
da der Tod dieses Papsts abermal zu einem Conclave Anlaß gab.

Er hatte dießmal die 55ste Zelle zwischen den Cardinälen Canale und Oddi und langte allererst im März in dem
Conclave an. Er war nunmehro 54. Jahre alt und hielte
sich für Papstmäßig. Er trachtete durch einen Capuciner,
der zu Rom Prediger gewesen und großen Beyfall gefunden,
die Zuneigung der Bourbonischen Höfe zu erlangen und dadurch sich den Weg zur Päpstl. Würde zu bahnen. Alleine
die Römer waren ihm äußerst gehäßig. In einer satyrischen
Schrift, die zu Rom heraus kam, wurde er als ein sehr är-
gerlicher und wollüstiger Prälate vorgestellt. Unter andern
hieß es: Wenn Malvezzi Papst wird, so wird eine von den
gottlosen Weibsbildern das Schiff Petri beherrschen. Er
muß sich, wenn das, womit man ihn beschuldiget, wahr ist,
zu der Zeit, da er um die Person Benedict XIV. gewesen,
gar sehr haben verstellen können, weil derselbe ihm bey seiner Creation einen so großen Lobspruch gegeben. Sein großer
Haß gegen die Jesuiten und seine starke Widersetzung der
Seeligsprechung des Bellarmini haben ihn dem Gespräche
der Leute zu Rom gar sehr ausgesetzt.

(XII.)

Ludovicus Maria Torreggiani,
ein Toscaner.

geb. 1697. Card. 1753.

Er stammt aus einem adelichen Geschlechte her und wurde den 18. Oct. 1697. zu Florenz zur Welt gebohren. Er gieng bey den Jesuiten in die Schule und saugte von Jugend auf derselben Grundsätze ein, die er nachgehends zu Rom, wohin er sich wendete, geschickt auszukramen wußte, zumal da er allda an dem P. Laurentius Ricci einen Vetter antraf, der das Glück hatte, nach der Zeit zum General dieses Ordens erwählt zu werden. Nachdem er den Prälaten-habit angelegt, ward er Ponente bey der Heil. Consulta und 1737. Secretarius bey der Congregation der Kirchen-Immunitäten, welches ihm sonderlich gute Gelegenheit gab, seine Einsicht in die Kirchenrechte zu erweitern und sich darinnen feste zu setzen. Im Sept. 1743. erhielte er von Benedicto XIV. das Secretariat bey der Heil. Consulta, welche mit dem Policeywesen in dem Kirchenstaate zu thun hat.

Den 26. Nov. 1753. bekam er die Cardinalswürde. Weil er zu Rom gegenwärtig war, empfieng er sogleich das Biret und den 29. Nov. den Hut, den 10. Dec. aber den Diaconattitel St. Cosmi und St. Damiani, den er im April 1765. mit dem von St. Agatha alla Suburra vertauscht hat. Er ward auch zu einem Mitgliede von verschiedenen wichtigen Congregationen ernennet, die er fleißig abwartete. Den 3. May 1758. starb der Papst, worauf er mit den andern anwesenden Cardinälen den 15den ins Conclave gienge, worinnen er die 45ste Zelle zwischen den Cardinälen Bardi und Ferroni einnahm. Er war ein Herr von 61. Jahren, wurde aber zur Päpstl. Würde gar nicht in Vorschlag gebracht. Er hatte ein großes Vergnügen, daß die Wahl den 6. Jul. auf den Cardinal Rezzonico fiel, weil er ihn schon längst unter seine guten Freunde gezählt. Dieser nennte sich Clementem XIII. und hatte so viel Zuneigung und Vertrauen zu

dem

dem Cardinal Torreggiani, daß er ihn den 8. Oct. zum
Staatssecretario und vornehmsten Minister an seinem Hofe
ernennte, nachdem der Cardinal Archinto, der diese wichtige Bedienung nur etliche Monathe bekleidet hatte, den 30.
Sept. gestorben war. Von dieser Zeit an hat er bis an das
Ende dieses Papsts fast den ganzen Römischen Hof regiert
und mit Zuziehung der Päpstl. Nepoten alles in allem ge-
golten.

Er bekam nicht lange hernach die Präfecturen von der
Heil. Consulta und dem Staate von Avignon, auch dem
Hause zu Loretto, ward auch nach und nach Protector von
verschiedenen Mönchsorden und Collegiis, welches alles zu
Vermehrung seines Ansehens am Päpstl. Hofe vieles beytrug. Er mißbrauchte aber dieses Ansehen zum Nachtheil
des Apostolischen Stuhls gar sehr und setzte den Papst mit
allen Catholischen Mächten in die größten Mißhelligkeiten,
brachte auch denselben um den Besitz sowohl vieler Gerechtsame und Einkünfte, als auch der Staaten von Avignon, Ve-
naißin und Benevent.

Clemens XIII. hatte zwar ein gutes Herze, aber keinen
erleuchteten Verstand. Die in der Jugend eingesogenen
Jesuitischen Grundsätze hatten ihn für die Rechte und Immunitäten der Kirche so eingenommen, daß er es aufs höchste kommen ließ, ehe er nachgab; und das that er aus vermeinter Pflicht seiner Päpstl. Würde und in guter Meynung.
Da ihn nun sowohl die Jesuiten, die er als heilige und gelehrte Leute hochschätzte, als auch der Cardinal Torreggiani,
auf den er als seinen Staatssecretair alles Vertrauen setzte,
in diesen Grundsätzen bestärkten, er auch diesem letztern alle
Affairen überließ und seine Zeit dargegen mit Andachtsübun-
gen zubrachte, so war es nicht zu verwundern, daß seine
Regierung sehr unruhig und unglücklich war.

Der Cardinal Torreggiani war den Jesuiten völlig ergeben und vor die Rechte des Apostolischen Stuhls so voller
Eifer, daß er glaubte, es müßte nach der bekannten Bulla
in cœna Domini das Päpstl. Regiment in allen aufs genaue-

ste

sie geführt werden. Als er das Staatssecretariat erhalten,
bildete er sich ein, es hätten seine Vorgänger die Rechte des
heil. Stuhls allzu sehr unterdrücken lassen, daher er vermeinte, der Held zu seyn, der Beruff und Fähigkeit hätte, demselben sein Ansehen wieder zu geben. An Fähigkeit fehlte es
ihm gewiß nicht, und den Beruff hatte er in der Schule der
Jesuiten bekommen. Er wußte hierbey auch seinen Nutzen
zu beobachten. Ganz Rom seufzte über seine Monopolia
und Plackereyen. Man beschuldigte ihn sonderlich, daß er
durch Verpachtungen und Zölle große Summen erworben
hätte. Er genoß auch einen Theil von dem Schatze Sixti V.
der auf sein Anrathen zu Verminderung der Theurung 1764.
angegriffen wurde.

Clemens XIII. hatte kaum den Päpstl. Stuhl bestiegen
und den Torreggiani zu seinem Staatsminister erwählt, als
die Verschwörung wider den König in Portugall ausbrach,
an welcher die Jesuiten vielen Antheil hatten. Da nun einige von ihnen, die man gefangen gesetzt, verurtheilt werden
sollten, fanden sie nicht nur zu Rom Schutz und Vorspruch,
sondern man schlug auch dem Könige sein Begehren ab, dem
Gewissensrathe zu Lissabon Vollmacht zu geben, in des Papsts
Namen die angeklagten Jesuiten zu richten. Hierdurch wurde der Grund zu den großen Irrungen gelegt, darein der Apostolische Stuhl unter der Regierung dieses Papsts verfiel.
Man untersuchte in dem Portugiesischen Reiche das Verhal-
ten der Jesuiten und besonders ihr gewaltthätiges und ge-
winnsüchtiges Wesen in Brasilien, da man denn so viel Bos-
heit entdeckte, daß sie 1759. aus dem ganzen Königreiche
vertrieben und ihre Güter confiscirt wurden.

Portugall war also die erste Klippe, an welcher die Grundsätze des Cardinals Torreggiani scheiterten. Er ließ sich aber
darum nicht feige finden, dieselben noch ferner auszuführen.
Er bestärkte den Papst in seinem Unwillen gegen den Portugiesischen Hof. Er ließ den Buchhändler Pagliarini, der
der doch in dem besondern Schutze der Höfe von Lissabon und
Neapolis stunde, wegen einer bey ihm gefundenen satyrischen
Schrift wider die Jesuiten arretiren und zum Tode verur-
theilen

theilen. Er sprach den Höfen (nur die zu Wien, Madrit und Versailles ausgenommen) das Recht ab, unter drey vorgeschlagenen Prälaten sich einen zum Nuncio zu erwählen. Er hub das Concordat auf, das Benedictus XIV. mit dem Könige von Sardinien getroffen, durch welches diesem das Präsentationsrecht zu den Beneficien in seinen Staaten zugestanden worden. Er ließ die Stiftung des Jesuiterordens durch eine Päpstl. Bulla, die sich Apostolicum pascendi anfängt, 1765. bestätigen und solche listiger Weise in allen catholischen Ländern und selbst in Portugall ausstreuen. Hierzu kam noch unterm 10. Sept. 1766. eine andere Bulla, die sich Animarum saluti anfieng, in welcher die Jesuiten abermals auf eine ausschweifende Weise gelobt und ihnen viele neue Vorrechte zugestanden wurden, ob sie gleich bereits als Friedensstöhrer nicht nur aus Portugall und Frankreich vertrieben worden, sondern auch 1767. Spanien und der beyden Sicilien, 1768. aber die Staaten des Herzogs von Parma verlaßen mußten.

Zuletzt ließ der Cardinal Torreggiani dem Faße vollends den Boden aus, da er den Papst verleitete, ein Breve wider den Herzog von Parma heraus zu geben und zu Rom an vielen Orten öffentlich anzuschlagen, darinnen nicht nur alle Acten, Decrete und Edicte, die dieser Hof in Kirchensachen herausgegeben, für nichtig, ungültig und verwegen erkläret wurden, sondern auch alle diejenigen, die sich zu Abfaßung, Kundmachung und Vollstreckung derselben gebrauchen laßen, in alle Kirchencensuren verfallen seyn sollten. Es war dieses Breve den 30. Jan. 1768. unterschrieben und durch das am 8. Febr. 1765. zu Parma niedergesetzte Tribunal, welches über die Irrungen, die über die geistlichen Güter entstehen möchten, erkennen sollte, veranlaßet worden. Da nun der Cardinal Torreggiani glaubte, daß durch diesen Gerichtshof die vermeinten Gerechtsame der Römischen Kirche gar sehr beeinträchtiget würden, beförderte er die Ausfertigung dieses Breve, das aber an den Catholischen Höfen und besonders denen vom Hause Bourbon ein solches Feuer anzündete, das bis diese Stunde noch nicht völlig gelöscht werden können.

H 5

Dieses

Dieses Päpstliche Verfahren gründete sich auf die beruffene Bulla in cœna Domini oder die Abendmahlsbulla,
weil sie am grünen Donnerstage, da das Heil. Abendmahl
eingesetzt worden, zu Rom öffentlich verlesen wird. Sie ist
gleichsam das allgemeine Kirchengesetz des Päpstl. Stuhls,
welches nach der Absicht des Papsts, als Gesetzgebers, alle
Christen, sowohl Regenten als Unterthanen, zu gewissen
Handlungen bey Strafe des Bannes verbindet, die doch
der Ehre und den Rechten der weltlichen Staaten sehr nachtheilig sind. Diese Bulla, die schon längst allen Regenten
äußerst verhaßt gewesen, wurde nunmehro durch das obgedachte Breve in den Catholischen Staaten gleichsam von
neuem bestättiget, daher solche nicht nur in Portugall, Spanien und Neapolis, sondern auch in der Oesterreichischen
Lombardey, in Venedig, Modena, Parma und selbst an
vielen Orten in Deutschland verbothen, hierdurch aber die
Päpstliche Gerichtsbarkeit nicht wenig eingeschränkt wurde.

Sonderlich erzeigten sich die Höfe zu Versailles, Madrit und Neapolis mit vielen Drohungen sehr eifrig, den
Papst zu bewegen, daß er das Breve wider Parma widerruffen und dem Herzoge eine zulängliche Genugthuung leisten möchte; ja, sie verlangten gar, er möchte den Cardinal
Torreggiani von seinem Hofe entfernen und den ganzen Jesuiterorden aufheben. Alleine der Papst war viel zu sehr von
der Gerechtigkeit seiner Sache überzeugt, als daß er nachgeben sollt. Er entschuldigte den gedachten Cardinal, daß er
nichts ohne seinem Vorbewust und Willen thäte; es wäre
das, was geschehen, seine Sache; er hätte recht und nach
seinem Gewissen gehandelt; und wenn alle Fürsten sich wider die Religion und den Heil. Stuhl verschworen hätten
und ihm Benevent, Avignon und Rom selbst nähmen, so
wollte er eher mit einem Crucifix in der Hand sich in einer
Wüsten verbergen, als etwas widerruffen, oder sich zu irgend einer Satisfaction auf eine niederträchtige Art herab-
lassen.

Der Cardinal Torreggiani vertheidigte den Papst selbst
gar sehr, wenn er in desselben Namen ein langes Schreiben
an die drey Bourbonischen Höfe ergehen ließ, worinnen er
den Heil. Vater unter andern also reden läßt: „Ich habe
„alles

„ alles das Uebel voraus gesehen, was das Breve in diesen
„ irreligiösen Zeiten, da die Söhne sich wider den Vater
„ empören, dem Heil. Stuhle zuziehen würde; aber ich ha-
„ be nach meinem Gewissen gehandelt, indem ich mehr um
„ das Heil meiner Seele, als um ein politisches Intereße
„ mich bekümmere; ich bin weit entfernt, mich im gering-
„ sten reuen zu lassen, daß ich diesen Schritt gethan, da ich
„ mir vielmehr Vorwürfe mache, daß ich damit so lange ge-
„ wartet habe. „

Im Jun. 1768. gaben die Ministri dieser drey Höfe
dem Papste zu erkennen, daß sie von denselben Befehl hätten, mit dem Cardinal Torreggiani in keiner Angelegenheit
weiter etwas zu thun zu haben. Ob nun wohl der Papst
darauf antwortete, daß alles, was derselbe bisher gethan,
mit seinen Absichten übereinstimme, so ließ er doch diesen
Ministern eröffnen, daß er den Cardinal Negroni an dessen
Stelle ernennet habe, mit ihnen in Unterhandlung zu treten, welches sie sich auch gefallen ließen. Alleine die Ministri erkannten gar bald, daß Negroni nicht nur dem Toreg-
giani nicht die Wage halte, sondern auch gleichsam nur desselben Sprachrohr sey. Der Cardinal Torreggiani soll selbst
um diese Zeit zu verschiedenenmalen bey dem Papste um seine
Erlassung angehalten und unter andern den Schmerz, den
ihm der Verlust seines einzigen Bruders, der den 31. Aug.
1768. zu Florenz gestorben, verursachet, zum Bewegungs-
grunde gebraucht haben. Alleine da der Papst die völlige
Entlassung dieses Cardinals seiner Ehre für nachtheilig hielte, so wollte er sie ihm durchaus nicht zugestehen. Er ist
daher nicht aus Rom gekommen, sondern stets in seiner
Bedienung geblieben und hat folglich das Ruder der Geschäfte am Römischen Hofe beständig geführet. Man sagte
zu gleicher Zeit von ihm, daß er sich von der Mademoiselle
Ricci, einer Nichte des Generals der Jesuiten, gänzlich
regieren lasse.

Was die Bourbonischen Höfe gedrohet hatten, das erfolgte auch. Denn es wurden den 11. Jun. 1768. nicht
nur die Stadt Avignon und Grafschaft Venaisin von Fran-
zösi-

zöſiſchen Völkern, ſondern auch die Städte Benevent und
Pontecorvo von Neapolitaniſchen Völkern in Beſitz genommen.　Hierzu kamen viele andere Eingriffe in die Päpſtli-
chen Gerechtſame, indem man die Inquiſition einſchränkte,
viele Klöſter und geiſtlichen Güter einzog, Schatzungen auf
die geiſtlichen Güter legte, die geiſtlichen Orden der Gerichtsbarkeit der Biſchöffe (welches ſonderlich im Venetianiſchen
geſchahe) unterwarf, und beſondere Tribunale für die Kirchenangelegenheiten errichtete, anderer Beeinträchtigungen
der Päpſtl. Hoheit und vermeinten Rechte der Kirche nicht
zu gedenken, die alle durch die übereilte Ausführung der Je-
ſuitiſchen Grundſätze veranlaſſet worden, wozu noch zu des
Heil. Vaters äußerſten Kränkung die Ankunft der vielen
vertriebenen Jeſuiten kam, die man ihm aus allen Landen
über den Hals ſchickte.　Der Cardinal Torreggiani nahm
ſich ſonderlich dieſer guten Ordensleute ſehr an und unterredete ſich deshalben fleißig mit dem General ihres Ordens, P.
Ricci, über den Mitteln, wie ſie am füglichſten verſorgt
werden könnten.　Er brachte endlich den Papſt dahin, daß
er ihnen den Flecken Imperiale nicht weit von Peſaro überließ, wo ſie ein groſſes und ſehr prächtiges Kloſter baueten.

Bey ſolchen Umſtänden war es hohe Zeit, daß Clemens XIII. den 2. Febr. 1769. zu Nachts das Zeitliche ge-
ſegnete.　Torreggiani verließ ſogleich den Morgen darauf
als bisheriger Staatsſecretarius die Päpſtl. Reſidenz, weil
ſeine bisherige Staatsverwaltung ein Ende hatte.　Er bezog
ſeinen eigenen Palaſt, den er auf alle Fälle ſtets bereit gehalten, weil er ſtets vermuthet, er würde von dem Staatsruder abtreten und von dem Papſte ſeiner Dienſte entlaſſen
werden, wie er ſelbſt ihn zu wiederholtenmalen darum erſu-
chet hatte.　Er betrat mit den andern anweſenden Cardinälen den 15ten das Conclave, worinnen ihm die 28ſte Zelle
zwiſchen den Cardinälen Calini und Caraccioli zu Theile wurde.　Er war ein Herr von 72. Jahren, durfte ſich aber auf
die Päpſtl. Würde keine Rechnung machen, weil ſein ge-
führtes Staatsſecretariat ihn bey den Kronen äußerſt verhaßt gemacht hatte; doch war er ſehr bemühet, einen Cardinal, der mit ihm einerley Grundſätze hegte, zur Päpſtli-

chen

chen Würde zu verhelfen. Er hatte daher unter den Creaturen
des verstorbenen Papsts einen ziemlichen Anhang, und ob
er gleich zu seinem Zwecke nicht gelangen konnte, so gab er
doch der Parthey, welcher er beytrat, ein ziemliches Gewich=
te. Um seine Gesinnungen nicht ausforschen zu lassen,
hielte er sich in seiner Zelle sehr eingezogen und kam niemals
zu den Erfrischungen, die der Cardinal Orsini in seiner Zelle
zu geben pflegte.

Nachdem man lange genug bald diesen bald jenen ver=
gebens zu erheben gesucht, gewann endlich der Französische
Cardinal von Bernis den Cardinal Joh. Franz Albani, daß
er über der Erhebung des Ganganelli sich mit ihm vereinig=
te, auch versprach, die Cardinäle Rezzonico und Torreggia=
ni auf seine Seite zu bringen. Er ladete sie daher zu seiner
Parthey ein. Der Erste schlug es ab, der Andere aber bath
sich einen Tag Bedenkzeit aus. Albani begab sich darauf
zum Torreggiani, welchem er die gefährlichen Folgen eines
längern Aufschubs vorstellte. Er ließ sich gewinnen und
nahm es auf sich, den Cardinal Rezzonico gleichfalls zu
überreden, daß er in den Ganganelli willigte, weil er ihm
beständig versprochen, auf jede von seinen Creaturen mit ein=
zustimmen. Dieses bewerkstelligte er auch. Als nun den
18. May, als den Tag hernach, die Häupter der Partheyen
sich nacheinander in der Zelle des Ganganelli einfanden, war
Rezzonico der letzte, der mit seinem Anhange erschiene. Den
folgenden Morgen ward die Wahl durch 45. Stimmen ein=
müthig vollzogen. Der neue Papst nahm den Namen Cle=
mens XIV. an und war von einer ganz andern Denkungsart,
als sein Vorfahrer, daher auch Torreggiani wenig von ihm
zu Rathe gezogen wird. Sein Amt, das er noch jetzo bekleidet,
ist die Präfectur der heil. Consulta, welches Amt er fleißig
abwartet und sich übrigens um die andern Affairen anjetzo
wenig bekümmert,

(XIII.)
Antonius Sersale,
ein Neapolitaner.
geb. 1702. Card. 1754.

Er stammt aus einem vornehmen Neapolitanischen Geschlechte her, von welchem einer, der vielleicht sein Bruder ist, Namens Hieronymus Maria Sersale, Herzog
von Cerisano, im April 1756. zum Präsidenten der Vicaria
zu Neapolis ernennet worden. Seine Mutter, die ihn den
26. Jun. 1702. zu Sorrento zur Welt gebracht, starb den
18. Febr. 1756. ich kann aber nicht sagen, wer sie gewesen
sey. Er erwählte den geistlichen Stand und wurde von Jugend auf in allem, was einem vornehmen Prälaten anständig ist, treulich unterwiesen. Er kriegte seines exemplarischen Wandels und anderer guten Eigenschaften wegen im
Jahr 1735. das Bißthum zu Sora. Von diesem wurde er
ohngefehr 1748. zum Erzbißthum zu Brindisi und den 16.
Nov. 1750. zum Erzbißthum zu Taranto befördert.

Im Jan. 1754. legte der Cardinal Spinelli das Erzbißthum zu Neapolis nieder, worauf Herr Sersale das Glücke
hatte, auf des Königs Recommendation von dem Papste an
dessen Stelle den 11. Febr. 1754. zu diesem wichtigen Erzbißthum ernennt zu werden. Er ließ darauf den 2. März, weil
er sich zu Rom befand, durch den Herrn Terzi von der Cathedralkirche zu Neapolis Besitz nehmen, der König aber, der
mit seiner Erhebung ungemein zufrieden war, ließ den Erzbischöflichen Palast aufs herrlichste ausschmücken. Er schenkte zu dem Ende 16. Stück ausnehmend schöne Tapeten, 24.
Venetianische Spiegel, davon die kleinsten 8. Fuß hoch und
4. Fuß breit waren, und 6. mit köstlichen Steinen besetzte Ti-
sche an denselben. Ehe er von Rom abreisete, empfieng er
auch den 22. April ganz allein die Cardinalswürde. Weil er
anwesend war, bekam er sogleich aus des Papsts Händen das
Biret und einige Tage darauf den Hut, den 20. May aber
den Priestertitel von St. Pudentiana.

Seine

Seine Erhebung zur Cardinalswürde fand ſo großen
Beyfall, daß nicht nur zu Rom, ſondern auch zu Neapolis
drey Tage nach einander öffentliche Freudensbezeugungen an-
geſtellt wurden. Den 29. May reiſete er von Rom ab und
langte den 6. Jun. zu Neapolis an. Den 11. hatte er bey dem
Könige Audienz, der ihn mit beſondern Gnadenbezeugungen
aufnahm; wie er denn auch beſtändig, ſo lange er die Königreiche Neapolis und Sicilien beſeßen, die Gunſt dieſes
Monarchens gehabt.

Als derſelbe im Febr. 1756. eine Geſellſchaft von Gelehrten errichtete, welche die entdeckten Alterthümer in dem
unterirrdiſchen Herculano genau unterſuchen ſollte, ließ ihr
der Cardinal Serſale zu Fortſetzung ihrer gelehrten Bemühungen einen Wechſelbrief von 30000. Gulden einhändigen.
Im May 1758. wurde er nach dem Tode Benedicti XIV.
zum Conclave beruffen, darinnen er die 6te Stelle zwiſchen
den Cardinälen von Bayern und Banchieri bekommen. Er
langte im Jun. daſelbſt an, kam aber dießmal wenig in Vorſchlag. Nach vollbrachter Krönung des neuen Papſts Clementis XIII. kehrte er wieder nach Neapolis zurücke.

Im Jahr 1759. beſtieg der ihm ſo gnädige König den
Spaniſchen Thron und überließ Neapolis und Sicilien ſei-
nem mittlern Sohne Don Ferdinand, der noch jetzo beyde
Königreiche beherrſchet und gegen ihn eben ſo gnädig als ſein
Vater geſinnet iſt; wie er denn überhaupt an dem ganzen
Hofe und bey allem Volke in großer Hochachtung ſtehet.

Er brachte ſich ſonderlich die Gunſt des Volks durch ſeine Mildthätigkeit zuwege, die er 1764. den Einwohnern der
Stadt Neapolis erwieß, da ſie anfangs mit einer großen Theurung, und hernach auch mit gefährlichen Krankheiten heim-
geſucht wurden. Die große Theurung und Hungersnoth
rührte den Cardinal dergeſtalt, daß er eine Zeitlang täglich
unter 9. bis 10000. Perſonen beyderley Geſchlechts Almoſen
austheilen ließ, und weil die Einkünfte nicht zureichen wollten, verpfändete und verſetzte er alles Silbergeſchirre und
was nur des Geldes wehrt war. Als nun in dem darauf folgenden

genden Sommer ein anstedendes Fieber eine große Menge
Menschen hinraste, alle Spitäler mit Kranken angefüllet
waren, und täglich 10. bis 12. Personen todt auf der Straß=
se gefunden wurden, ward er bewogen, auf eigene Kosten 100.
bereitete Betten und in seiner Abtey St. Antonii ein Hospi=
tal aufrichten zu lassen, in welches die auf den Straßen nie=
derfallenden Kranken aufgenommen und verpfleget wurden.
Er begab sich selbst fast täglich dahin und sahe, ob alles nach
seinem Verlangen in guter Ordnung geschehe.

Den 22. May 1768. hatte er das Vergnügen, dem Kö=
nige zu der glücklich vollzogenen Vermählung mit der Kay=
serlichen Erzherzogin Maria Josepha Glück zu wünschen, nach=
dem sie zu Neapolis ihren öffentlichen Einzug gehalten.

Den 2. Febr. 1769. starb Clemens XIII. worauf aber=
mal zu Rom ein Conclave gehalten wurde. Er kriegte die
letzte Zelle neben dem alten Cardinal Odei und war nunmeh=
ro ein Herr von 67. Jahren. Man konnte ihn für den wür=
digsten Candidaten des Päpstl. Stuhls halten. Das Nea=
politanische Volk rief ihn bey seiner Abreise nach Rom als
Papst aus. Als er im März in dieser Stadt anlangte,
wünschte ihm das Römische Volk ebenfalls die Päpstliche
Würde. Die Höfe waren ihm alle geneigt, besonders der
Spanische, indem Carl III. jederzeit sehr viel auf ihn gehal=
ten. Es schiene auch mit seiner Wahl Ernst zu werden,
weil er eine geraume Zeit dem Ganganelli die Wage hielte,
und von den Spanischen Cardinälen sehr unterstützt wurde.
Als der Kayser im Conclave war, sprach er viel mit ihm,
weil seine Neapolitanische Sprache ihn ganz besonders er=
götzte.

Der Französische Cardinal von Bernis brachte ihn noch
den 16. May in Vorschlag und sprach: Laßet uns die
Probe mit dem Cardinal Sersale machen! Nein! ver=
setzte der Cardinal Johann Franz Albani, niemals wird das
heil. Collegium in denselben willigen. Schlagen sie einen
andern für, der den Kronen eben so angenehm ist. Hierauf
kam die Reihe an den Ganganelli, der auch den 19ten er=
wählt wurde.

Man

Man setzte an dem Cardinal Sersale sowohl die Menge seiner Verwandten und Nepoten, als auch seine allzu große Ergebenheit gegen den König, samt dem Mangel des Eifers vor die Hoheit und Rechte des Apostolischen Stuhls aus. Es kam zur Zeit des letzten Conclave zu Rom ein Gedichte unter diesem Titel heraus: *Codicillo del P. Generale de Gesuiti fatto per gli atti del Palmieri Notaro Capitalino*, worinnen der Cardinal Sersale wegen der Treue gegen seinen König aufs äußerste durchgezogen wurde. Man rechnete es ihm sonderlich zu einem Verbrechen an, daß er an der Tafel des Königs das Tischgebeth zu verrichten pflege, welches für einen Cardinal unanständig sey. Jedoch ob er gleich als ein Liebling des Spanischen Monarchens nicht mit den Grundsätzen des Römischen Hofs unter der Regierung Clementis XIII. einstimmig war, so hätte sich doch der Apostolische Stuhl von ihm nichts nachtheiliges befürchten dürfen, wenn er auf denselben erhoben worden wäre. Jedoch er mußte dießmal dem Ganganelli weichen, der unter dem Namen Clemens XIV. den Päpstl. Thron bestieg; jedoch Sersale zürnte nicht parüber, sondern kehrte nach vollzogener Krönung ganz vergnügt nach Neapolis zurücke.

(XIV.)

Ludovicus Ferdinandez de Cordoua,
ein Spanier.

geb. 1696. Card. 1754.

Dieser vornehme Cardinal ist ein Sohn Ludwigs Francisci de Cordoua, Herzogs von Feria, eines der vornehmsten Granden von Spanien. Seine Mutter, Felicia Maria, des Herzogs von Medina Celi Tochter, brachte ihn den 22. Jan. 1696. zu Montilla in Andalusien, einem Lehengute seines väterlichen Hauses, zur Welt. Er wurde standesmäßig erzogen, aber dem geistlichen Stande gewidmet. Er kriegte jung eine Domherrnstelle bey der Erzbischöfflichen Cathedralkirche zu Toledo und avancirte an solcher bis zu der Stelle eines Decani, wobey er den Titel eines Grafens von Tebar führte.

Er stunde bey Hofe in besonderer Hochachtung und hatte an dem Königl. Infanten, Don Ludwig, einen so gnädigen Erzbischoff, daß er in diesem wichtigen Erzstifte fast alles galt, weil jener stets abwesend war. Er wußte auch den Functionen seiner Würde so gut vorzustehen, daß, da er zugleich einen löblichen Wandel führte, er dem Päpstl. Stuhle nicht unbekannt bliebe. Als daher gedachter Infant den 18. Dec. 1754. den geistlichen Stand quittirte und zugleich die Cardinalswürde mit Aufgebung der beyden Erzbißthümer Toledo und Sevilien in die Hände des Papsts resignirte, so wußte Benedictus XIV. die Stelle im heil. Collegio durch keine würdigere Person zu ersetzen, als durch den Herrn von Cordoua, wobey ihm zugleich die vom Spanischen Hofe geschehene Empfehlung sehr zu statten kam. Der Abt Scotti sollte ihm das Biret überbringen. Da er aber auf der See unglücklicher Weise ertrank, geschahe es durch einen andern Prälaten. Der König setzte ihm das Biret selbst auf. Weil dieser aber niemals nach Rom gekommen, so hat er auch weder den Hut, noch einen Priestertitel empfangen.

Der König hatte ein solches Vergnügen über seine Erhebung zur Cardinalswürde, daß er deßhalben dem Papste durch den Cardinal Portocarero ein mit carmosinfarbenen Sammet gefüttertes Kästgen überreichen ließ, worinnen sich zwey kostbare goldene Gefäße, jedes 8. Pfund schwer, befanden. Da auch der Cardinal Portocarero das angetragene Erzbißthum Toledo ausschlug, erhielte es der neue Cardinal, worinnen ihn der Papst den 4. Aug. 1755. bestättigte. Den 28. Sept. wurde er in der Kirche des Hieronymitenklosters zu Madrit mit großem Gepränge zum Erzbischoff geweihet. Der König und die Königin sahen diese Ceremonie aus ihrer Capelle selbst mit an.

Im Jahr 1758. ward er nach dem Absterben Papsts Benedicti XIV. zum erstenmale zum Conclave eingeladen, darinnen ihm das Loos die 31ste Zelle zwischen den Cardinälen

von

von Solis und Saldanha zugetheilt hatte, die aber beyde eben
so wenig, als er selbst nach Rom gekommen sind. Und dieses unterblieb auch 1769. da er zum zweytenmale nach dem
Conclave beruffen wurde.   Er hatte diesmal die 35ste Celle
zwischen den Cardinälen Buffalini und Bernis, und war
bereits über 74. Jahre alt, weßhalben er eine so weite Reise nicht wagen wollte.

(XV.)

Franciscus Folch de Solis,
ein Spanier.
geb. 1713. Card. 1756.

Er stammt aus einem vornehmen Spanischen Geschlechte
her, und ward den 17. Febr. 1703. zu Madrit zur
Welt gebohren. Wie nahe er mit Joseph Folch, Fürsten von Cardona, der den 25. Jun. 1729. als Kayserlicher
wirklicher Geheimer Rath, Ritter des güldenen Vließes und
Oberhofmeister der Kayserin zu Wien gestorben, verwandt
sey, ist mir nicht bekannt. Soviel ist gewiß, daß er niemals
ein Anhänger des Hauses Oesterreich gewesen. Von seiner
Jugend sowohl, als seinen Studien ist mir nichts bekannt.
Nachdem er eine Zeitlang das Bißthum zu Cordoua besessen,
ward ihm den 10. Aug. 1755. von dem Könige das wichtige
Erzbißthum zu Sevilien gegeben, das bisher der Cardinal-
Infant von Spanien gehabt, der es aber mit der Cardinals-
würde den 18. Dec. 1754. aufgegeben hatte.

Den 5. April 1756. wurde er auf des Königs Nomination von Benedicto XIV. zum Cardinalpriester creirt. Herr
Mandelli überbrachte ihm das Biret, welches ihm der König
zu Madrit aufsetzte. Im May 1758. wurde er zum Conclave
nach Rom eingeladen, er kam aber nicht dahin, sondern ließ
seine Zelle zwischen den Cardinälen von Rodt und Cordoua
ledig. Jedoch da der damals erwählte Papst Clemens XIII.
den 2. Febr. 1769. wieder starb, konnte er sich nicht entbre-
chen, der neuen Papstwahl beyzuwohnen. Er hatte in dem

Con-

Conclave die 12te Zelle zwischen den Cardinälen Boschi und Veterani bekommen, betrat aber solche gar spåte, weil er eine weite und beschwerliche Reise zu thun hatte. Er wurde von dem Cardinal de la Cerda begleitet. Sie giengen im März aus Spanien und langten zur See glücklich zu Gaeta im Königreiche Neapolis an. Als sie aber auf einem Kriegsschiffe von dar wieder abreiseten, entstunden so widrige Winde, daß sie nach dem Hafen von Alicante zurücke kehren mußten. Sie wollten darauf die Reise zu Lande thun. Alleine da sie hierbey nicht weniger viel Ungemach von der Kålte und dem Schnee in dem Piemontesischen Gebürge zu befürchten hatten, ånderten sie ihren Vorsaß und begaben sich von neuem aufs Wasser, kamen auch endlich zu Ende des Aprils glücklich zu Rom an.

Das Verlangen nach ihrer Ankunft im Conclave war groß, weil sie der Papstwahl den Ausschlag geben sollten. Der Cardinal von Solis hatte den geheimen Auftrag und die Verhaltungsbefehle des Königs. Ihr Absehen war auf die Erhebung der Cardinåle Serfale und Caraccioli gerichtet und wollten durchaus nicht den Partheyen beytretten, die vor die Cardinåle Stoppani und Fantuzzi arbeiteten. Sie vereinigten sich endlich mit dem Cardinal von Bernis, der die Wahl des Ganganelli zu Stande brachte, welcher den Namen Clemens XIV. annahm.

Er war mit diesem Papste sehr wohl zufrieden, weil derselbe kein Freund der Jesuiten war, und das gute Vernehmen mit den Bourbonischen Höfen wieder herzustellen suchte. Er wohnte seiner Krönung bey und ließ sich den 22. Jun. den Cardinalshut reichen, den er noch nicht empfangen hatte. Den 26ten wurde ihm der Mund geöffnet und ein gewisser Priestertitel gegeben. Er überreichte dem Papste sehr angenehme und kostbare Geschenke und blieb noch einige Zeit zu Rom, um dem Spanischen Minister Azpuri in seinen Negationen zu unterstüßen. Endlich kehrte er mit dem Cardinal de la Cerda wieder nach Hause, nachdem ihm der Papst vorher eine Abtey in den Parmesanischen Staaten gegeben hatte. Er sollte 1770, Protector und Minister von Spanien

nien zu Rom werden, weßhalben auch schon seine Equipage
zu Genua angelangt war; aber er verbath es, worauf er seine Sachen von Genua wieder zurücke bringen ließ.

(XVI.)
Paulus de Luynes,
ein Franzose.
geb. 1703. Card. 1756.

Er ist ein Sohn Honorati Caroli d' Albert, Herzogs von
Luynes, Pairs von Frankreich, der als Königl. Marschall de Camp den 9. Sept. 1704. vor Landau geblieben. Seine Mutter, Maria Anna Johanna von Courcil-
lon, des Marquis von Dangeau Tochter, brachte ihn
den 5. Jan. 1703. zur Welt. Er war nicht viel über anderthalb Jahr alt, da er den Vater verlohr, doch wurde an
seiner standesmäßigen Erziehung nichts verabsäumet. Er erhielte den Titel eines Grafens von Montfort und erwählte
die Kriegsdienste. Er bekam im Febr. 1719. das Infan-
terieregiment de Perrin, quittirte aber solches im Dec. 1721.
wieder und erwählte den geistlichen Stand. Er begab sich zu
dem Ende in ein Seminarium und kriegte die Abtey Cerisi.

Im Jahr 1729. wurde er zum Bischoff von Bayeux
ernennet und den 25. Sept. darzu geweihet, da er nicht viel
über 26. Jahre alt war. Er wurde im Dec. 1733. unter die
Mitglieder der Academie Françoise aufgenommen, und weil
er es jederzeit mit dem Hofe gehalten, setzte er sich dadurch
in solche Gunst, daß er 1746. zum Almosenier der Dauphi-
nen ernennet wurde. Den 14. Aug. 1753. erhielte er das
Erzbißthum zu Sens und den 5. April 1756. ward er auf
Nomination des Königs zum Cardinal creirt. Der Prälat
Durini überbrachte sowohl für ihn, als die andern beyden
neucreirten Französischen Cardinäle das Biret, welches ihnen den 8. Jun. von dem Könige in seiner Hofcapelle zu Versailles aufgesetzt wurde. Den 13ten legte er nebst den andern
beyden während der Messe den neuen Eid der Treue in die

Hän-

Hände des Königs ab, wie es in Frankreich gebräuchlich ist,
wenn ein Französischer Prälate den Cardinalspurpur erhält.
Kurz darauf bekam er die Abtey Corbie.

An dem Pfingstfeste 1758. welches der 14te May war,
wurde er zum Comthur und Ritter des Heil. Geist Ordens er=
nennet, mußte aber kurz darauf mit dem Cardinal von Gesvres
zum Conclave nach Rom aufbrechen, nachdem jeder von ihnen
50000. Livres zu Bestreitung der Reisekosten bekommen hat=
te. Sie langten im Junio zu Rom an und betraten das
Conclave, worinnen der Cardinal von Luynes die 28ste
Zelle zwischen den Cardinälen von Mendoza und Rodt krieg=
te. Er hatte den geheimen Auftrag von dem Könige, um
dessen Bestes bey der Papstwahl zu beobachten. Man war
in dem Conclave gleich mit der Erhebung des Cardinals Por=
tocarero beschäftiget, als er sich in demselben einfand, da
er denn sehr viel beytrug, daß die vorhabende Wahl dieses
Cardinals zurücke gienge und dargegen den 6. Jul. der Car=
dinal Rezzonico unter dem Namen Clemens XIII. den Päpst=
lichen Stuhl bestieg. Nachdem die Krönungssolennitäten
vollbracht worden, hielte der neue Papst den 27. Jul. ein
öffentliches Consistorium, in welchem die Cardinäle, die den
Hut noch nicht bekommen hatten, solchen nach einer prächti=
gen Cavalcade erhielten. Hierunter befand sich auch der
Cardinal von Luynes, der den 2. Aug. den Priestertitel St.
Thomä in Parione empfienge und nicht lange hernach wieder
nach Frankreich zurücke kehrte.

Den 1. Jan. 1759. wurde er in der Hofcapelle zu Ver=
sailles ganz alleine in den Orden des Heil. Geistes installirt,
welchen er bereits empfangen hatte. Als man 1761. bey
Hofe die vorhabende Verbannung der Jesuiten aus dem Kö=
nigreiche in Ueberlegung zog, wurden zu Untersuchung der
Jesuitischen Constitutionen 12. Französische Bischöffe zu
Commissarien ernennet, die den 30. Nov. in dem Hotel des
Cardinals von Luynes zusammen kamen. Ob nun wohl
ihr Gutachten vor den Orden vortheilhaftig ausschlug, so
war es doch nicht zulänglich, das Ungewitter, das sich über
diese Ordensleute zusammen gezogen hatte, abzuwenden,
weil

weil sie 1762. sämtlich aus dem Reiche vertrieben wurden. Ihr größter Patron war der Erzbischoff von Paris, der darüber in des Königs Ungnade fiel. Der Cardinal von Luynes gab sich viel Mühe, ihn von seiner Denkungsart abzubringen und wieder mit dem Hofe auszusöhnen.

Den 28. Dec. 1765. hatte er die Ehre, den Leichnam des verstorbenen Dauphins in der Stadt Sens, wo er Erzbischoff ist, von dem Königl. Großalmosenierer, dem Erzbischoffe von Rheims, zu übernehmen, und ihm, vor desselben Beysetzung in die verfertigte Gruft, den 29sten ein feyerliches Seelenamt zu halten. Dieses geschahe auch den 21. März 1767. da der verblichene Leichnam der verwittweten Dauphinin ebenfalls zu Sens beygesetzt wurde.

Im Jahr 1769. wurde er zum andernmale zum Conclave beruffen, worinnen er die 42ste Zelle zwischen den Cardinälen Lante und Stoppani bekommen. Die Cardinäle hatten schon den 15. Febr. dasselbe betreten, als er sich zu Ende des Märzes in dasselbe begab. Er hatte unter den 3. Französischen Cardinälen, die diesmal nach Rom kamen, das so genannte Secret oder Hofgeheimniß, der Cardinal von Bernis aber war das Haupt der Bourbonischen Parthey. Sie machten zusammen gemeine Sache und wollten durchaus keinen Freund des Jesuiterordens und der an dem Breve wider Parma Theil gehabt, zur Päpstlichen Würde befördern. Der Cardinal von Luynes war sonderlich sehr aufmerksam auf alles, was im Conclave vorgienge. Er erfuhr einsmals, daß der Kammerdiener des Cardinals Roßi an seiner Zelle horchte. Dieses bewog ihn, darauf zu denken, wie er ihn auf der That erwischen möchte. Als nun solcher zu einer gewissen Stunde ankam und der Cardinal davon benachrichtiger wurde, eröffnete er plötzlich die Thüre, und gab ihm, ohne ihm etwas zu sagen, eine starke Ohrfeige. Er verfügte sich hierauf selbst zu dem Cardinal Roßi und brachte ihn dahin, daß er ihm, um sich vielleicht nicht bloß zu geben, Recht geben mußte.

Er

Er gab im Conclave zu einem großen Lermen Anlaß, da er dem Französischen Gesandten die Scrutinia mittheilte, die heimlich herumgiengen und dadurch die Anschläge der Cardinäle entdeckte. Da ihn nun die Cardinäle Castell und Lante deshalben sehr heftig zur Rede setzten, gieng er aus Verdruß drey Tage nacheinander nicht in das Scrutinium. Zu anderer Zeit verlangte er nebst dem Cardinal von Bernis von den sämtlichen Mitbrüdern die Unterzeichnung einer Schrift, nach welcher derjenige, so als Papst erwählt werden würde, den Jesuiterorden aufheben und das Breve wider Parma zurücke nehmen, den Herzog von Parma aber für einen Souverain erkennen sollte. Alleine die Cardinäle entschuldigten sich, dieses zu thun, und als die Französischen Cardinäle noch schärfer darauf drungen, wurde diese Sache etlichen Theologen aufgetragen, um in solcher ein Gutachten abzufassen. Jedoch die Cardinäle weigerten sich, einen solchen Schritt zu thun, der das Ansehen eines Papsts allzusehr einschränkte. Endlich brachten Luynes und Bernis den Cardinal Johann Franz Albani auf ihre Seite, durch den endlich die Wahl des Ganganelli zu Stande kam, der den Namen Clemens XIV. annahm. Nach desselben Krönung kehrte der Cardinal von Luynes den 18. Jun. wieder nach Paris zurücke. Er beschenkte vorher seine Titularkirche mit einer Menge heiliger Gefäße, ließ auch eine ansehnliche Summa Geld unter die Armen dieses Kirchspiels austheilen.

(XVII.)
Stephanus Renatus de Gesvres,
ein Franzose.
geb. 1697. Card. 1756.

Er ist ein Sohn Franz Bernhards Potier, Herzogs von Gesvres, Pairs von Frankreich, eines der ersten vier Kammerherren des Königs und Gouverneurs zu Paris, der den 12. April 1739. gestorben ist. Seine Mutter Maria Magdalena Genevieve Louise de Seigliere, brachte ihn den 2. Jan. 1697. zur Welt. Er war unter seinen
Brü-

Brüdern der jüngste und wurde gleich in der Jugend dem geistlichen Stande gewidmet. Er nahm den Titel eines Abts von Gesvres an und studirte in der Sorbonne, worinnen er Baccalaureus der Theologie wurde. Im Oct. 1723 erhielte er die Abtey Orcamp und 1728. ward er zum Bischoff von Beauvais ernennet, nachdem der bisherige Bischoff Franciscus Honoratus Antonius de Beauvilliers aus dem Hause der Herzoge von St. Aignan freywillig dieses Bißthum aufgegeben hatte. Er wurde in Ansehung dieses Bißthums unter die Pairs von Frankreich aufgenommen und kriegte Sitz in dem Parlamente zu Paris.

Den 5. April 1756. nahm Benedictus XIV. eine Cardinalpromotion vor, da dann der Bischoff von Beauvais einer von denen war, die damals den geistlichen Purpur erhielten. Es hieß, es sey solches auf die Nomination des so genannten Prätendentens, als vermeinten Königs von Engelland, geschehen. Herr Durini überbrachte ihm das Biret, welches ihm der König den 8 Jun. in seiner Hofcapelle zu Versailles mit den gewöhnlichen Ceremonien aufsetzte, auch ihm die Abtey St. Vincent ertheilte. Den 14. May 1758. wurde er zum Comthur des Heil. Geist Ordens creirt und kurz darauf von dem Könige befehliget, in Gesellschaft des Cardinals von Luynes zum Conclave nach Rom zu reisen, worzu er 50000. Livres zu Bestreitung der Reisekosten empfienge. Er langte im Junio daselbst an und bezog die 52ste Zelle zwischen den Cardinälen Hieronymus Colonna und Tarannes, welcher letztere aber nicht im Conclave erschiene.

Der neue Papst Clemens XIII. den er den 6. Jul. erwählen half, gab ihm nebst noch drey andern den 27sten den Cardinalshut und den 2. Aug. den Priestertitel von St. Agnes, worauf er bald hernach wieder nach Frankreich zurücke gienge und sich den 2. Febr. 1759. in der Hofkirche zu Versailles in dem Heil. Geist-Orden installiren ließ, auch im März die reiche Abtey von St. Stephan zu Caen erhielte.

J 5

Im

Im Febr. 1769. kriegte er abermal die Einladung zum Conclave, nachdem Clemens XIII. den 2. Febr. gestorben war. Das Loos hatte ihm in solchem die 3te Zelle zugetheilt, die die Cardinäle Cavalchini und Rezzonico zu Nachbarn hatte. Alleine da er bereits das 72ste Jahr seines Alters zurück gelegt hatte, erhielte er von dem Könige die Erlaubnis, zu Hause zu bleiben. Der Cardinal Leo von Gesvres, der den 11. November 1744. gestorben, ist seines Vaters Bruder gewesen.

(XVIII.)

Franciscus Conradus von Rodt,
ein Deutscher.
geb. 1706. Card. 1756.

Er ist aus einem alten Reichsritterlichen Geschlechte in Schwaben entsprossen, und hat Franz Christoph Joseph, Freyherrn von Rodt, zu Busmannshausen, zum Vater, der als Kayserl. und des Schwäbischen Krayses Generalfeldzeugmeister, auch Commendant zu Alt-Breisach, den 20. März 1743. gestorben ist. Seine Mutter, Maria Theresia Benedicta, gebohrne Freyherrin von Sickingen zu Hohenburg, brachte ihn den 10. März 1706. zu Mersburg an der Bodensee zur Welt. Er wurde zum Prälatenstande bestimmt und daher in den Wissenschaften, die dazu erfordert werden, von Jugend auf treulich unterrichtet. Nachdem er seine Studia vollendet, trat er in den Maltheserorden und ward 1728. unter die Dom- und Capitularherren zu Costniz aufgenommen, worin er bereits 1713. die Anwartschaft bekommen hatte.

Im Jahr 1739. ward er Domcustos und 1744. Domprobst daselbst. Nachdem er auch die Priesterweihe sich ertheilen lassen, kriegte er kurz nacheinander die Abtey Sixard in Ungarn, die Abtey Castel Barbato im Herzogthum Meyland und die Probstey Eißgarn in Oesterreich. Als der Bischoff Casimir Anton zu Costniz, ein gebohrner Freyherr von

Ca

Sickingen, den 30. Aug. 1750. Todes verblichen, hatte er das Glücke, den 9. Nov. an deßen Stelle zum Bischoff erwählt zu werden, wodurch er erster ausschreibender Fürst des Schwäbischen Kreyses wurde. Den 23. May 1751. ließ er sich zum Bischoff weihen, und den 12. Aug. 1753. zu Wien von dem Kayser Francisco I. über sein Reichsstift und die demselben einverleibte Abtey Reichenau durch seinen geheimen Rath, Generalvicarium und geistlichen Rathspräsidenten, Freyherrn von Teuring, die Reichslehen reichen.

Immittelst gerieth er mit den Mönchen in der Abtey Reichenau in einen schweren Proceß, weil sie die dem Bißthum Costnitz geschehene Einverleibung ihrer Abtey von neuem streitig machten, und sich deßhalben 1751. an den Reichshofrath wendeten, nachdem diese Sache fast 100. Jahre geruhet hatte. Er ließ dieserhalben im Febr. 1756. durch seinen Comitialgesandten zu Regenspurg eine Schrift unter dem Titel: Unumstößliche Säze von dem Hergange der Incorporation der Abtey Reichenau mit dem Hochstifte Costnitz, bey der Reichsversammlung bekannt machen. Die Sache lief für den Bischoff so gut, daß die Mönche den Proceß verlohren, weil sie weder am Kayserlichen, noch Päpstlichen Hofe einiges Gehöre fanden. Sie schickten zwar einen Pater nach Berlin und suchten Schutz und Hilfe bey dem Könige in Preußen. Alleine da gleich darauf der Krieg ausbrach, war ihr Bemühen nicht nur vergebens, sondern zog ihnen auch die Kayserl. Ungnade über den Hals.

Der Herr von Rodt stund überhaupt an dem Kayserlichen Hofe in solchem Ansehen, daß ihm nicht nur die Kayserin im Jun. 1755. ein Pontificalcreutz und Ring von außerordentlichen großen Smaragden, deren jeglicher mit den kostbarsten Brillanten eingefaßt war, schenkte, sondern der Kayser ihn auch zur Cardinalswürde bey dem Papste Benedicto XIV. aufs geflissenste vorschlug. Diese erhielte er auch den 5. April 1756. Der Prälate Puebla überbrachte für ihn und den zugleich creirten Cardinal von Trautson die Biretos nach Wien, worauf er sich aus seiner Bischöfflichen Residenz Mersburg dahin erhub und sich von dem Kayser den
22. Jun.

22. Jul. das Biret in der Hofkirche aufsetzen ließ. Er hatte darauf 1757. das Vergnügen, daß auf Päpstl. Befehl
die Mönche zu Reichenau in andere Benedictinerklöster ge-
steckt und dargegen andere Benedictiner an ihre Stelle eingeführt wurden, die aber viel weniger als die ersten zu ihrem
Unterhalte bekamen.

Im May 1758. wurde er zum Conclave nach Rom eingeladen, in welchem er die 29ste Zelle zwischen den Cardinälen von Luynes und Solis bekommen hatte. Er langte aber
sehr späte in demselben an, fand sich aber doch noch zu rechter Zeit ein, weil auf ihn die Vollziehung der vorhabenden
Papstwahl ankam. Sobald er den 27sten Jun. zu Rom angelangt, erhub er sich in die verschlossenen Schranken, darinnen 45. Cardinäle versammlet waren. Nachdem der Cardinal Cavalchini von dem Französischen Hofe die Ausschliessung bekommen, hatte man angefangen, an der Erhebung
des Cardinals Rezzonico zu arbeiten. Da nun der Wieneri-
sche Hof diesen Cardinal unter diejenigen gezählet hatte, mit
deren Wohl er zufrieden seyn wollte, so fiel es nicht schwer,
die Wahl des Rezzonico zu Stande zu bringen, da der Cardinal von Rodt den andern Cardinälen beystimmte. Es wurde also derselbe den 6. Jul. unter dem Namen Clemens XIII.
auf den Päpstl. Stuhl gesetzt.

Nach seiner Krönung hielte er den 27sten ein öffentliches Consistorium, darinnen er ihm den 2. Aug. den Priestertitel von St. Maria del Popolo ertheilte. Ehe er den 2.
Sept. von Rom wieder abreisete, empfieng er von dem Papste aus Dankbarkeit für seine Verdienste im Conclave ein
Wahlbreve, vermöge dessen er eine Stimme bey allen geistlichen Pfründen und Stiftern in Deutschland haben sollte, welches er sich aber eben nicht sonderlich zu Nutze gemacht hat.

Den 5. Nov. 1765. ward er von dem Kayser zum Groß-
creuz des Ungarischen St. Stephansordens ernennet. Den
25. März 1767. ließ er bey dem Kayser Joseph II. durch den
Domherrn, Baron von Reischach, die Reichslehen über seine Stiftslande in Empfang nehmen. Im Febr. 1769. wurde

de er abermal zum Conclave eingeladen, er hatte aber keine
Lust, bey so rauher Jahrszeit eine Reise dahin zu thun. Er
überließ die Wahl seinen Collegen und war zufrieden, daß der
Cardinal Ganganelli unter dem Namen Clemens XIV. den
Päpstl. Stuhl bestieg. Als die Cardinäle anfangs über der
Wahl nicht einig werden konnten, wünschten sie, daß der
Cardinal von Rodt ankommen möchte, weil sie sich erinner-
ten, daß der vorige Papst gleich nach seiner Ankunft erwäh-
let worden wäre.

(XIX.)
Franciscus de Saldanha,
ein Portugiese.
geb. 1713. Card. 1756.

Er stammte aus einem alten und vornehmen Geschlechte
her, das eigentlich seinen Sitz anfangs in Spanien gehabt, aber sich hernach nach Portugall gewendet, al-
wo es zu hohen Ehren und grossem Ansehen gelanget ist.
Wer sein Vater gewesen, hat man nicht erfahren, der Principal aber bey der Patriarchalkirche zu Lißabon, wie auch Königl. Staatsrath und gewesener Abgesandter in Frankreich,
Don Anton de Saldanha, ist sein leiblicher Bruder.

Er erblickte den 20. May 1713. das Licht der Welt und
wurde dem geistlichen Stande gewidmet, auch so erzogen,
als man glaubte, daß es zu Bildung eines grossen Präla-
rens nöthig sey. Er kriegte ein Canonicat an der hohen Patriarchalkirche zu Lißabon, die König Johannes V. mit solchen Vorzügen und Einkünften versehen hatte, daß alle, die
an derselben stunden, eine prächtige Figur machen konnten,
auch einen nahen Zutritt bey Hofe hatten. Da er sich nun
vieler vornehmen Anverwandten rühmen konnte, die bey dem
Könige in Ansehen stunden und hohe Bedienungen bekleide-
ten, so durfte man sich nicht wundern, daß er von König
Joseph I. bey dem Papste durch das so genannte Recht der
Nomination zur Cardinalswürde vorgeschlagen wurde.

Diese

Diese erhielte er auch den 5. April 1756. von Benedicto XIV. Als die Nachricht davon nach Lißabon kam, entstunde sowohl bey Hofe, als bey seiner ganzen Anverwandschaft eine grosse Freude. Der Prälate Corsini, des Cardinals dieses Namens Nepote, welcher Protector von der Krone Portugall war, überbrachte das Biret, welches ihm der König den 12. Aug. 1756. in seiner Capelle aufsetzte. Ehe der Herr Corsini nach Rom zurücke reisete, wurde er sowohl von dem neuen Cardinal, als dessen Bruder, dem Principal und Staatsrathe, mit kostbaren Jubelen beschenkt. Weil er auf mütterlicher Seite aus dem Hause Gama herstammte, ward er anfangs von einigen der Cardinal von Gama genennet, aber eigentlich führt er den Namen von Saldanha.

Der König hätte eine solche Hochachtung für ihn, daß er ihn zum Coadjutor und Nachfolger des damaligen Patriarchens zu Lißabon, Cardinals von Attalaja, ernennte und deshalben bey dem Papste um die Bestättigung anhielte, welche auch den 1. May 1757. von Rom anlangte, wodurch sein Ansehen am Hofe und im Reiche nicht wenig vermehret wurde. Den 3. May 1758. starb der Papst, worauf er nebst dem Cardinal von Attalaja die Einladung zum Conclave kriegte, wohin aber beyde nicht gekommen sind. Saldanha hatte die 32ste Zelle zwischen den Cardinälen von Cordoua und Lamberg empfangen. Der Papst Clemens XIII. wurde den 6. Jul. in der Person des Cardinals Rezzonico erwählt. Alleine ehe man zu Lißabon die Nachricht davon erhielte, starb der Cardinal Patriarche den 9. Jul. worauf der Cardinal von Saldanha ihm in der Würde eines Patriarchens folgte, aber nicht eher als im folgenden Jahre Besitz davon nahm, nachdem er den 14. Jul. 1759. in der Stadt Lißabon seinen öffentlichen Einzug gehalten und den 5. Aug. mit grossen Solennitäten sich zum Patriarchen weihen lassen.

Immittelst waren die Jesuiten in Portugall durch die im Sept. 1758. entdeckte Conspiration wider des Königs Leben in diesem Reiche in die höchste Ungnade gefallen, weil man

man sie für die geheimen Anstifter derselben hielte. Sie
hatten sich schon seit einiger Zeit am Hofe in den Verdacht
gesetzt, daß sie die Urheber von dem Aufstande der Indianer
in Paraguay gewesen und durch vielfältige Malversationes
und böse Intriguen sich des Schutzes des Königs unwürdig
gemacht. Der Hof brachte daher Benedictum XIV. noch
vor seinem Ende dahin, daß er im April 1758. ein Breve
wider diese Patres in Portugall ausfertigte, traft deſſen dem
Cardinal von Attalaja, als Patriarchen zu Elßabon, aufgetragen wurde, den Jesuiterorden im ganzen Königreiche wegen seiner üblen Aufführung zu reformiren und deshalben
alle Häuser und Collegia dieser Ordensleute zu visitiren.
Ob nun gleich sowohl der Papst, als der Cardinal-Patriar-
che, bald darauf sturben, so blieb doch diese Reformation und
Visitation, die nunmehro der neue Patriarche, Cardinal
von Saldanha, übernahm, feste gesetzt. Dieser legte nun
ihnen bey Strafe der Excommunication auf, binnen 3. Tagen eine richtige Karte von allen ihren Besitzungen, inglei-
chen eine Liste von allen ihren Capitalien, nicht weniger alle
Schlüſſel von ihren Magazinen, wie auch alle Comtoirbü-
cher, ihm oder denen in Braſilien und Indien befindlichen
subdelegirten Ministern einzuhändigen. Er untersagte ihnen
auch durch einen öffentlich angeschlagenen Hirtenbrief das
Beichthören und alle andern priesterlichen Handlungen, ent-
setzte sie auch der Direction der lateinischen Schulen.

Ehe man aber damit zu Stande kam, ward die obgedachte Conspiration, die auf das Leben sowohl des Königs,
der bereits durch einen Schuß verwundet worden, als
deßen Ministers Don Caravalho, jetzigen Marquiſens von
Pombal, abgesehen war, entdeckt. Da nun der Verdacht
sogleich auf die Jesuiten fiel, verboth ihnen der Cardinal,
aus ihren Häuſern zu gehen, worauf dieselben den 13. Dec.
mit Trouppen besetzt, ihnen ihre Schriften weggenommen,
verschiedene von ihnen in Verhaft gezogen und alle ihre Güter sequestrirt wurden. Man legte darauf aus ihren Schriften ihre bösen Grundsätze in einem Königl. Manifeste der
Welt vor Augen, und fieng den 5. Febr. 1759. an, ihre Güter, Einkünfte, Häuſer und Meublen zu confisciren und sie
end-

endlich gar im Sept. aus dem Reiche zu schaffen. Der König ließ deßhalben ein weitläuftges Schreiben an den Cardinal ergehen, worinnen von allem, was bisher mit den Jesuiten vorgegangen, ausführliche Nachricht gegeben wurde,
worauf der Cardinal von Saldanha den 5. Oct. durch ein
Mandement eben dieses der Geistlichkeit im Reiche bekannt
machte. Wegen dieser Ergebenheit vor den König wurde
er im März 1760. unter die Königl. Staatsräthe aufgenommen.

Alleine dieses scharfe Verfahren wider die Jesuiten wurde von Clemente XIII. der ein großer Patron derselben war,
so übel aufgenommen, daß beyde Höfe darüber gänzlich zer-
fielen. Der Papst übergieng auch den Portugiesischen Hof,
als er den 23. Nov. 1761. auf die Nomination der Höfe eine Cardinalpromotion vornahm. Der darauf erfolgte Krieg
mit Spanien, der aber bald wieder gestillt wurde, ließ
die Portugiesen diese Irrungen mit dem Päpstl. Stuhle etwas vergessen, sie wurden aber nach hergestelltem Frieden
bald wieder rege. Es schiene, als ob sich diese Krone
gänzlich von dem Päpstl. Stuhle trennen würde. Der Cardinal gab diese Irrungen größtentheils seinem Generalvicario
unter die Hände, weil er nicht gerne unmittelbar sich dem
Papste widersetzen wollte. Zu allem Glücke starb der heil.
Vater den 2. Febr. 1769. worauf der Cardinal von Saldanha eine Einladung zum Conclave kriegte, darinnen er die
45ste Zelle zwischen den Cardinälen Negroni und Malino betreten sollte. Ob nun wohl dem Königl. Hofe viel daran gelegen war, daß ein Papst von anderer Gesinnung, als der
verstorbene gewesen, erwählt wurde, so kriegte doch Saldanha keine Erlaubniß, nach Rom zu reisen, worzu dieser
auch selbst keine sonderliche Lust hatte.

Man verließ sich auf die Unterhandlung der Bourbonischen Höfe, die eben einen solchen Papst verlangten, wie
man in Portugall wünschte. Es glückte auch denselben, daß
sie die Wahl des Cardinals Ganganelli zu Stande brachten,
der sich Clementem XIV. nennte. Dieser war nicht nur den
Jesuiten nicht geneigt, sondern bemühete sich auch, das gute Ver-

Ver-

Vernehmen mit den Bourbonischen Höfen eben so, wie mit dem Portugiesischen Hofe, wieder herzustellen. Mit dem letztern gelunge es dem heil. Vater 1770. dergestalt, daß wieder ein Nuncius zu Lißabon angenommen wurde. Der Cardinal Saldanha hat darüber ein großes Vergnügen, weil er nicht gerne mit dem Päpstl. Stuhle in Mißverständniß leben will.

(XX.)

Carolus Rezzonico,
ein Venetianer.

geb. 1724. Card. 1758.

Dieser angesehene Cardinal hat seine Erhebung lediglich seinem Oncle, dem Cardinal Rezzonico, zu danken, der den 6. Jul. unter dem Namen Clementis XIII. den Päpstl. Stuhl bestiegen. Wäre dieses nicht geschehen, so würde er schwerlich den Cardinalspurpur erhalten haben. Das Haus, aus welchem er herstammt, ist eines der reichsten in Venedig und hat in der Handlung, die es unter dem Namen und der Aufsicht des Herrn Testori treibt, sehr große Reichthümer erworben. Sein Vater, Aurelius Rezzonico, war ein Mitglied des Senats, Procurator von St. Marco und Ritter von der goldenen Stola, und starb den 15. Nov. 1759. Er wurde den 25. Apr. 1724. zu Venedig gebohren, und auch allda erzogen. Er kam nachgehends nach Rom, wo ihn sein Vetter, der damalige Cardinal Rezzonico, der Aufsicht der Jesuiten anvertraute, unter deren Anführung er seine Studia zu Ende brachte. Den 10. April 1747. wurde der Patriarche von Aquileja, Herr Delfino, zum Cardinal creirt, da er denn die Ehre hatte, ihm das Biret zu überbringen.

Er wurde hierauf unter die Cammerclericos und Pronotarios Apostolicos aufgenommen, und hofte nunmehro stark auf die Cardinalswürde. Als nach dem Tode Benedict XIV. sein Vetter, der Cardinal Rezzonico, aus Padua,

wo er Bischoff war, den 2. Jun. 1758. nach Rom kam, um
dem Conclave beyzuwohnen, war sein Herze voller sehnlichen
Wunsches, daß derselbe den Päpstl. Stuhl besteigen möchte.
Er begleitete ihn als Conclaviste ins Conclave und lernte bey
solcher Gelegenheit die Intriguen kennen, die gemeiniglich
darinnen gespielt werden. Wie groß war nicht seine Freude,
da endlich die Wahl den 6. Jul. auf den Cardinal Rezzonico
fiel? Nun konnte er als Päpstl. Nepote sein Glücke in vol-
lem Glanze blühen sehen. Er wurde sogleich von dem neuen
Papste zum Secretario der Memoriale und den 25. Sept.
zum Cardinal creirt, wobey der Papst bezeugte, daß er ihn
schon den 11ten dieses in der Brust darzu ernennet hätte. Er
empfieng sogleich aus des Papsts Händen das Biret und den
28. Sept. den Hut, den 2. Oct. aber den Diaconattitel St.
Laurentii in Damaso, und Sitz fast in allen Congregationen.
Er wurde auch den 8. Oct. zum Vicecanzler der Kirche und
Sommista erhoben. Er nahm seine Wohnung in dem Päpstl.
Palaste und dirigirte von nun an fast alle Regierungs- und
Kirchenaffairen. Als auch Clemens XIII. eine Congregation anordnete, die die Aufsicht über die Verwaltung der Finanzen und Einkünfte der Apostolischen Cammer führen soll-
te, ward er zu einem Mitgliede derselben ernennet.

Im Jan. 1759. ward er Protector des Malteseror-
dens und im Jul. ein Mitglied von der ausserordentlichen
Congregation, die wegen des widrigen Schicksals der Jesuiten in Portugall angeordnet wurde. Ueberhaupt war er derjenige, der nebst dem Päpstl. Staatssecretario. Cardinal Torreggiani, fast den ganzen Päpstl. Hof und selbst das Gemüthe
des Papsts regierte, und sonderlich den Jesuiterorden und
die vermeinten Rechte des Päpstl. Stuhls, die sich auf die
Bulla in cœna Domini gründen, stark unterstützten, daher
er zu allen ausserordentlichen Congregationen gezogen wurde.
Im Jahr 1761. erhielte er die Protection von der Caßini-
schen Congregation der Benedictiner und 1763. von dem
Deutschen und Ungarischen Collegio. Im März 1763. trat
er dem Cardinal von York die Stelle eines Vicecanzlers ab
und

und ward dargegen Cämmerer der Römischen Kirche, welches eine von den wichtigsten Bedienungen des Römischen Hofs ist. Er nahm zu gleicher Zeit den Priestertitel St. Clementis an.

Immittelst entstunden wegen des Jesuiterordens und des Excommunicationsbreve wider Parma zwischen dem Päpstl. Stuhle und den Bourbonischen Höfen die größten Mißhelligkeiten, so, daß darüber sowohl die Stadt und Grafschaft Avignon, als auch die Stadt Benevento dem Papste entzogen wurden. Zu allen diesen Irrungen gaben die Cardinäle Rezzonico und Torreggiani den meisten Anlaß, weil sie nach ihren Grundsätzen den Papst hinderten, den Vorschlägen der gedachten Höfe Gehöre zu geben, um dadurch das gute Vernehmen mit denselben wieder herzustellen. Hierüber starb der Papst den 2. Febr. 1769. Es geschahe dieser Todesfall sehr unvermuthet. Der Cardinal Rezzonico hatte ihn noch den Abend vorher frisch und gesund verlassen. Er war kaum eingeschlaffen, so wurde er aufgeweckt und ihm der Tod des Papsts berichtet. Er schrieb sogleich ein Briefgen an den Cardinaldecanum Cavalchini und eilte nach den Päpstl. Zimmern, worinnen er alles in der größten Bestürzung und Unordnung antraf. Er verrichtete darauf als Cämmerer der Kirche alle die Functiones, die ihm in solchem Fall oblagen und zerbrach den sogenannten Fischerring, verlohr aber n nmehro mit dem Leben des Papsts alle seine bisherige Auctorität am Römischen Hofe.

Als von den Cardinälen nach dem Gelde gefragt wurde, das aus dem Sixtinischen Schatze genommen worden, bezeugete er, daß eine Summa von 300000. Zechinen an baarem Gelde und eben so viel an Wechselverschreibungen bereit liege. Er gestund auch, daß das Geld, das gemeiniglich ein Conclave kostet und über 100000. Scudi beträgt, vorhanden sey. An den Senat zu Venedig berichtete er in einem besondern Schreiben den Hintritt des Papsts und erhielte darauf die allerhöflichste Antwort. Er betrat mit den andern

anw

anwesenden Cardinälen den 15. Febr. das Conclave, worinnen er durchs Loos die 4te Zelle bekommen, wo er die Cardinäle von Gesvres und Guglielmi neben sich hatte.

Ihm war viel daran gelegen, einen solchen Papst auf den Apostolischen Stuhl zu befördern, der von eben der Meinung des vorigen wäre. Er trachtete sonderlich einen von seinen Creaturen zu erheben, erzeigte sich aber anfangs ganz unpartheyisch und wollte keinen vor den Kopf stoßen. Er glaubte, es sey noch nicht Zeit, einen vorzuschlagen, vielweniger denjenigen, den er im Sinn hatte. Auf diese Weise gieng es bis in den Monat März sehr ruhig im Conclave zu. Es wurden die Scrutinia gleichsam nur im Scherz gehalten, weil diejenigen, welche Stimmen kriegten, niemals im Ernste gemeint wurden. Endlich fieng Rezzonico an, das Haupt von einer besondern Parthey zu werden. Er spielte seine Rolle sehr gut und da er sich gegen alle gleichgültig stellte, wurde er von allen geehrt; jedoch bemerkte man an ihm einen Widerwillen gegen den Fantuzzi, Guglielmi und Ganganelli, dargegen aber eine besondere Neigung gegen den Chigi, der ein Schwager des Fürstens von Piombino war, dessen Tochter sein Bruder, der Senator, zur Gemahlin hatte. Wäre er dem Fantuzzi geneigter gewesen, würde dieser ohnfehlbar Papst worden seyn. Denn er hatte einsmals 25. Stimmen beysammen; aber diese verminderten sich gleich den folgenden Tag, da sich Rezzonico ihm offenbar widersetzte. Es verdroß ihn sonderlich, daß Fantuzzi bey der Beerdigung seines Oheims nicht erschienen, auch beständig einen Widerwillen gegen die Handlungen Elementis XIII. der doch sein Beförderer gewesen, und gegen den Jesuiterorden zu erkennen gegeben.

Man beschloß in einer Berathschlagung, die bey dem Cavalchini gehalten wurde, den Rezzonico zu bitten, daß er zwey Subjecta vorschlüge, welche er für die tauglichsten hielte. Er entschuldigte sich aber und bezeugte gegen alle eine gleiche Hochachtung. Den 16. May vereinigten sich die Cardinäle von Bernis und Joh. Fr. Albani mit einander und wür-

wurden schlüßig, den Cardinal Ganganelli zur Päpstl. Würde zu erheben. Als man nun schon eine große Anzahl Stimmen für ihm gesammlet, fand sich Joh. Franz Albani den
17. May bey ihm ein und suchte ihn zum Beytritt seiner Parthey zu bereden, welches er aber abschlug. Man verabre-
dete, daß man in der Zelle des Pozzobonelli zusammen kommen und allda die Sache zu Ende bringen wollte. Die bestimmte Stunde verstrich, und es wurde 1. Uhr des
Nachts. Alleine Rezzonico erschien nicht. Man suchte ihn
überall und fand ihn endlich in seiner Zelle bethend. Man
führte ihn an den bestimmten Ort und fragte ihn sehr ernstlich,
ob er gesonnen sey, den Ganganelli seine Stimme zu geben.
Er bath sich darauf Bedenkzeit aus und schützte für, er müßte seine Creaturen erst Mann für Mann ausforschen; man
könnte ja die Kundmachung auf den nächsten Sonntag ver-
schieben. Nein, sagten die fremden Cardinäle, wollen sie nicht
einwilligen, so wird man doch den Papst ohne ihr Zuthun erwählen, und kömmt die Wahl dieses Cardinals nicht zu Stande, so wird man den Papst aus dem alten Collegio nehmen.
Die Gesellschaft trennte sich, Albani aber begab sich gleich
zu dem Torreggiani und stellte ihm die gefährlichen Folgen
eines längern Aufschubs für. Torreggiani nahm es auf sich,
den Rezzonico zu überreden, daß er in den Ganganelli willigte, weil er ihm beständig versprochen, auf jede von seinen
Creaturen mit einzustimmen. Hierdurch kam es endlich so
weit, daß den 18ten die Häupter der Partheyen sich mit ihren Anhängern in der Zelle des Ganganelli einfanden und
ihm die Hand küßten. Rezzonico fand sich zuletzt mit den
Seinigen auch ein. Den 19. May ward die Wahl einmüthig vollzogen.

Der Cardinal Rezzonico hat in diesem Conclave eine Geschicklichkeit gezeigt, die man von ihm wegen seiner Jugend
nicht erwartet hätte. Er ist andächtig, ein Gönner der Jesuiten, ein Beförderer der Nachtmalsbulla und ein Eiferer für
den Päpstl. Stuhl und Hof. Wenn er auch Schätze gesammlet, so ist dieses eine Art aller Nepoten; und man mag den
Nepotismum ansehen, wie man will, so scheint er doch für
die weltlichen Mächte nützlich zu seyn. Ueberhaupt zu sa-

K 3   gen,

gen, so ist Rezzonico ein Cardinal, von welchem Rom wegen seines Geldes und seiner natürlich angenehmen Art zu handeln vielen Nutzen ziehen kann.

(XXI.)
Antonius Marinus Priuli,
ein Venetianer.
geb. 1707. Card. 1758.

Dieser Cardinal stammt aus einem sehr alten Venetianischen Geschlechte her, aus welchem schon viele Cardinäle und andere vornehme Prälaten und wohlverdiente Männer des Staats, auch selbst etliche Venetianische Herzoge entsprossen sind. Er ward den 25. Aug. 1707. zu Venedig gebohren und standesmäßig erzogen. Den 19. Dec. 1738. ward er zum Bischoff von Vicenza eingesetzt, auch den 18. Jan. 1739. zu einem der asistirenden Bischöffe des Päpstl. Throns ernennet. Er hatte einen guten Freund und Landsmann an dem Cardinal Rezzonico, Bischoffe zu Padua. Als nun dieser den 6. Jul. 1758. unter dem Namen Clementis XIII. auf den Päpstl. Stuhl gesetzt wurde, ertheilte er ihm aus alter Bekanntschaft den 2. Oct. eben dieses Jahrs die Cardinalswürde. Herr Felix Savorgnano überbrachte ihm das Biret, welches ihm in seiner Cathedralkirche aufgesetzt wurde.

Im May 1759. kam er selbst nach Rom, wo er den 27sten seinen öffentlichen Einzug hielte und hernach den Cardinalshut empfienge. Den 13. Jul. kriegte er den Priestertitel St. Mariä in Pace, den er 1758. mit dem von St. Marco vertauscht, worauf er nach seinem Bißthum zurücke kehrte. Im Febr. 1764. kriegte er die Abtey St. Euphemiä zu Treviso und im April 1767. das Bißthum Padua, das der Cardinal Veronese besessen hatte.

Im März 1769. kam er wieder nach Rom, um dem Conclave beyzuwohnen. Er empfieng in solchem die 15te Zelle, die die Cardinäle della Cerda und Pamfili zu Nachbarn hatte.

ze. Die Republick hatte ihm die geheimen Verhaltungsbefehle anvertrauet, mit welchen er den Absichten der Bourbonischen Höfe beytrat. Sein Eintritt ins Conclave geschahe in Gesellschaft der Cardinäle Spinola und Malvezzi, wobey sie die Ehre hatten, daß der Kayser selbst und deßen Bruder, der Großherzog von Toscana, Zuschauer von ihrer Aufnahme in demselben abgaben. Er half die Parthey der Höfe verstärken, welche, da sich der Malvezzi darzu schlug, den andern Partheyen die Wage hielten. Man konnte sie vor die klügste in dem damaligen Conclave halten, weil bey derselbigen sich Cardinäle befanden, die vor andern den Geist der Intriguen vollkommen kannten.

Der Cardinal Priuli selbst giebt wenig Anlaß, viel von sich zu reden, weil er einen stillen Wandel führt und sich niemals mit politischen Affairen beschäftiget hat.

(XXII.)
Franciscus Joachim de Bernis,
ein Franzose.
geb. 1715. Card. 1758.

Er ist, seiner Herkunft nach, aus einem unbekannten Geschlechte zu Pont St. Esprit, einer kleinen Stadt in Languedoc an der Gränze von Venaisin, entsprossen und hat den 22. May 1715. das Licht der Welt erblickt. Seine Eltern sind unbekannt, sein gutes Glücke aber führte ihn jung nach Paris, wo er einen Petit Maitre abgab und sich durch seine Galanterien solche Kunden verschafte, daß, da er nicht viel zu leben hatte, er durch die Freygebigkeit des Frauenzimmers, das ihn nach seinem Geschmack fand, mit Nahrung und Kleidern versehen wurde. Er war wohlgebildet und im Umgange von einer sehr gefälligen und einnehmenden Art. In der Kunst sich bey den Damen beliebt zu machen, war er ein Meister, und da es ihm an Witz und guten Einfällen nicht fehlte, war er in allen Gesellschaften angenehm. Er besaß die Geschicklichkeit, mit einer besondern Leichtigkeit Verse zu

machen;

machen; doch hatten seine Gedichte gemeiniglich die Galanterie zum Zwecke.

Dieses brachte ihn in die Bekanntschaft der Madame d'Estioles, Gemahlin des Herrn le Normant d'Estiolles, welcher in seinem Hause die beste und vornehmste Gesellschaft hielte, die durch die Reitzungen und Artigkeit der Frau vom Hause am meisten belebt wurde. Unter vielen andern Personen, die dahin gezogen wurden, befand sich auch der Abt von Bernis, wie er sich damals nennte, der als ein Adonis seiner Zeit mit seiner schönen Gestalt Parade machte, und durch sein gefälliges Betragen sich des Herzens dieser Dame zu bemeistern suchte. Da er sich nun damals schon durch einige kleine Gedichte bekannt machte, so waren die meisten zum Lobe seiner schönen Madame d'Estioles abgefaßt. Er brachte es auch wirklich dahin, daß sie Liebe zu ihm faßte, und ihn gerne um sich leiden konnte. Ob sie es nun gleich nicht für dienlich hielte, ihm auf die Art, wie er es verlangte, zu willfahren, so behielte sie doch ein so dankbares Andenken von seiner Beflissenheit, sich ihrer Liebe theilhaftig zu machen, daß, da sie nicht lange hernach in die Gunst des Königs kam und den Titel einer Marquisin von Pompadour erhielte, sie alsbald anfieng, an seiner Erhebung zu arbeiten und ihm durch schnelle Stuffen zu den höchsten Ehrenstellen zu verhelfen.

Er bekam durch ihre Vermittelung eine Domherrnstelle zu Lion, in welcher Qualität er den Titel eines Grafens von Lion annahm. Er ward auch 1752. zum Französischen Gesandten zu Venedig ernennet, in welcher prächtigen Stadt er im Oct. anlangte. Ihr Absehen war, daß, weil er bisher mehr den Ovidium, als den Grotium und Pufendorf gelesen, er sich in der Staatskunst üben und dadurch sich zu größern Bedienungen geschickt machen sollte. Alleine man glaubet, daß er sich nach seinem verliebten Naturell mehr um das Venetianische Frauenzimmer, als um die Staatssachen bekümmert, und deßhalben verschiedene nicht allzu rühmliche Avanturen gehabt habe.

Als

Als ihn nun die Marquisin von Pompadour zu ihren
Absichten reif genug hielte, ließ sie ihn wieder zurücke ruffen,
nachdem er durch ihren Vorschub die einträgliche Abtey St.
Arnoult zu Metz bekommen hatte. Es geschahe dieses 1755.
da er über Colorno, wo er sich einige Zeit an dem Parmesanischen Hofe aufgehalten, zu Anfang des Junii wieder zu
Paris und bey Hofe sich einfand und zum wirklichen Staatsrathe ernennet wurde. Man bestimmte ihn hierauf zum Ambassadeur am Spanischen Hofe, wohin auch bereits im März
1756. ein Theil von seiner Bagage mit einigen Bedienten
abgienge; alleine seine Absendung gieng zurücke, weil er zu
einem Staatsminister ausersehen wurde, und bereits mit dem
Herrn Rouille, der damals das Departement der auswärtigen Affairen dirigirte, in dem Cabinet arbeiten helfen mußte; wie er denn nebst demselben den 1. May 1756. sowohl
die bekannte Convention mit dem Wienerischen Hofe, als auch
den besondern Freundschafts-und Unionstractat mit der Königin von Ungarn zu Versailles schließen und unterzeichnen
half. Er sollte darauf als Ambassadeur nach Wien gehen,
welches aber ebenfalls unterblieb, dargegen er den 2. Jan.
1757. als ein wirkliches Mitglied in den Königl. Staats-und
Cabinetsrath eingeführt, auch im Jun. eben dieses Jahrs an
des Herrn Rouille Stelle, der solche Bedienung niederlegen
müssen, zum wirklichen Staatssecretair in dem Departement
der auswärtigen Affairen ernennet wurde.

Alles dieses rührte von der Gunst und dem Vorspruche
der Marquisin von Pompadour her, die ihn aus dem Staube erhoben und nun mit allen Arten von Gunstbezeigungen
überhäufte, auch, nachdem sie ihm Jahrgelder, Pfründen
und Ehrenstellen verschaft, mit ansehnlichen Summen Geld
beschenkte und ihn dadurch in den Stand setzte, sich herrlich
und prächtig aufzuführen und noch viele alte Schulden, die
er ehedessen in seinen dürftigen Umständen gemacht, zu be-
zahlen. Er kriegte seine Wohnung in dem Königl. Schloße
zu Versailles und schafte sich auf einmal für 100000. Livres
Silbergeschirre an. Er erschien nunmehro in einer Pracht,
die beynahe der Prinzen vom Geblüte ihre übertraf.

Alleine

Alleine das Volk murrete über den neuen Minister, und die Großen sahen ihn mit neidischen und verächtlichen Augen an. Nur die Marquisin von Pompadour ergötzte sich an dem Schimmer ihres neuen Geschöpfs und war bedacht, ihn immer noch größer zu machen. Durch die Commende des Heil. Geistordens, womit er den 2. Febr. 1758. beehret und den 14. May eben dieses Jahrs darin installirt wurde, kriegte er das blaue Band, welches ihn in den Augen seiner Beschützerin noch angenehmer machte. Ihre Zuneigung gegen seine Person bewog sie, oftmals den besten Theil des Tages, auch wohl bißweilen den besten Theil der Nacht in seiner Gesellschaft zuzubringen. Ob sie ihn gleich noch nicht für den Mann ansahe, der den Staatsaffairen gewachsen wäre, weil sie sowohl seine wenige Erfahrung, als auch seinen flüchtigen und wollüstigen Geist, der zu ernsthaften Geschäften nicht aufgelegt war, gar wohl kannte, so bildete sie sich doch ein, daß er bey Fortsetzung seiner Staatsverwaltung, die sie ihm in die Hände gegeben, keinen Schritt thun würde, ohne sie vorher erst deßwegen zu Rathe zu ziehen.

Damit aber sein glänzendes Ansehen denen am Hofe der Kowentiger übertrieben scheinen möchte, entschloß sie sich, ihn zur Cardinalswürde zu befördern, und dadurch den Größten des Hofs gleich zu machen, nachdem sie ihm die reiche Abtey Trois Fontaines, gleichwie vorher die Abtey St. Medard zu Soißons, zugewendet. Sie nahm sich diese Erhebung schon vor, als Benedictus XIV. noch auf dem Päpstlichen Stuhle saß. Alleine dieser starb, ehe noch etwas davon bey ihm angebracht worden. Es mußte also diese Sache ausgesetzt bleiben, bis ein neuer Papst erwählet worden. Dieses war Clemens XIII. der den 6. Jul. den Apostolischen Stuhl bestieg. Er stellte sich anfangs gewissenhafter an, als sein Vorfahrer, daher die Marquisin anfänglich befürchtete, sie möchte mit den Vorstellungen, die der König wegen der Erhebung des Abts von Bernis bey Sr. Heiligkeit thun sollte, nichts ausrichten. Alleine das wunderthätige Metall, das die stärkste Riegel zerbricht und in der Welt alles möglich macht, wurde in solcher Menge nach Rom geschickt,

schickt, daß der Abt von Bernis den 2. Oct. 1758. wirklich
zum Cardinal creirt wurde.

Der Prälat, Johann Archinto, überbrachte vor ihm
das Biret, welches ihm der König den 30. Oct. in der Hofcapelle zu Versailles mit den gewöhnlichen Ceremonien aufsetzte, worauf er sich in dem völligen Cardinalshabite zu dem
Könige, der in sein Cabinet zurücke gekehrt war, verfügte, um sich bey Sr. Majestät zu bedanken. Er wurde alsdenn auch bey der Königin zur Audienz geführt, wo man
ihn auf ein Tabouret setzen ließ. Er hatte hernach auch bey
der ganzen Königl. Familie Audienz. Niemand aber war
mehr über seiner Erhebung entzückt, als die Marquisin von
Pompadour. Sein Purpur warf einen neuen Glanz von
sich, der das Herze dieser Dame noch mehr entzündete. Ihr
Vergnügen äußerte sich in den öffentlichen Lustbarkeiten, die
sie beyde wechselsweise wegen deßen erwünschten Erhebung
zur Cardinalswürde anstellten. Es wurden sogar Bälle in
Masquen gegeben, denen sie beyde verkleideter Weise beywohnten. Sie kamen in geheim täglich zusammen, entweder
ihr eine Nachricht von den Geschäften zu geben, die er unter seinen Händen hatte, oder sich die Zeit mit einander auf
eine angenehme Weise zu vertreiben.

Alleine da man am gewissesten glaubte, in der Person
des Cardinals von Bernis einen andern Richelieu oder Fleu-
ry zu erblicken, hatte sein bisheriges hohes Ansehen am Königl. Hofe auf einmal ein Ende. Es war hieran nicht sowohl seine Ungeschicklichkeit, den Geschäften vorzustehen,
als vielmehr die Ungunst der Königl. Maitreße, darein er
fiel, Ursache. Die Dame, die ihn groß gemacht, suchte
ihn nunmehro auch wieder klein zu machen. Der neue
Cardinal, der ihrer Person überdrüßig worden, ob er ihr
gleich bisher als einer Göttin begegnet, fieng an, nicht nur
eine große Kaltsinnigkeit gegen sie zu bezeigen, sondern
faßte auch den Vorsatz, sie zu stürzen, um sie auf einmal
los zu werden. Er ließ sich deßhalben in eine Verbindung
wider sie ein und verabsäumte keine Mittel, sie bey dem Könige in Ungnade zu bringen. Alleine da der Monarche
noch

noch nicht aufgehört hatte, sie zu lieben, ob er sich gleich ei-
nigermassen von ihr abgesondert hatte, gab er der Marquisin von dem ganzen Anschlage, der wider sie gemacht worden, Nachricht und nannte ihr alle diejenigen, die daran
Theil hatten, an denen sie sich alsbald zu rächen wußte.

Nur mit dem Cardinal hielte sie etwas an sich, ob sie
gleich über dessen Treulosigkeit eben so erzürnt als erstaunt
war. Sie vermeinte, ihn durch nachdrückliche Vorstellungen wieder zurücke zu bringen. Sie eilte daher augenblick-
lich nach seinem Zimmer, muste aber, weil er sich verläugnen
ließ, wieder umkehren. Jedoch sie kam den folgenden Tag
wieder und ließ sich mit ihm in einen scharfen Wortwechsel
ein, wobey sie unter andern sich also ausgedruckt haben soll:
„ Ungeachtet Eurer Unwissenheit und Unfähigkeit, ja, un-
„ geachtet der Verachtung selbst, welche Jedermann gegen
„ Euch hat, habe ich Euch doch, so ein kleiner elender
„ Wurm Ihr auch waret, und zwar durch einen unbe-
„ greiflichen schnellen Fortgang aus dem Staube zu dem
„ Range eines Gesandten und Staatsbedienten erhoben;
„ ich habe einen Haufen Geld auf Eure unwürdige Person
„ verschwendet; ja Euch eben jetzo zu einen Cardinal ge-
„ macht; und Ihr wollet mich nunmehro zur Belohnung
„ dieser Dienste zu Grunde richten. „

Der Cardinal, der aus dieser heftigen Rede schloß, daß
die Marquisin schon auf dem Puncte stünde, verbannet zu
werden, nahm ein ernsthaftes Gesichte an und antwortete
ihr in dem Thone eines Staatsministers ohngefähr also:
„ Madame, ich weis gar wohl, was ich Ihnen zu danken
„ habe und bin nicht unempfindlich dabey; ich werde auch
„ niemals unterlassen, mich Ihrer Gewogenheit zu erinnern;
„ alleine vermöge des mir anvertrauten Amts, worein Sie
„ mich gesetzt haben, ist es meine Pflicht und Schuldigkeit,
„ daß ich das Beste meines Königs und des Reichs einer je-
„ den andern Betrachtung vorziehe, sie sey auch welche es
„ wolle. „

Hiermit war der Fall des Cardinals feste gesetzt. Er
mußte im Nov. 1758. die Bedienung eines Staatsministers
in dem Departement der ausländischen Affairen niederlegen,
behielte aber noch den Platz in dem Königlichen Cabinetsra=
the. An seine Stelle wurde der Königl. Gesandte am Kai=
serlichen Hofe, Herzog von Choiseul, ernennet. Als dieser
von Wien zurücke kam und den Eid in des Königs Hände
zu Versailles abgelegt hatte, gab er den 5. Dec. in seinem
Palaste zu Paris den Gesandten Audienz, die ihm der Car=
dinal von Bernis, der deßwegen von Versailles nach Paris
gekommen, dem neuen Minister vorstellte. Er gedachte in
Gemeinschaft des Herzogs von Choiseul, der unter ihm ar=
beiten sollte, dieses Departement im Staatscabinet zu behal=
ten. Alleine er war nicht lange wieder nach Versailles zu=
rücke gekommen, so wurde ihm den 13. Dec. die völlige Kö=
nigl. Ungnade angekündiget und ihm eine von seinen Abteyen
zum Exilio angewiesen. Die Erlassung seiner Dienste ge=
schahe durch ein Billet des Königs, das also lautete: "Weil
„ das Wohl meiner Staaten erfordert, daß Ihr Euch entfer=
„ net, so schreibe ich Euch diesen Brief, um Euch zu befehlen,
„ daß Ihr Euch auf einige Zeit nach einer von Euern Abteyen,
„ welche ihr selbst erwählen könnet, begebet. „ Er wendete
sich hierauf nach seiner Abtey St. Medard zu Soißons, bey
welcher Stadt er ein schönes Landhaus hat, das Vis- sur Aisne
heißet. Er gieng gleich den folgenden Tag von Paris dahin
ab und hielte sich etliche Jahre daselbst auf. Es befiel ihn
nicht lange nach seiner Ankunft allda eine Unpäßlichkeit, die
den König, da er sie vernahm, bewog, an ihn zu schreiben
und ihm die Wahrnehmung seiner Gesundheit zu empfehlen.

Im Sept. 1760. ließ er sich von dem Erzbischoff von
Rouen zum Priester weihen, er blieb aber immer noch in sei=
ner Abtey und schiene in Frankreich ganz in Vergessenheit
gekommen zu seyn, als er im Jan. 1764. unvermuthet die
Königl. Erlaubniß erhielte, den Ort seines Exilii zu verlas=
sen und sich wieder bey Hofe einzufinden. Er langte darauf
den 9. Jan. zu Versailles an, wo er von dem Könige und
dem ganzen Königl. Hause aufs gnädigste empfangen wur=
de. Er hatte diese Gnade keinesweges der Marquisin von
Pom=

Pompadour zu danken, als die von ihm nichts mehr hören
wollte: wie sie denn auch nicht lange hernach, nämlich den
25. April Todes verbliche, sondern der Herzog von Choiseul,
damaliger vornehmster Minister am Königl. Hofe, war es,
der ihn wieder an den Hof brachte. Er sollte als ausseror-
dentlicher Ambassadeur dem Pohlnischen Wahltage beywoh-
nen, welches aber unterblieb. Er kriegte vielmehr im May
dieses Jahrs das Erzbißthum zu Alben, weßhalben er den 9.
Aug. in die Hände des Königs den Eid der Treue ablegte.
Er hielte sich hierauf fleißig zu Alben auf und that den Armen viel zu gute, sonderlich 1767. da die Ueberschwemmun-
gen in derselben Gegend großen Schaden gethan hatten. Er
schränkte deßhalben zu Anfang dieses Jahrs allen überflüßigen
Staat und seine Tafel ein, um den Dürftigen in der Stadt
und auf dem Lande desto beßer unter die Arme greiffen zu
können.

Den 2. Febr. 1769. starb Papst Clemens XIII. worauf
er zum Conclave eingeladen wurde. Er kriegte vom Hofe
Befehl, sich nebst den Cardinälen von Luynes und Choiseul
dahin zu begeben, nachdem die andern Französischen Cardinäle ihres hohen Alters halben Erlaubniß bekommen, zu Hause zu bleiben. Er säumte sich nicht, seine Reise nach Rom
anzutretten und langte den 25. März glücklich daselbst an.
Den 28ten betrat er das Conclave, worinnen er die 36ste
Zelle bezog, die die Cardinäle von Cordoua und Andr. Corsini zu Nachbarn hatte. Es waren schon viele Intriguen zu
Erhebung des Chigi, des Fantuzzi und anderer Cardinäle
gespielt worden, die ihm alle nicht anstunden. Der Cardinal
von Luynes hatte als der älteste die geheimen Verhaltungsbefehle vom Hofe, der Cardinal von Bernis aber mußte dieselben zu vollziehen suchen, weil er beßer als jener zu den Intriguen geschickt war. Er wurde das Haupt der Französischen Parthey und spielte seine Rolle ungemein gut. Er wollte von keinem andern Cardinale hören, als der ein Feind der
Jesuiten sey, und der Congregation, worinnen das Breve
wider den Herzog von Parma geschmiedet worden, beyge-
wohnt hatte. Diesen allen gab er gewißermaßen die sogenannte Exclusivam oder Ausschließung. Eine solche dreuste
Art aber setzte die meisten Cardinäle in Erstaunen, und das
ganze

ganze Conclave geriethe darüber in große Unruhe. Hat doch,
sagten sie, der allerchristlichste König nur eine, nicht
aber eilf ausschließende Stimmen! Das Scrutinium, das
damals gehalten wurde, zerschlug sich. Alle waren mißvergnügt, und Bernis hatte die Nacht über genug zu arbeiten,
daß er die beunruhigten Gemüther wieder besänftigte.

Seine Absichten waren gleich anfangs auf den Cardinal
Ganganelli gerichtet, es hielte ihm aber der Stoppani so stark
die Wage, daß er mit denselben nicht durchdringen konnte.
Kurz darauf breitete sich ein neues Gewölke über das Conclave aus, da Bernis und Luynes den Cardinälen eine Schrift
zur Unterzeichnung vorlegten, daß derjenige, welcher zum
Papst erwählt werden würde, den Jesuiterorden aufheben,
das Breve wider Parma zurücke nehmen und den Herzog
für souverain erklären sollte. Die Cardinäle weigerten sich
dieses zu thun, und wollten durchaus nicht die Macht eines
Papsts so gar sehr einschränken lassen. Sie sagten sich lieber
von aller Hoffnung zur Päpstl. Würde loß. Die Französischen Cardinäle mußten daher von diesem Ansinnen abstehen
und die obigen Forderungen der Gesinnung des zukünftigen
Papsts überlassen.

Die Partheyen hielten indessen einander immer noch die
Wage, und man brachte bald diesen bald jenen Cardinal in
Vorschlag. Der Cardinal von Bernis machte hierbey seinen
Mitbrüdern bange. Meine Herren! sprach er, wir werden
hier viele Jahre eingeschloßen bleiben, wenn wir uns
nicht nach dem Sinn meines Königs bequemen. Endlich
hielten die Französischen und Spanischen Cardinäle bey dem alten Cavalchini eine ernstliche Berathschlagung, zu welcher auch
Pozzobonelli und Sersale gezogen wurden. In dieser Conferenz
zeichneten sie fünf Cardinäle aus, die man vor andern für
wahlfähig hielte, worunter Ganganelli der erste war, an dessen Erhebung hernach Bernis so stark arbeitete, daß sie den
19. May wirklich zu Stande kam. Er nahm den Namen
Clemens XIV. an und schien der Mann zu seyn, der die Irrungen mit den Catholischen Höfen auf eine kluge Art glücklich beylegen würde.

Nach geschehener Krönung ertheilte ihm der neue Papst
nebst noch einigen andern Cardinälen, die jetzt zum erstenmale in ihrer Würde sich zu Rom befanden, den Cardinalshut

hut und einige Zeit darauf den Priestertitel St. Sylvestri in
Capite, nachdem er den Diaconattitel abgelegt hatte. Er be=
gehrte weiter in keiner Congregation Sitz zu haben, als in der
von dem Consistorio und den Ceremonien. Da auch der bis=
herige Französische Abgesandte, Marquis von Aubeterre, nach
Hofe beruffen wurde, blieb der Cardinal von Bernis als
Französischer Minister an deßen statt zu Rom, und erwarb
sich gar bald durch sein uneigennütziges und großmüthiges Be=
tragen viele Liebe und Hochachtung. Er hielte eine sehr prächti=
ge Tafel, zu welcher täglich 25. bis 30. Personen gezogen wurden.

Mit den andern Ministern der Bourbonischen Höfe
hielte er fleißig Unterredung und lag dem Papste stets in den
Ohren, wegen Aufhebung des Jesuiterordens und Widerruf=
fung des Breve wider Parma einen gewißen Entschluß zu
faßen. Aber der schlaue Papst spielte die Sache immer auf
die lange Bank und wollte sich nicht übereilen. Man sahe
daher den Pasquin zu Rom mit einem Blate in der Hand,
worauf der Papst in einer Wiege liegend gemacht war, den
der Cardinal von Bernis mit allen Leibeskräften wiegete. Oben
drüber lase man diese Worte : Er mag mich wiegen, so
lange er will, so wird er mich doch nicht einschläfern.

Der Cardinal von Bernis scheint nunmehro, da er ein
Herr von 57. Jahren ist, die Hörner ziemlich abgestoßen zu
haben. In dem letztern Conclave hat er viele Fähigkeit ge=
zeigt, einen Staatsminister abzugeben. Seine Eigenschaf=
ten, die sonst im Dunkeln gelegen, klären sich auf, und so
verächtlich ehedeßen, da er noch in den Liebesseilen der Ma=
dame von Pompadour verstrickt war, von seinen Qualitäten
gesprochen wurde, sowohl urtheilt man jetzo von denselben.
Er hat eine vortheilhaftige Gesichtsbildung und ist ungemein
höflich und leutselig. Von seiner Erkänntniß in den gelehrten
Wissenschaften zeigen seine im Druck erschienenen *Oeuvres
melées*, die von seiner Fähigkeit in der Dichtkunst und andern
schönen Wissenschaften ein Zeugniß ablegen; wie er denn auch
schon vor vielen Jahren als ein schöner Geist unter die Mitglie=
der der *Academie Françoise*, und den 25. Jan. 1771. unter
die Ehrenmitglieder der Academie der Inschriften und schö=
nen Wissenschaften aufgenommen worden.

(XXIII.) *)

Hieronymus Spinola,
ein Genueser.

geb. 1713. Card. 1759.

Er stammt aus dem alten und berühmten Geschlechte von Spinola her, das der Welt schon so viele Cardinäle und andere berühmte Männer gegeben, und hat den 15. Oct. 1713. das Licht der Welt erblickt. Er wendete sich jung nach Rom, wo er sich zu einem Prälaten zubereiten ließ. Im Jahr 1738. ward er Vice-Legate zu Bologna, und 1746. Nuncius zu Cölln, wobey er zum Erzbischof von Laodicäa ernennet wurde. Im April 1754. lösete er den Herrn Acciajoli in der Nunciatur in der Schweitz ab. Jedoch, da der Nuncius Caraccioli den 6 Aug. zu Madrit Todes verbliche, wurde er den 2 Oct. an dessen Stelle zum Nuncio am Spanischen Hofe ernennet: langte aber erst im May 1755. an demselben an, und hielte den 21. Sept. zu Madrit seinen öffentlichen Einzug.

Im März 1759. erhielte er von dem Pabst Clemente XIII. ein Breve, darinnen ihm aufgetragen wurde, eine genaue Untersuchung wegen der, wider die Jesuiten zu Madrit und an andern Orten in Spanien herausgekommenen Schmähschriften anzustellen, und deren Urheber ausfindig zu machen. Er übergab darauf das Päpstl. Breve dem Königl. Rathe und dem Generalinquisitori, worauf eine Untersuchung angestellt, und verschiedene dergleichen Schriften zu Madrit durch den Scharfrichter verbrannt wurden.

IV. Theil.   L   Den

---

*) Ich habe zwar oben p. 44. versprochen, die jetzt lebende Cardinäle von No. XXIII. an in die andere Helfte dieses vierten Theils der gegenwärtigen Cardinalsgeschichte zu bringen: befinde aber vor bequemer, dieselben in der angeführten Ordnung dieser ersten Helfte einzuverleiben. Ihre Geschichte gehet bis auf den 1. Jan. 1772.

Den 24. Sept. eben dieses Jahrs erhielte er die Cardinalswürde. Der Prälat, Franciscus Viviani überbrachte ihm das Biret, welches ihm der König aufsetzte. Er wurde darauf zurücke beruffen, und durch den Herrn Pallavicini abgelöset. Er nahm seine Rückreise über Genua. Da nun eben damals der Papst mit der Republik wegen des nach Corsica abgesendeten Apostolischen Visitatoris, Bischofs von Segni, in große Zwistigkeiten gerathen, erboth sich der neue Cardinal in einem Schreiben, diese Zwistigkeiten bey seiner Ankunft zu Genua in der Güte beyzulegen. Man faßte darauf in einer Congregation die erforderlichen Instructiones ab, um ihn in den Stand zu setzen, dieselben, wo nicht völlig zu heben, doch zu einem gütlichen Vergleiche einzuleiten. Den 23. Aug. 1760. langte er zu Genua an, nachdem er den 20. Jul. von Madrit abgereiset war. Alleine seine Bemühungen waren vergebens, indem er unverrichteter Sache im October nach Rom kam. Der Senat zu Genua hatte ihm kurz und gut declariren lassen: daß, wenn der Papst den Bischof von Segni aus Corsica nicht zurücke berief, und die Rebellen dieser Insel nicht ebenfalls für Rebellen erkennen wollte, die Republik die bisherigen Edicte wider den Päpstl. Stuhl bey Kräften zu erhalten suchen würde.

Den 11. Dec. empfieng er den Cardinalshut, und den 15ten den Priestertitel St. Balbinä. Den 13. Jul. 1761. wurde er zum Legaten zu Bologna ernennet, allwo er den 24. Nov. anlangte, und von der Legation Besitz nahm. Ihm wurde von jedermann mit Ehrfurcht und Liebe begegnet, weil man sich seines guten Verhaltens als vormaligen Vice-Legatens erinnerte. Im Nov. übernahm er die Protection von der Republik Genua, und im Dec. 1767. bekam er das Priorat St. Salvatoris zu Fermo. In eben diesem Jahre sollte er als Päpstl. Legatus a latere die junge Königin, Maria Carolina, von beyden Sicilien, auf ihrer Reise nach Neapolis an der Gränze des Kirchenstaats im Namen des Papsts empfangen, und bis an die Toscanische Gränze begleiten. Alleine, da sie vor ihrer Abreise aus Wien an den Blattern starb, unterblieb diese Legation. Im Jan. 1768. wurde er Legate zu Ferrara. Im Jahr 1769. erlebte er das er-

erſte Conclave. Er kriegte in ſolchem die 7te Zelle zwiſchen
den Cardinälen, Colonna und Chigi, und langte allererſt den
11. März aus Ferrara zu Rom an, wo man ihn für einen
der geſchickteſten Cardinäle hielte. Man urtheilte auch ſo
günſtig von ihm, daß man ihm die wichtige Stelle eines
Päpſtl. Staatsſecretarii zueignete. Der Cardinal Joh. Fr.
Albani ſchlug ihn auch dem neuen Papſte hierzu vor, der
ihn auch dazu erwählet haben würde, wenn nicht die Spaniſchen Cardinäle auf den empfangenen Auftrag ihres Hofs
den Cardinal Pallavicini zu dieſer Würde empfohlen hätten.

Man hat in dem Conclave nicht viel von ihm vernommen:
Er hielte ſich ſehr ſtille, um ſich, weil er jetzt zur Päpſtl.
Würde noch zu jung war, an ſeinem künftigen Glücke
nicht zu hindern, ſo ferne er ſeine Geſinnung allzu deutlich
entdeckte, oder Anlaß gäbe, ſein Thun und Laſſen ſcharf zu
unterſuchen. Der neue Papſt Clemens XIV. beſtättigte ihn
in der Legation zu Ferrara, darinnen ihn aber nach einem
Jahre der Cardinal Borgheſe abgelöſet hat.

Man hält ihn für einen der größten Geiſter im ganzen
H. Collegio, der zu Staatshandlungen gebohren zu ſeyn ſchei-
net. Der Haß des Volks gegen ihn, als einen Genueſer, iſt
unbillig. Der Päpſtl. Stuhl kan in ſolche Umſtände geſetzt
werden, daß der Cardinal Spinola der einzige in ſeiner Art
ſeyn würde, der den Dingen eine gute Wendung geben könte.

(XXIV.)

Ferdinandus Maria Roſſi,
ein Römer.

geb. 1696. Card. 1759.

Er iſt aus einem alten Römiſchen Geſchlechte entſproſſen,
das lateiniſch de Rubeis heiſſet Er ward den 4. Aug.
1696. gebohren. Wie er ſeine Jugend zugebracht, iſt
mir nicht bekannt. Den 5. Jan. 1742. erhielte er das wichtige Amt eines Vice-Gerenten zu Rom, da er ſchon 46.
Jahre alt war. Er iſt Kraft dieſes Amts gleichſam des

Ge-

Generalvicarii ſein Adjunctus. Er empfieng zugleich den
Titel eines Erzbiſchofs von Tarſen. Den 1. Febr. 1751.
ward er Patriarche von Conſtantinopel mit Beybehaltung
ſeiner Bedienung. Als Clemens XIII. den 17. Sept. 1758.
ein ſolennes Jubiläum eröffnen wollte, muſte er nebſt dem
Generalvicario alle Pfarrer der Stadt Rom und die Miſ-
ſionarien demſelben vorſtellen, welche bey dem angeordne-
ten Jubiläo die Miſſionen verrichten ſollten, bey welcher
Gelegenheit der Papſt eine gelehrte Rede hielte.

Den 24. Sept. 1759. ward er zum Cardinal creirt.
Er empfieng ſogleich nebſt den übrigen anweſenden Cardinälen das Biret, und den 27. Sept. den Hut, den 19.
Nov. aber den Prieſtertitel St. Sylveſtri in Capite, den
er nachgehends mit einem andern vertauſcht hat. Kurz
vorher ward er Präfectus von der Congregation des Concilii. Im Aug. 1761. erhielte er die Protection des Grie-
chiſchen Collegii, und im Jun. 1768. trug ihm der Papſt
auf, anſtatt des Staats-Secretarii, Cardinals Torreggiani,
mit den Miniſtern der Bourboniſchen Höfe zu conferiren,
weil ſie von ihren Principalen Befehl hatten, mit dem Torreggiani weiter nichts zu thun haben; alleine er verbath ſolches
und überließ es dem Cardinal Negroni. Uebrigens wurde
er von Clemente XIII. fleißig zu den auſſerordentlichen Congregationen gezogen. Unter ſolchen war diejenige vor ihn
die gefährlichſte, die wegen Parma gehalten wurde, weil
die Franzöſiſchen Cardinäle in dem nachfolgenden Conclave
Anlaß daher nahmen, ihm die Ausſchlieſſung von der päpſt-
lichen Würde zu geben.

Dieſes Conclave nahm den 15. Febr. 1769. ſeinen
Anfang. Der Cardinal Roſſi hatte darinnen die 31ſte Zelle zwiſchen den Cardinälen Paracciani und Branciforte.
Er wurde unter die papſtmäßigen Cardinäle gezählt, und
kriegte zu verſchiedenenmalen eine Anzahl Stimmen. Alleine er konnte nicht durchdringen; doch half er auch die
Erhebung vieler andern verhindern. Das Römiſche Volk
urtheilte nicht zum Beſten von ihm. „Würde Roſſi, hieß
„es, jemals auf den Thron erhaben, ſo wäre es aus mit
„der

„ der Religion; er ist ein vollkommener Atheist, der in
„ seinem ganzen Leben nichts gutes gethan, und so sehr er
„ sich auch drehet, so sind doch seine Betrügereyen der Welt
„ bekannt. „ Es ist dieses eine Schilderung von einem
erbosten Gemüthe, das die Stärke des Cardinals Rossi nicht
kennet! Er hat unter der Regierung Clementis XIII. ge-
nugsame Proben von seiner Geschicklichkeit und von seinem
Eifer für die Nachtmahlsbulle gegeben. Rom hat von ihm
vieles zu erwarten, und er ist ein edles Glied des Römischen
Hoflagers. Er hienge eine geraume Zeit der Parthey des
Cardinals von York an, die den Cardinal Stoppani zu erheben suchte, von welchem er hoffte, daß, wenn er Papst
würde, er ihm das Staatssecretariat ertheilen würde. Uebrigens hielte er sich im Conclave sehr eingezogen, war aber
begierig, die Anschläge seiner Mitbrüder auszuforschen.
Als aber in dieser Absicht sein Conclavist einsmals an
der Zelle des Cardinals Luynes die Franzosen behorchte, bekam er von diesem Cardinale, der ihn ertappte, eine Ohrfeige, ohne daß Rossi sich dessen annehmen konnte.

(XXV.)

Nicolaus Perelli,
ein Neapolitaner.

geb. 1696. Card. 1759.

Er stammt aus einem Neapolitanischen Geschlechte her,
das von gutem Adel ist, und ward den 22. Oct. 1696.
zur Welt gebohren. Er widmete sich dem geistlichen
Stande, und ließ sich von den Jesuiten in allen Wissenschaften unterrichten, die einem Prälaten anständig sind.
Er wandte sich nach Rom und suchte sein Glücke am päpstlichen Hofe zu machen, mußte aber lange warten, ehe er
zu einem ansehnlichen Amte gelangte. Er legte sich sonderlich auf die Cammersachen und hatte mit den Jesuiten
vielen Umgang, die ihn überall recommendirten. Er wurde endlich unter die Cammerclericos aufgenommen.

Nach

Nach dem Tode Clementis XII. wurde ihm während
dem Conclave die Aufsicht über den päpstlichen Marstall aufgetragen. Der neue Papst Benedictus XIV. ernennte ihn
im Aug. 1740. zum Präsidenten della Grascia, oder Aufseher
über das Oel und die Eßwaaren, und 1747. zum Präsidenten dell'Annona, oder der Lebensmitteln. Er blieb dabey
immer noch Cammerclericus, obgleich eine Cardinalspromotion nach der andern geschahe. Endlich, da er Decanus oder der älteste unter den Cammerclericis worden, bestieg Clemens XIII. den päpstlichen Thron, der ein Patron
des Jesuiterordens war. Er wurde ihm so nachdrücklich
empfohlen, daß, da er den 26. Nov. 1753. eine starke Cardinalspromotion vornahm, er ihn an des neuen Cardinals
Banchieri Stelle zum Generalschatzmeister ernennte, durch
welche Stelle er die nächste Hoffnung zur Cardinalswürde
kriegte.

Diese erfolgte denn auch den 24. Sept. 1759. da er
bereits 63 Jahr alt war. Er empfieng als gegenwärtig
sogleich aus des Papsts Händen das Biret, den 27ten den
Hut und den 19. Nov. den Diaconattitel St. Georgii in
Velabro, wobey er zu einem Mitgliede von verschiedenen
Congregationen ernennet wurde. Die Jesuiten trugen viel
zu seiner Erhebung bey, und er hatte an dem P. Cordara
einen vertrauten Freund, den er aber als ein gebohrner
Königl. Neapolitanischer Unterthan auf Königl. Befehl
von sich entfernen mußte. Er hatte in den Finanz- und
Handlungssachen eine grosse Einsicht, und wurde unter
Clementis XIII. Regierung in den Dingen, die dahin ein-
schlugen, fleißig zu Rathe gezogen. Der bekannte Project-
macher Carl Ambrosius Lepri, galt sehr viel bey ihm. Es
war auch der vielgeltende Cardinal Torreggiani sein besonderer Freund, den er bey seinen Verpachtungen und neuen
Auflagen nicht wenig unterstützte.

Den 2. Febr. 1769. starb der Papst, worauf er mit
den übrigen zu Rom gegenwärtigen Cardinälen den 15. in
das Conclave gienge, worinnen er die 24te Zelle zwischen
den Cardinälen Durini und Ganganelli bekam. Er hatte
gleich

gleich in dem erſten Scrutinio das Glücke, nebſt dem Chigi und Fantuzzi die meiſten Stimmen zu bekommen. Alleine da man ſeine Neigung zu dem Jeſuiterorden wußte,
ob er gleich ſeit einiger Zeit allen Umgang mit dieſen Or-
densleuten vermeiden müſſen, ward er nicht weiter in dem
Conclave in Betrachtung gezogen, indem die Kronen durchaus keinen Jeſuitiſch geſinnten Cardinal auf den päbſtlichen
Stuhl geſetzt haben wollten. Er hielte es mit der Parthey,
die den Stoppani erheben wollte, und gab ſich viel Mühe,
den Cardinal Johann Franz Albani auf ſeine Seite zu kriegen, das ihm aber nicht gelingen wollte, ob er gleich deſſen
Oncle, den Cardinal Alexander Albani ziemlich gewonnen
hatte. Endlich ward der Cardinal Ganganelli den 19. May
erwählt, der den Namen Clemens XIV. annahm.

Dieſer ſahe die Unordnung ein, die ſich in den Departements der Annona, und des Kriegs- und Seeweſens während der Regierung Clementis XIII. eingeriſſen war. Solche nun abzuſtellen, ernennte er den Cardinal Perelli zum
beſtändigen Oberaufſeher dieſer drey Departements der päbſtlichen Cammer, weil er ihm hierzu die gröſte Geſchicklichkeit zu-
traute. Alleine da er in dem Verzeichniſſe der Penſionairs eine
groſſe Anzahl ausſtriche, und bey der Unterſuchung viele
Malverſationen entdeckte, zog er ſich einen groſſen Haß über
den Halß. Es geſchahen auch bey dem Papſte von verſchiedenen Cardinälen, und beſonders von dem Cardinal-
Cämmerling Rezzonico, ſo viele Vorſtellungen darwider,
daß der Pabſt vor gut befand, die Penſiones zu laſſen, wie
ſie waren, und die Ausfertigung der Vollmacht vor den
Cardinal Perelli zu ſuſpendiren. Sein Bruder, der im
März 1769. zu Neapolis geſtorben, führte den Herzogl. Titel und war ein Mitglied der Königl. Cammer und des
Raths von St. Clara, wie auch Richter der Vicaria.

(XXVI.)

(XXVI.)

Johannes Constantius Caraccioli,
ein Neapolitaner.

geb. 1715. Card. 1759.

Er stammt aus dem vornehmen Hause der Fürsten von
St. Buono her, und ward den 19. Oct. 1715. zur
Welt gebohren. Sein Vater hieß Carmineus Nicolaus Caraccioli, Fürst von St. Buono, der den 26. Jul.
1726. gestorben ist, und die Mutter Constantia, welche des
Herzogs Francisci Ruffo von Bagnara Tochter war, die
er gar nicht kennen gelernet, weil er noch kein Viertel Jahr
alt gewesen, da sie den 1. Dec. 1715. Todes verblichen ist.
Er wurde zum geistlichen Stande bestimmt und in den Wissenschaften, die von einem Prälaten erfordert werden, treulich unterrichtet. Nachdem er erwachsen, erhub er sich nach
Rom, wo er ein Cammerclericat erhielte, und bey solchem
im Sept. 1743. Präsident über die Ufer und Wasserleitun-
gen und im April 1747. Commissarius bey dem Seewe-
sen wurde.

Im Nov. 1753. ward er an des neuen Cardinals Chigi Stelle Generalauditor der päpstlichen Cammer und den
24. Sept. 1759. Cardinal. Weil er zu Rom anwesend
war, empfieng er sogleich das Biret, den 29. Nov. den Hut
und den 1. Dec. den Diaconattitel von St. Cäsareo. Den
27. April 1760. ertheilte ihm der Papst die Ordines mino-
res und 1767. erhielte er die Präfectur von der Signatura di
Grazia, die mit der Gewährung der Bittschriften zu thun hat.

Den 2. Febr. 1769. starb Clemens XIII. worauf die
Cardinäle den 15ten ins Conclave giengen. Ob er gleich
zu Rom gegenwärtig war, konnte er ihnen doch bey dem Eintritt nicht Gesellschaft leisten, weil er sich unpaß befand; jedoch nachdem er völlig wieder hergestellt worden, betrat er
im März seine Zelle, welche in der Ordnung die 29te war,
und die Cardinäle Torreggiani und Paracciani zu Nachbarn
hat,

hatte. Er war ein Herr von 54. Jahren und hatte viele
gute Eigenschaften, die ihn des päpstlichen Stuhls würdig
machten. Er hatte sich mit keinen Affairen vermengt, die
ihn bey den Cronen verhaßt machen konnten, und ob er gleich
vormals den Jesuiten geneigt gewesen, so hatte er doch seine Gesinnung geändert. Er erzeigte sich auch in allen
Fällen ganz unparteyisch. Die Spanischen Cardinäle hätten seine Erhebung gerne gesehen, aber die zahlreiche Anver-
wandtschaft und gewisse Grundsätze, die den Neapolitanern
eigen sind, machten ihn den Römern verhaßt. Nichts destoweniger wurde er zuletzt unter die fünfe gesetzt, die vor
andern für wahlfähig erkannt wurden, von welchen aber der
Cardinal Ganganelli das Glück hatte, den 19. May unter
dem Namen Clementis XIV. auf den päpstlichen Stuhl
gesetzt zu werden. Weil er noch nicht alt ist, kan er leichte wieder ein Conclave erleben und in solchem noch die
päpstliche Crone davon tragen.

(XXVII.)

Marcus Antonius Colonna,
ein Römer.

geb. 1724. Card. 1759.

Dieser vornehme Cardinal ist ein Sohn des Connetable,
Fürstens Fabritii Colonna von Palliano, eines der
vornehmsten Prinzen des Römischen Stuhls. Seine
Mutter, Catharina Zephyrina Salviati, des Herzogs Antonii
von Giuliano Tochter, brachte ihn den 16. Aug. 1724. zur
Welt. Er wurde zu Rom standsmäßig erzogen, und zum
geistlichen Stande bestimt. Er studirte in den vornehmsten
Colegiis, unter der Aufsicht seines Vetters, des Cardinals
Hironymi Colonna, der ihm auch den Weg bahnte, ein an-
sehnlicher Prälate zu werden. Er verschafte ihm 1747. bey
Benedicto XIV. die Anwartschaft auf die Stelle eines Päpstl.
Oberhofmeisters, und die Abtey von St. Paolo zu Albano, die
der Cardinal Aqvaviva gehabt hatte.

Im Jahr 1758. ward er Gouverneur des Conclavis, darinnen Clemens XIII. erwählt wurde, der ihn in der Bedienung eines Oberhofmeisters, die er schon von dem vorigen Papste erhalten, bestättigte. Den 24. Sept. 1759 ward er nebst noch 21. andern Prälaten zum Cardinal creirt. Er empfieng sogleich aus des Papsts Händen das Biret, und den 27. Sept. den Hut. Den 19. Nov. bekam er den Diaconattitel von St. Maria in Aquiro. Den 9. März 1760. weyhete ihn sein jüngerer Bruder, Petrus Pamfili, Erzbischof von Colossen, zum Priester, worauf er den Titel St. Mariä in Pace annahm, und eine Stelle unter den Cardinalpriestern empfienge. Im Jahr 1762. ward er Päbstl. Generalvicarius, und 1763. Erzpriester der Kirche von St. Maria Maggiore. Sobald Clemens XIII. den 2. Febr. 1769. gestorben, bekam er, als Generalvicarius, Befehl, wegen der Seelmessen und Läutung aller Glocken, das Nöthige anzuordnen.

Im Febr. 1769. betrat er zum erstenmale das Conclave, worinnen er die 6te Zelle zwischen den Cardinälen Guglielmi und Spinola bekommen: ob er gleich nicht älter denn 45 Jahre war, wurde er doch, in Ansehung seiner guten Eigenschaften, für papstmäßig gehalten. Er bekam auch in verschiedenen Scrutiniis eine Anzahl Stimmen. Die Französischen Cardinäle schienen ihm nicht zuwider zu seyn. Auch der Cardinal Johann Franz Albani lenkte einmal alle seine Anhänger auf dessen Seite, so, daß er in einem Scrutinio auf einmal, jedoch zufällig, 25 Stimmen kriegte. Es verursachte dieses unter den Cardinälen ein ziemliches Mißverständniß, und es fehlte nicht viel, daß es nicht zu großen Streitigkeiten ausbrach. Als der Kayser mit dem Großherzoge von Toscana im März ins Conclave kam, machte er ihm im Namen des Cardinalscollegii dieses Compliment: Ganz Rom würde durch seine Frömmigkeit sehr erbauet, und sie empfehlen sich alle seinem Kayserl. Schutze; worauf der Monarche auf das huldreichste antwortete.

Die Wahl wurde endlich den 6. Jul. in der Person des Cardinals Ganganelli, der den Namen Clemens XIV. annahm, vollzogen. Er hatte nachgehends als Generalvicarius

die

die Ehre, das Jubiläum, das bey dem Antritt eines neuen
Papsts in allen Catholischen Landen gefeyert wird, durch ein
Manifest unterm 1. Sept. 1769. bekannt zu machen. Er
bekleidet noch bis diese Stunde die Stelle eines Päpstl. Generalvicarii mit vieler Auctorität, und erwartet in den künftigen
Conclaven ein besseres Glücke, als er in dem letztern gehabt.
Man rühmt ihn als einen großen Geist. Sein Eifer in der
Religion und seine Geschicklichkeit in den Geschäften sind
wahre Zierden seines großen Hauses; wiewohl er sich hütet,
in irgend eine Angelegenheit eines auswärtigen Hofs verwickelt zu werden. Jedoch Rom ist nicht mit ihm zufrieden,
weil er zu stolz ist, und allzu gewaltthätig handelt.

(XXVIII.)

Petrus Hieronymus Guglielmi,
von Jesi.
geb. 1694. Card. 1759.

Er stamt aus einem guten Geschlechte her, und ward den
4. Dec. 1694. zu Jesi, einer Stadt in der Anconitanischen Mark, zur Welt gebohren. Von seinen Studiis
und Jugendjahren ist der Welt nichts bekannt. Daß er aber
in den theologischen Wissenschaften und canonischen Rechten
eine gute Erkenntniß erlanget habe, erhellet aus dessen Bekleidung des Amts eines Assessoris des Heil. Officii, welches
er viele Jahre auf sich gehabt. Im Nov. 1753. erhielt er
das Secretariat in der wichtigen Congregation der Bischöffe
und Regularen, welches er 6. Jahre bekleidet, worauf er den
24. Nov. 1759. die Cardinalswürde empfienge, da er schon
65. Jahre alt war. Er erhielte sogleich aus des Papsts Händen das Biret; den 27ten den Hut und den 19. Nov. den Priestertitel St. Trinitatis in Monte Pincio, worauf er Præfectus
von der Congregation der Regulardisciplin wurde. Im
Aug. 1761. bekam er die Abtey St. Viti und St. Pancratii
in Colepese.

Nach

Nach dem Tode Clementis XIII. betrat er den 15. Febr. 1769. zum erstenmale das Conclave. Er hatte in solchem die 5te Zelle zwischen den Cardinälen Rezzonico und Colonna und war ein Herr von 75. Jahren. Man hielte ihn für Papstfähig, und zwar um so viel mehr, weil er kein Freund der Jesuiter war. Der Französische Cardinal von Bernis war ihm gleich Anfangs, da er das Conclave betreten, nicht ungeneigt. Er gab sich viele Mühe, die Stimmen zu vereinigen, welche den Bourbonischen Höfen zugethan wären, und sie auf das nächste Scrutinium vor den Cardinal Guglielmi anzuwerben. Es glückte ihm auch, daß er deren 19. bekam. Wäre der Cardinal Rezzonico ihm so geneigt gewesen, als verschiedene andere viel geltende Cardinäle, würde es mit seiner Erhebung nicht schwer gehalten haben. Er war zuletzt unter den fünfen, aus denen man im Ernst einen auf den Päpstl. Stuhl setzen wollte. Unter diesen aber traf das Glücke den 6. Jul. den Cardinal Ganganelli, der unter dem Namen Clemens XIV. den Päpstl. Stuhl bestiege. Er bestätigte ihn in seiner Präfectur, welcher er auch mit aller Treue vorstehet.

Obgleich während dem letzten Conclave fast von allen Cardinälen sehr ungleiche Urtheile gefällt wurden, so blieb doch der Cardinal Guglielmi damit verschont. Selbst der Neid wuste nichts ausfindig zu machen, das seinen Ruhm schwächte. Er hieß ein ehrlicher, ein frommer Mann, ein guter Scatist: lauter Eigenschaften, welche Rom selbst zu ehren pflegt.

(XXIX.)

Cajetanus Fantuzzi,
von Ferrara.

geb. 1708. Carb. 1759.

Er ist von Ferrara gebürtig, und hat den 1. Aug. 1708. das Licht der Welt erblickt. Sein Geschlechtsname heißt lateinisch Elephantatius. Nach vollendeten Studien wendete er sich nach Rom, wo er einen Consistorialadvo

vocaten abgab. Im Sept. 1743. ward er wegen Ferrara
zum Auditor der Rota ernennt, welches Amt einen guten
Juristen erfordert. Im Julio 1755. ward er Regente der
Pönitentiaria, welche Bedienung Herr Busti ausgeschlagen hatte. Den 24. Sept. 1759. erhielte er von Clemente
XIII. die Cardinalswürde. Er empfieng sogleich aus des
Papsts Händen das Biret und den 27ten den Hut. Als
ihm den 19. Nov. sein geschlossener Mund eröffnet wurde,
bekam er den Priestertitel St. Augustini, den er nachgehends mit dem von St. Petro in Vinculis vertauscht hat.
Weil er nicht mit genugsamen Einkünften versehen war, die
zu anständiger Führung seines Cardinalstandes erfordert werden, wurden ihm monathlich 100. Scudi so lange angewiesen, bis für ihn auf andere Weise gesorgt worden.

Im Jahr 1761. ward er Präfectus der Congregation
von den Immunitäten. Er stund bey Clemente XIII. in
besonderm Ansehen, ob er gleich kein Freund von den Jesuiten war, und wurde von ihm fast zu allen ausserordentlichen Congregationen gezogen, dergleichen sonderlich im Jahr
1767. wegen Aufhebung des Jesuiterordens gehalten wurde,
da er denn einer von denen war, die solche Aufhebung für
gut befanden; ja, als wegen des Unterhalts dieser Ordensleute beschlossen wurde, eine Steuer hierzu im Kirchenstaate
anzuordnen, widersprach er nachdrücklich und stellte vor,
daß der General der Jesuiten unmöglich so arm seyn könnte, als er vorgäbe, weil er ja von allen Seiten Novitios
kriegte, und erst vor kurzen ein neues Collegium zu Rom
erbauet habe, welches ihn über 100000. Scudi gekostet.

Und eben diese Abneigung des Fantuzzi gegen den Jesuiterorden brachte ihm in dem Conclave, das im Febr.
1769. nach Clementis XIII. Tode gehalten wurde, beynahe
die päpstl. Crone zu wegen. Er hatte in solchem die 38ste
Zelle, zwischen dem jüngern Corsini und dem alten Cardinal Conti, und kriegte gleich anfangs die meisten Stimmen.
Er hielte es anfangs mit dem Chigi. Beyde unterstützten
einander, und Chigi wollte ihm, wenn er den päpstlichen
Stuhl bestieg, das Secretariat der Breven geben. Alleine
die

die beyden Corsini machten ihre Anschläge zu nichte, und
ob sich gleich Fantuzzi länger hielte, blieb dennoch stets eine
grosse Anzahl Cardinäle übrig, die sich seiner Wahl widersetzten. Er hielte stets dem Cardinal Stoppani die Wage
und hatte beständig den jüngern Albani zum Haupte seiner
Parthey. Als Fantuzzi die Widrigkeit der Stimmen wegen seiner so oft angepriesenen Erhebung sahe, ergriff er
die Maasregel, ein offenes Billet an den Cardinal Rezzonico zu schreiben, worinnen er ihm für seine Neigung dankte, die er in den vergangenen Scrutiniis gegen ihn bezeuget
hatte; zugleich aber bath er ihn, von solchen Gedanken ab-
zustehen, indem er ihn versicherte, daß im Fall, wenn er ja
auf den Thron erhoben werden sollte, er fest entschlossen sey,
der päpstlichen Würde zu entsagen, und dieses um des öffentlichen Friedens willen.

Dieses Billet lasen viele, und es schiene, als ob die
beunruhigten Gemüther hierdurch beruhiget würden. Vor
andern lobte der Cardinal von Bernis den Entschluß des
Fantuzzi aufs höchste. Aber dieses währte sehr kurze Zeit.
Denn da die fremden Cardinäle den Verdacht hatten, daß
eben dieses die Wirkung haben könnte, den Fantuzzi auf den
Thron zu erheben, entstunde hieraus ein grosser Lärmen, der
lange Zeit währte. Ob nun gleich Fantuzzi immer noch den
stärksten Anhang behielte, auch einsmals, da sich die Meyländischen Cardinäle mit dem Torreggiani wider den Stoppani vereinigten, und zu der Parthey des jüngern Albani,
welcher auch viele Benedictinische Creaturen beygetreten waren, übergiengen, kriegte er hierdurch 25. Stimmen. Alleine diese Anzahl verminderte sich den folgenden Tag, weil
ihm Rezzonico offenbar zuwider war. Diesem päpstlichen
Nepoten schmerzte es, daß Fantuzzi bey der Beerdigung
Clementis XIII. nicht erschienen, und stets eine widrige Gesinnung gegen denselben und die Jesuiten gezeiget hatte, daher er durch die Cardinäle Bernis und Albani seine Hoffnung gänzlich darnieder schlug. Er mußte daher der Wahl
Clementis XIV. beytreten, die den 19. May zu Stande kam.
So viel hält man für gewiß, daß, wenn Rezzonico es ernst-
licher mit dem Cardinal Fantuzzi gemeint hätte, und beyde

vor-

vorher beſſere Freunde mit einander geweſen wären, er ohn=
fehlbar ohne Beytritt der Parthey von den Cronen die päpſt=
liche Würde erlangt haben würde. Aber ſo wurde er wäh=
rend dem ganzen Conclave als ein Ball hin und her ge=
worfen.

Er iſt allerdings vor den Römiſchen Hof und Stuhl
ein nützliches Mitglied des Heil. Collegii. Seinem Chara=
cter nach kan er ſowohl gefällig ſeyn, als auch trotzen, je=
nachdem es die Geſchäfte erfordern. Die Stimme des Rö=
miſchen Volks war ſehr wider ihn. Es hieß in einer, wäh=
rend dem letzten Conclave zum Vorſchein gekommenen Schriſt
alſo von ihm: Die zu Grunde gerichteten Damen Got=
tifredi und die verrathenen Gläubiger des Gavacci
ſchreyen zu GOtt und erzehlen den groſſen und un=
ſäglichen Schaden, den du ihnen verurſacht haſt und
ruffen um Rache und Gerechtigkeit, welche auf dich
wartet. Alleine wer kan es allen Leuten recht machen?

(X X X.)

Joſephus Maria Caſtelli,
ein Meyländer.

geb. 1705. Card. 1759.

Er ſtamt aus Meyland her, und ward den 4. Oct. 1705.
zur Welt gebohren. Von ſeinem Geſchlechte, ſeiner Er=
ziehung und ſeinen Studien iſt mir nichts bekannt, man
kan aber glauben, daß er nach Römiſchcatholiſcher Art wohl
ſtudirt habe, weil er am Päpſtl. Hofe zu verſchiedenen an=
ſehnlichen Aemtern befördert worden. Allem Vermuthen nach
iſt er ein Schüler der Jeſuiten geweſen. Man hat aber eher
nichts von ihm vernommen, als 1754, da er im Nov. zum
Conſultor des Heil. Officii ernennet wurde. Als Clemens
XIII. 1758. den Päpſtl. Stuhl beſtieg, ernennte ihn derſelbe
zum Commendator di St. Spirito, oder Oberintendanten des
Heil. Geiſt=Hoſpitals.

Den

Den 24. Sept. 1759. erhielte er die Cardinalswürde. Er
empfieng das Biret sogleich aus des Papsts-Händen, worauf
er den 27. Sept. den Hut, und den 19. Nov. den Priester-
Titel St. Alexii kriegte. Im April 1763. ward er Präfectus
von der Congregation von der Fortpflanzung des Glaubens,
und im Oct. 1767. eben dieses bey der Congregation von
der Verbesserung der Bücher in der Orientalischen Kirche,
welche beyde Präfecturen er noch bis diese Stunde bekleidet, und dadurch zu erkennen giebt, daß er ein geschickter
und erfahrner Cardinal sey. In dem letzt gedachten Jahre trug ihm auch der Pabst auf, die Verwaltung des Mon-
tis pietatis zu Rom in bessere Ordnung zu bringen, welcher
darauf, wie es hieß, die besten und vortheilhaftigsten Ver-
fügungen getroffen. Er wurde auch fast zu allen ausserordentlichen Congregationen gezogen, in welchen seine Meinungen meistens der Sache den Ausschlag gaben.

Den 2 Febr. 1769. starb der Papst, worauf er mit den
andern anwesenden Cardinälen den 15. Febr. in das Conclave gienge, welches dießmahl aus 57. Zellen bestunde, unter welchen er die 21ste kriegte, die die Cardinäle Buonocorsi
und Joh. Fr. Albani zu Nachbarn hatte. Er wurde vor ein
papstmäßiges Subjectum erkannt, und kriegte zum öftern
eine Anzahl Stimmen, wurde aber von dem Cardinal von
Bernis darum verworfen, weil er der Congregation beygewohnet, darinnen das bekannte harte Breve wider den Herzog von Parma entworfen worden. Er kam niemals zu
den Collationen, die der Cardinal Orsini in seiner Zelle gab,
und hielte sich eine Zeitlang zu der Parthey, die den Cardinal Stoppani zu erheben suchte, verließ aber solche, da es
schiene, mit demselben Ernst zu werden. Man glaubte, er
habe ihm diese Würde nicht gegönnet. Als er erfuhr, daß
verschiedene Cardinäle die geheimen Bewegungen im Conclave und die Zahl der Stimmen in den Scrutiniis in der Stadt
bekannt machten, sprach er im Conclave sehr eifrig darwider,
und stellte vor, wie nöthig es sey, diesen Mißbrauch abzu-
schaffen. Endlich glückte es dem Cardinal Ganganelli, daß
er den 19. May unter den Namen Clementis XIV. auf den
päpstlichen Stuhl gesetzt wurde.

Er

Er iſt ganz nach dem Römiſchen Hofe gebildet. Sein Betragen iſt exemplariſch, andächtig und fromm. Er beſucht die Kranken und bethet viel. Alleine das boßhafte Rom giebt ihm verwirrende und zur Unruße führende Abſichten Schuld, und tadelt ſeine allzugröſſe Neigung vor die Jeſuiten Alleine man hält ihn gleichwohl zu den geheimeſten Berathſchlagungen für brauchbar, und giebt ihn vor einen chriſtlichen Philoſophen aus.

(XXXI.)

Andreas Maria Corſini,
ein Toſcaner.

geb. 1735. Card. 1759.

Er ſtamt aus dem Florentiniſchen Geſchlechte her, daraus Papſt Clemens XII. welcher 1740. geſtorben, entſproſſen geweſen. Sein Vater, Philipp Maria Joſeph Corſini, ward von dieſem Papſte als ſeinem Großoncle zum Fürſten von Pitigliano erhoben, und ſtarb als Königl. Sicilianiſcher Cammerherr und Staatsminiſter den 20. Nov. 1767. Seine Mutter, Octavia Strozzi, des Fürſtens Laurentii Franciſci von Forano Tochter, die bereits den 20. März 1748. geſtorben, brachte ihn den 11. Jun. 1735. zur Welt. Er war der jüngſte unter drey Brüdern, und wurde zum Prälatenſtande beſtimmt. Sein Großoncle, der Cardinal Nereus Corſini, nahm ihn nach dem Tode ſeines Großvaters, des Fürſtens Bartholomäi Corſini, der den 30 Nov. 1752. als Königl. Staatsrath zu Neapolis geſtorben, zu ſich nach Rom, wo er ihn beſtens erziehen ließ. Er half ihm jung zu einem Canonicate an der St. Johanniskirche im Laterano, und weil er Protector der Cron Portugall war, und in ſolcher Qualität die Erhebung des Herrn von Saldanha zur Cardinalswürde befördert hatte, wurde ſein Pronepote Corſini mit dem Biret vor den neuen Cardinal nach Liſſabon geſchickt, welches demſelben den 12. Aug. 1756. der König in ſeiner Hofcapelle aufſetzte. Er wurde von dem

neuen Cardinal mit einer Tabatiere von Achat, in Gold gefaßt, und mit Rubinen und Brillanten besetzt, worinnen ein
Diamant von 4000 Crusaden lag, beschenkt. Er kriegte
auch von dessen Bruder eine goldene mit Brillanten besetzte Uhr.

Nach seiner Rückkunft ward er Vicarius an der gedachten Kirche zu St. Johannis im Laterano, und etliche
Jahre hernach Cardinal, ob er gleich noch nicht 24. Jahre
alt war. Es geschahe solches den 24. Sept. 1759. aus
dankbarer Erinnerung des Papsts Clementis XII. von welchem er ehedessen die Cardinalswürde bekommen Es wurden mit ihm zugleich noch 21. Prälaten mit dem geistlichen
Purpur beehrt, davon nebst ihm noch 15. andere zu Rom
anwesend waren, daher er mit ihnen sogleich das Biret, den
27. Sept. den Hut, und den 19. Nov. den Diaconattitel
St. Angeli in Pescaria erhielte.

Er lebte zu Rom in der Stille, und vergnügte sich
nach Art der jungen Prälaten. Er hatte den rechtschaffe-
nen Herrn Bottart und den gelehrten Abt Foggini, die
beyde sich durch Schriften bekannt gemacht, zu seinen Freunden und Rathgebern, die ihm lauter gute Gesinnungen bey-
brachten. Es wurde sein Name in keinen öffentlichen Nachrichten eher erwähnt, als da Clemens XIII. den 2. Febr.
1769. das Zeitliche verließ. Es wurde darauf ein Conclave eröffnet, in welchem er durchs Loos die 37te Zelle zwischen den Cardinälen von Bernis und Fantuzzi erhielte. Er
gieng nicht gleich mit den andern anwesenden Cardinälen
den 15. May ins Conclave. Da er aber hörte, wie gleich
in dem ersten Scrutinio der Cardinal Chigi bey nahe zum
Papst erwählt worden, eilte er mit seinem Großoncle, dem
alten Cardinal Corsini sogleich ins Conclave, um diese Wahl
zu hintertreiben, weil sie alle beyde keine Freunde des Jesuiterordens waren, und wusten, daß gedachter Cardinal den
Cronen, mit denen sie es hielten, nicht angenehm sey. Das
Glücke traf endlich den Cardinal Ganganelli, der den 19.
May unter dem Namen Clementis XIV. den Päpstl. Stuhl
bestieg. Er verließ hierauf den Diaconatorden, und übernahm

nahm den Priestertitel St. Matthäi in Merulana. Der
Papst ertheilte ihm auch die Präfectur della Signatura di Giustizia, die sein Vetter der alte Cardinal Corsini niedergelegt hatte, von welcher wichtigen Stelle er den 13. Jun.
1769. Besitz nahm.

(XXXII.)

Bonaventura de la Cerda,

ein Spanier.

geb. 1724. Card. 1761.

Er stammt aus dem vornehmen Spanischen Geschlechte
der Herzoge von Medina Celi her, und ist mütterlicher
Seits mit den Häusern Cordoua und Spinola verwandt. Er wurde den 23. März 1724. zu Madrit gebohren, und erwählte, nachdem er erwachsen, den geistlichen
Stand. Man nahm ihn unter die Königl. Capellane auf,
und wurde bey der hohen Stiftskirche zu Toledo zum Archi-
diacono bestellt. Im Jan. 1761. starb der Cardinal von
Mendoza, worauf er an dessen statt zum Großallmosenierer
und Patriarchen von Indien ernennet wurde, welches die
oberste Prälatenstelle am Spanischen Hofe ist. Er erhielte
hierbey den Titel eines Erzbischofs van Neucäsarien. Den
23. Nov. folgte die Cardinalswürde, die er auf Nomination
des Königs von Spanien bekam. Herr Palafox überbrachte ihm das Biret, welches ihm der König mit den gewöhnlichen Ceremonien aufsetzte. Den 16. Febr. 1764. hatte er
die Ehre, die Königl. Infantin Maria Louise mit dem Erzherzog von Oesterreich und Großherzog von Toscana, Peter
Leopolden, durch Procuration, und den Prinzen Carl von
Asturien mit der Prinzeßin Louise von Parma zu copuliren.

Im Febr. 1769. ward er nach Rom zum Conclave
eingeladen, worinnen ihm das Loos die 14te Zelle zwischen
den Cardinälen Veterani und Priuli zugetheilt hatte. Er
brach hierauf im März mit dem Cardinal von Solis aus

Spanien auf, und langte zur See glücklich zu Gaeta im
Königreiche Neapolis an. Als sie aber wieder zu Schiffe
giengen, wurden sie durch widrige Winde genöthiget, nach
dem Hafen Alicante zurücke zu kehren. Sie wollten darauf
die Reise zu Lande thun, besonnen sich aber anders, und begaben sich von neuem aufs Wasser. Als sie zu Ende des
Aprils im Conclave anlangten, bekamen die Wahlintriguen
eine neue Wendung. Gleich anfangs bemerkte man, daß
sie nicht alles gut hiessen, was die Französischen Cardinäle
gethan; doch vereinigten sie sich bald hernach mit denselbi-
gen. Sie hatten von ihrem Hofe Befehl, keinen Jesuitischgesinnten Cardinal, oder der an dem Breve wider Parma
Theil gehabt, ihre Stimmen zu geben. Der Cardinal von
Bernis wuste die Karte so gut zu mischen, daß den 19. May
der Cardinal Ganganelli, der den Namen Clemens XIV.
annahm, auf dem Päpstlichen Stuhl erhoben wurde. Mit
diesem waren die Spanischen Cardinäle auch zufrieden.
Sie gaben ihm zu Bezeigung ihrer Hochachtung kostbare
Geschenke, und liessen sich den 22. Jun. im öffentlichen
Consistorio von ihm die Cardinalshüte reichen, wobey der
Cardinal de la Cerda den Priestertitel St. Laurentii in Pane
und Perna erhielte. Er that hernach eine Reise nach Neapolis und besuchte den dasigen Königl. Hof, ehe er nach Spanien zurücke kehrte, wo er noch jetzo als Königl. Großallmosenierer und Patriarch von Indien in grossem Ansehen stehet.

(XXXIII.)

Christoph von Migazzi,

ein Deutscher.

geb. 1714.   Card. 1761.

Er stammt aus einem sehr alten Geschlechte im Valte-
lin her, das schon in XIII. Seculo in Ansehen gestanden. Im XV. Seculo wendete sich Wilhelm von
Migazzi nach Tyrol, wo dessen Nachkommenschaft seit dem
beständig florirt hat. Von solcher ist Vincentius von Migazzi

gazzi, Kayserl. Regimentsrath zu Inspruck, entsprossen, der
sich mit einer gebohrnen Baronesse von Prato zu Segonzan
vermählt hat. Von diesen Eltern ward Christoph von Migazzi den 23. Nov. 1714. zur Welt gebohren. Er war unter drey Brüdern der jüngste. Sie wurden sämmtlich in
den Grafenstand erhoben, davon der älteste, Graf Caspar von
Migazzi, ein Vater des Grafen Vincentii ist, der als Cammerherr und Obristlieutenant in Kayserl. Diensten stehet, der
zweyte aber, Graf Vincentius von Migazzi, ein Kayserlicher
General ist.

Christoph von Migazzi widmete sich dem geistlichen
Stande, und ward Domherr zu Brixen und Trident. Im
Jahr 1745. wurde er von dem Kayser Francisco I. bey seiner Krönung zu Frankfurt zum Auditor Rotä, und im folgenden Jahre zum Kayserl. Minister zu Rom ernennet, da
er denn die Nomination zur Cardinalswürde vor die Kayserin als Königin von Ungarn und Böhmen auswirkte.
Im Jahr 1751. wurde er zum Erzbischof von Carthago und
Coadjutor des Erzstifts Mecheln ernennt, und den 10. Oct.
zu Rom in der Kirche St. Apollinaris darzu geweihet.

Er kam hierauf nach Wien, wo er zum würklichen geheimbden Rath erkläret, und als Kayserl. Gesandter nach
Rom abgeschickt wurde, um den Grafen Esterhasy daselbst
abzulösen. Den 7. Febr. 1752. reisete er von Wien ab,
gieng über Paris, und langte im April zu Madrit an. Den
18ten dieses hatte er bey Hofe Audienz. Er half hierauf
den Tractat zu Stande bringen, der zu Erhaltung der Ruhe zwischen der Kayserin, als Königin von Ungarn, und
den Königen von Spanien und Sardinien, den 1. Jun.
1752. zu Aranjues unterzeichnet wurde. Im Febr. 1756.
ward er zurücke beruffen, seine Abreise aber verzog sich bis
den 28. Sept. da er die Stadt Madrit verließ, nachdem er
bey seiner Abschiedsaudienz von dem Könige mit seinem
Bildnisse, reich mit Diamanten besetzt, beschenkt worden.

Als er nach Wien zurücke gekommen, erhielte er das
Bißthum Waitzen in Ungarn, und als der Cardinal von

M 3   Traut-

Trautson den 10. März 1757. starb, ernennte ihn die Kayserin Königin aus besonderm Vertrauen, welche sie auf dessen Tugenden, Gelehrsamkeit und andere herrliche Eigenschaften, setzte, den 13. März zum Erzbischof zu Wien. Er
resignirte hierauf zwar das Bißthum Watzen, kriegte aber
dasselbe den 15. Nov. 1761. wieder von neuem. Und in
eben diesem Monathe, nemlich den 23. Nov. erhielte er auch
auf die Nomination des Kaysers von Clemente XIII. die
Cardinalswürde. Der Prälat Mantrica überbrachte ihm
das Biret nach Wien, wo es ihm den 1. März 1762. in
der Kayserl. Hoftirche aufgesetzt wurde. Er that darauf
eine Reise nach Ungarn, und nahm von dem neuerhaltenen Bißthum Watzen Besitz. Er hat sich um solches sehr
verdient gemacht, da er nicht nur zu Erziehung der Jugend ein ewiges Denkmal daselbst gestiftet, sondern auch die
Stadt selbst durch seine sorgfältigen Anstalten verschönert.

Im Jahr 1765. hieß es, er würde das damals erle-
digte Erzbißthum zu Gran erhalten, das seinen Sitz zu Preß-
burg hat. Es ist mit demselben das Primat von Ungarn
und die Reichsfürstl. Würde verknüpft, und soll jährlich
auf 360000. Gulden eintragen; Jedoch es ist solches nicht
erfolgt, ob er gleich bey dem letztern Reichstage das Ungarische Indigenat bekommen.

Im Jahr 1767. lag die verwittwete Kayserin an den
Blattern tödtlich darnieder, welches Stadt und Hof mit
Wehmuth und Schrecken erfüllte. Als den 1. Jun. alle
Hofnung der Genesung verschwand, muste der Cardinal als
Erzbischof zu Wien die traurige Verrichtung über sich nehmen, und sie Abends mit allen Sacramenten versehen. Er
hatte aber auch hernach den 22. Jul. das Vergnügen, dem
prächtigen Dankfeste in der Metropolitankirche beyzuwohnen, das ihrer Genesung halber gefeyert wurde, wobey er
zu Bezeigung seiner innigsten Freude selbst den Predigt-
stuhl bestieg, und das häufig versammlete Volk aufs be-
weglichste ermahnte, ihr Dankgebeth mit der Kayserin ihrem zu vereinigen.

Im

Im Febr. 1769. wurde er nach Absterben des Papsts zum Conclave eingeladen, worinnen ihm das Loos die 49te Zelle zwischen den Cardinälen Pozzobonelli und Borromeo zugetheilt hatte. Der Kayserl. Hof stellte es ihm frey, ob er nach Rom reisen wollte, oder nicht. Da er nun merkte, daß er die geheime Instruction des Kayserl. Hofs nicht erhalten würde, entschloß er sich, zu Hause zu bleiben. Er ließ daher die Cardinäle wählen, wen sie wollten, und da er hörte, es hätte den Cardinal Ganganelli dieses Glücke betroffen, bezeigte er eine grosse Zufriedenheit darüber.

Er ist übrigens ein gelehrter und tugendhafter Prälate, der an dem ganzen Kayserl. Hofe in grossen Ansehen stehet Ob er gleich mehr als einmal selbst die Canzel bestiegen, und nach dem Exempel der alten Bischöffe in der ersten Kirche geprediget, so führt er doch einen Fürstlichen Staat, worinnen er beynahe seine Vorfahrer übertrift. Seine Verdienste zu erheben, hat man 1761. eine Münze auf ihn geprägt, auf deren einen Seite sein Brustbild und Titel, auf der andern Seite aber die Religion und die Pallas, die einander die Hände geben, zu sehen sind. Hinter dem Bilde der Religion stehet ein Altar, auf welchem ein Feuer brennet, und hinter der Pallas siehet man Bücher, eine Eule und einen Schild. Umher stehen die Worte: Religioni & Bonis Artibus. Es wurde hiemit auf seine Frömmigkeit und Gelehrsamkeit gezielt.

Von seinen Schriften, die im Druck erschienen, hat man folgendes Verzeichniß bekannt gemacht:

1. Eine Lobrede auf den grossen Blutzeugen der Kirche, Johann von Nepomuck, 1760.

2. Drey Predigten, die im Gotteshause, Maria Hülf genannt, bey dem jährlichen Bittgange nach selbizen um einen glücklichen Fortgang der Waffen zu erhalten, in Gegenwart beyder Kayserlichen Majestäten gehalten worden, 1760. und 1761.

3. Drey

3. Drey Predigten, die zu den Armen gehalten worden, als sie in die Domkirche zum Heil. Stephan ihren jährlichen Bittgang thaten, 1760. — 1762.

4. Unterricht von der Verehrung der Bilder, 1761.

5. Rede von Verehrung der Heil. Diener GOttes.

6. Eine Dankrede auf das Treffen bey Landshut, 1760.

7. Der Römische Catechismus, in die lateinische Sprache übersetzt, dem ein Hirtenbrief an die Geistlichkeit beygedruckt worden, 1760.

Man trift in diesen Schriften eine grosse theologische Gelehrsamkeit und eine männliche und einnehmende Beredsamkeit, jedoch nach dem Geschmack der Römisch-Catholischen Kirche, an. Er ziehet daher allemal, wenn er die Canzel besteigt, eine unzählige Menge Zuhörer herbey.

(XXXIV.)

Ludovicus Constantinus de Rohan

ein Franzose.

geb. 1697. Card. 1761.

Er ist der jüngste Sohn Caroli von Rohan, Herzogs von Montbazon, Prinzens von Gulmene, der den 10. Oct. 1727. gestorben ist. Seine Mutter, Charlotte Elisabeth de Conhefiler, eine Tochter des Grafens von Vauvineux, brachte ihn den 24. Märs 1697. zur Welt. Er führte anfangs den Titel eines Grafens von Guiche, trat aber hernach in den Maltheserorden, und erwählte die Dienste zur See. Den 1. April 1716. wurde er Lieutenant, und den 24. Febr. 1720. Capitain über ein Kriegsschiff, hat aber wegen des damaligen Friedens nicht Gelegenheit gehabt, sich in seinen Seediensten herfür zu thun. Im Jahr 1732. qvittirte er diese Dienste, und trat in den geistlichen

lichen Stand. Er ward im Jun. 1732. Dompropst zu Straßburg, und 1734. erhielte er die Abtey Lyre, einige Zeit hernach aber auch die zu St. Medardi in. Soissons. Im Jahr 1740. begleitete er seinen Vetter, den Cardinal von Rohan als Conclaviste nach Rom, als derselbe nach dem Tode Clementis XII. der Papstwahl beywohnte, die damals auf Benedictum XIV. fiel.

Im März 1748. kaufte er mit des Königs Genehmhaltung dem Bischoffe von Soissons die Stelle eines ersten Almoseniers des Königs ab, worauf er 1749. die Abtey St. Epre erhielte. Im Jahr 1753 creirte ihn der König zum Commanteur des Heil. Geistordens, darzu er den 10. Jun. installirt wurde Den 23. Sept. 1756. ward er nach dem Tode des Cardinals von Soubise auf Recommendation des Königs zum Fürsten und Bischof zu Straßburg erwählt, weßhalben er den 10. May 1757. in die Hände des Königs den gewöhnlichen Eyd der Treue ablegte. Er ließ sich auch den 1. Jul. 1758. von dem Kayser Francisco zu Wien die Reichslehen über dieses Reichsstift reichen, welches auch den 4. Aug. 1756. bey dem jetzigen Kayser Josepho II. geschehen.

Mittlerweile wurde er von dem Könige bey dem Papste zur Cardinalswürde vorgeschlagen, die er aach den 23. Nov. 1761. erhielte. Der Prälat Lante überbrachte ihm und dem zugleich creirten neuen Cardinale von Rochechouart das Biret, welches ihnen beyden in der Hofcapelle zu Versailles mit den gewöhnlichen Ceremonien aufgesetzt wurde. Er hielte hierbey so wohl an den König, als an die ganze Königl. Familie zierliche Reden, davon die an den König in der deutschen Uebersetzung also lautete:

„Sire! die unterthänige Ehrfurcht, welche ich Ew. Maj.
„heute bezeuge, gründet sich auf dero eigene Gutthaten.
„Dieselben müssen mir um so viel lieber seyn, da sie bloß
„eine Würkung Ihrer Gnade sind, welche meinen Gedan-
„ken zuvor zu kommen geruhet hat. Es ist Ihr Herz, Si-
„re! dieses so gute Herz, das von Ihren Unterthanen und

„von

„ von ganz Europa erkannt wird, und welches dieses neue
„ Zeichen Ihrer Wohlgewogenheit an eine Familie hat ge-
„ ben wollen, die keine andere Ehre, als Ihnen zu gefallen
„ sucht, auch sich nie um einen andern Titel beworben hat,
„ als um den eines eifrigen und getreuen Dieners. Er-
„ lauben Sie, Sire! daß ich, indem ich heute die Pflicht
„ meiner persönlichen Erkenntlichkeit zu dero Füssen lege,
„ die von der ganzen Familie zugleich darinnen begriffen seyn
„ möge. Wir werden niemals anders als aus einem Her-
„ zen handeln, wenn es darauf ankömmt, Ew. Maj. zu die-
„ nen, und dero Wohlthaten zu erkennen. Sie wissen die
„ Gesinnungen eines jeden unter uns. Besonders erlauben
„ Sie mir, Sire! daß ich mich zum Bürgen vor meinen
„ Neveu setze, der mir lieb ist, und den Sie mir verstatten
„ wollen, der Zweyte nach mir zu seyn, so, wie er der un-
„ trügliche Erbe meiner unverletzlichen Zuneigung für Ew.
„ Maj. seyn wird. Alles, was mir von den Gütigkeiten
„ Ew. Maj. zu erlangen übrig bleibt, sind die Gnadenbe-
„ zeigungen, womit mich Ew. Majestät zu beehren geruhet
„ haben. „

Den 22. Nov. 1759. wurde sein Neveu, Prinz Ludwig Renatus von Rohan, zum Coadjutor zu Straßburg erwählt, der den 18. May 1760. zu Paris mit grossem Gepränge zum Bischoffe von Canope geweihet wurde, und sich
jetzt als Königl. Französischer Abgesandter zu Wien befindet. Sein Aufenthalt ist meistens zu Paris, wo er sich auch
befand, als er die Nachricht von dem Absterben Papst Clementis XIII. erhielte, der den 2. Febr. in der Nacht das
Zeitliche verlassen. Er wurde alsdenn zum Conclave eingeladen, worinnen ihm durchs Loos die 9te Zelle zwischen
den Cardinälen Chigi und Pirelli zugefallen war. Alleine,
da er bereits ein Alter von 72. Jahren erreicht, bekam er
von dem Könige die gebethene Erlaubniß, zu Hause zu bleiben, ob er gleich den Cardinalshut aus des Papsts Händen nebst einem gewissen Priestertitel noch nicht empfangen
hatte. Als die Erzherzogin Maria Antonia, als Braut des
Dauphins, auf ihrer Reise nach Frankreich den 7. May
1770. zu Straßburg anlangte, trat sie in seinem Pallaste
ab,

ab, und wurde von ihm, nachdem er deßhalben den 28.
April von Paris daselbst angelangt war, gebührend empfangen.

(XXXV.)

Johann Franc. Joseph de Rochechouart,

ein Franzose.

geb. 1708. Card. 1761.

Er stammt aus dem vornehmen Hause der Herzoge von
Mortemart her, und ist der älteste Sohn Johann Bap-
tistä de Rochechouart, Grafens von Maure, eines Bruders des alten Herzogs Ludwigs von Mortemart, der den 31.
Jul. 1746. ohne Erben gestorben, welchem er sodann als
Herzog von Mortemart und Pair von Frankreich gefolgt,
aber den 16. Jan. 1757. gestorben ist. Seine Mutter Anna Colbert, eine Tochter des Marqvis von Blainville,
brachte ihn den 27. Jan. 1708. zu Toulouse zur Welt.
Er wurde dem geistlichen Stande gewidmet, daher er zu
Paris studirte, und den Namen eines Abts von Rochechouart annahm. Er wurde gar bald mit guten Präbenden versehen, und ward endlich Großvicarius zu Rouen.

Den 23. April 1741. starb Stephan Joseph de la
Fare, Bischof von Laon, da denn unser Abt von Rochechouart das Glücke hatte, an dessen Stelle im Jun. zu diesem ansehnlichen Bißthum ernennet zu werden. Es ist
mit demselbigen die Würde eines Herzogs und Pairs von
Frankreich verknüpft, daher er in solcher Qvalität Sitz und
Stimme im Parlamente zu Paris empfienge, und seinen
Aufenthalt in dieser Hauptstadt nahm, wo er allezeit in grossen Ansehen gestanden. Im Jun. 1752. wurde er von
dem Könige zu einem Mitgliede desjenigen neuen Gewis-
sens- und Religionsraths ernennet, der die damaligen
Streitigkeiten zwischen der Geistlichkeit und dem Parlamente zu Paris untersuchen sollte. Im Oct. 1756. erhielte er
von dem Könige die sogenannten grossen Entrees, und im
Jun.

Jun 1757. die Großallmosenierstelle bey der Königin. Als
auch der Graf von Stainville, nachmaliger Herzog von
Choiseul, in eben diesem Jahre als Gesandter von Rom
nach Wien gehen mußte, hatte er die Ehre, an dessen statt
zum Französischen Bothschafter am Päpstl. Hofe ernennt
zu werden.

Er reisete den 9. Febr. 1758. von Paris ab, und langte den 13. März zu Rom an, wo er den Papst Benedictum
XIV. noch lebendig, aber sehr schwach und kränklich antraf,
doch hatte er bey ihm noch eine Audienz. Als derselbe den
3. May starb, giengen die Cardinäle den 15ten ins Conclave. Den 2. Jul. hatte er als ernennter ausserordentli-
cher Königl. Bothschafter bey dem Cardinalscollegio eine
solenne Audienz. Er erhub sich in einem prächtigen Aufzuge in das Conclave, wo ihn der Fürst Chigi als Groß-
marschall desselben in seinem Apartement empfienge, und
mit köstlichen Erfrischungen bediente. Als ihm hierauf die
kleine Pforte im Conclave eröffnet worden, überreichte er
den Häuptern der Cardinalsorden sein Creditiv, und hielte
an das gesammte Cardinalscollegium in französischer Sprache eine Rede, die von dem Cardinal Spinelli beantwortet
wurde. Wenig Tage darauf wurde Clemens XIII. erwählt,
dessen Krönungssolennitäten er mit ansahe, und nach erhal-
tenem neuen Creditiv bey ihm Audienz hatte.

Er wurde hierauf stark zur Cardinalswürde vorgeschlagen, und da der König nach dem sogenannten Rechte der
Nomination bereits vor den Bischof von Straßburg um diese Würde bey dem Papste Ansuchung gethan hatte, so wurde der damals noch lebende Prätendente als vermeinter König von Engelland gebethen, ihn in dieser Qualität bey dem
Papste vorzuschlagen, welches denn auch die Würkung hatte, daß er den 23. Nov. 1761. nebst noch 9. andern Prälaten zum Cardinalpriester creirt wurde. Weil er sich zu
Rom anwesend befand, erhielte er sogleich aus des Papsts
Händen das Biret, und einige Wochen hernach den Hut,
nebst dem Priestertitel St Eusebii. Er blieb hierauf noch
fast Jahr und Tag als Französischer Abgesandter zu Rom,

und

und kriegte wegen der Jesuiten, die 1762. aus Frankreich vertrieben wurden, viele Gelegenheit, mit dem Papste und seinen Ministern sich zu unterreden. Weil er nun die Parthey seines Hofs halten mußte, kriegte er am päpstl. Hofe viele saure Gesichter. Er war daher froh, daß er 1762. nach Hause kehren durfte, und durch den Marquis von Aubeterre abgelöset wurde. Den 30. May eben dieses Jahrs ward er zum Computhur des Heil. Geistordens creirt, und im May 1764. empfieng er die reiche Abtey St. Oyen.

Im Jahr 1765. wohnte er zu Paris der Versammlung der Geistlichkeit bey, in welcher verschiedene wichtige Acten abgefaßt wurden, die die Rechte und das Ansehen der Französischen Kirche anbetrafen, aber weder dem Hofe noch den Parlementern, die sie zu unterdrücken suchten, angenehm waren. Der Cardinal von Rochechouart war einer der eifrigsten unter den versammleten Prälaten. Er half die Acten nicht nur abfassen, sondern unterschrieb sie auch, und machte sie durch ein Circularschreiben in seiner ganzen Dioeces bekannt.

Den 25. Jun. 1768. starb die Königin an einer Abzehrung, womit sie lange Zeit zugebracht hatte. Er hatte bey ihrem Krankenbette die traurige Verrichtungen eines Großallmoseniers zu versehen, als er ihr die Sacramente und letzte Oelung ertheilt.

Den 2. Febr. 1769. starb Clemens XIII. worauf er zum Conclave nach Rom beruffen wurde, worinnen er durchs Loos die 40ste Zelle zwischen den Cardinälen Conti und Lante bekommen hatte. Alleine, er schützte bey Hofe sein Alter und seine banfällige Gesundheit für, und erhielte dadurch Erlaubniß, zu Hause zu bleiben. Die Cardinäle erwählten darauf den Cardinal Ganganelli, der den Namen Clemens XIV. annahm, zu dessen Erhebung die Französischen Cardinäle, die das Conclave besucht, nicht wenig beygetragen hatten.

(XXXVI.)

(XXXVI.)

Anton Clairad de Choiseul,
ein Franzose.

geb. 1707. Card. 1761.

Er ist aus dem vornehmen Geschlechte der Grafen von
Choiseul-Beaupre entsprossen, und hat den 28. Sept.
1707. zu Langres das Licht der Welt erblickt. Der
Generallieutenant, Carl Maria, Graf von Choiseul-Beaupre, und der Bischof Claudius Anton von Chalons an der
Marne, sind seine ältern Brüder. Von seiner Erziehung
und seinen Studien ist mir nichts bekannt. Vermuthlich
hat er zu Paris studirt, und allda unter dem Namen eines Abts von Choiseul viele Jahre zugebracht, ehe er seine Beförderung gefunden. Und diese war von ziemlicher
Wichtigkeit, da er 1754. das ansehnliche Erzbißthum zu
Besançon, in der Grafschaft Burgund erhielte, Kraft dessen
er den Titel eines Fürstens des Heil. Römischen Reichs
führen konnte, weil dieses Erzbißthum vormals zum deutschen Reiche gehört, und Sitz und Stimme auf den Reichs-
tägen gehabt hatte. Seines Vaters Bruder, der Bischof
von Mende, ertheilte ihm die Bischofsweihe, der König
Stanislaus, Herzog in Lothringen, aber ernennte ihn zu
seinem Großallmosenier, und erlaubte ihm, sich einen Pri-
mas von Lothringen zu nennen. Er hielte sich hierauf fleis-
sig an dessen Hofe auf, und ward von ihm bey Clemens
XIII. aufs angelegenste zur Cardinalswürde recommendirt.
Diese kriegte er auch den 23. Nov. 1761. worauf der Prälat Lante ihm das Biret überbrachte, das ihm vermuthlich
der König Stanislaus selbsten zu Nancy aufgesetzt hat.

Im Febr. 1766. starb dieser löbliche Fürst in einem
Alter von 89. Jahren zu Lüneville an einem unglücklichen
Zufalle, da er sich an dem Caminfeuer sehr gefährlich verbrannt hatte. Der Cardinal von Choiseul muste ihm als
dessen Almosenierer die Sacramente reichen, ehe er mit vielen Schmerzen seinen Geist aufgab.

Im

Im Febr. 1769. ward er nach dem Absterben Clemens XIII. zum Conclave eingeladen, in welchem er durchs Loos die erste Zelle bekommen, die den Cardinal Cavalchini zum Nachbar hatte. Weil er den würklichen Cardinalshut noch nicht bekommen hatte, machte er sich nach Rom auf den Weg, wo er auch noch vor Ende des Märjes anlangte, und das Conclave betrat. Er hielte sich zur Französischen Parthey, von welcher der Cardinal von Bernis die Triebfeder war, und half Clementem XIV. erwählen, der noch jetzt auf dem Päpstlichen Stuhle sitzt. Nach dessen Krönung empfieng er den 22. Jun. nebst noch etlichen andern Cardinälen den Hut, und kurz darauf einen Priestertitel, worauf er nach Frankreich zurück reisete.

(XXXVII.)

Johannes Molino,

ein Venetianer.

geb. 1705. Card. 1761.

Er stammt aus einem edlen Venetianischen Geschlechte her, und hat den 16. April 1705. zu Venedig das Licht der Welt erblickt. Er ward von seinen Eltern zum Prälatenstande bestimmt, und daher in der Gottesgelahrheit und in den Canonischen Rechten von Jugend auf fleißig unterrichtet. Die erste Stuffe seines Glücks war die Beförderung zu einer Stelle in dem Tribunal der Rota zu Rom. Es sitzen ihrer 12. in diesem Rechtscollegio, unter denen die Republick Venedig einen von ihrer Nation hat, den sie selbst ernennet. Da nun Carolus Rezzonico den 20. Dec. 1737. die Cardinalswürde kriegte, hatte er das Glücke, an dessen Stelle von der Republik zum Auditor Rotä ernennt zu werden. Diese Stelle bekleidete er über 17. Jahre, bis er 1755.

das Bißthum zu Brescia erhielte, das durch den Tod
des gelehrten Cardinals Querini verlediget worden.

Er hatte kaum von diesem Bißthum Besiz genommen, als ihn die Republick bey dem Papste zur Cardinalswürde vorschlug, die er auch den 23. Nov. 1761.
empfienge, wie Clemens XIII. vor die Cronen eine Promotion anstellte. Er hielte sich eben damals zu Venedig
auf, daher ihm der Prälat Rivaldi das Biret dahin überbrachte, welches ihm auch daselbst überreichet wurde. Im
Febr. 1764. kriegte er die Abtey St. Simon und Judä zu
Bergamo.

Im Jahr 1768. gerieth er mit dem Senat zu Venedig in eine grosse Mißhelligkeit. Es hatte solcher unter den
9. Sept. ein weitläuftiges Decret in Ansehung der geistlichen
Orden in dem Gebiethe der Republick heraus gegeben.
Durch welches unter andern alle Ordensleute der Gerichtsbarkeit ihrer Generale, ja des Papsts selbsten entzogen, und
den ordentlichen Bischöffen untergeben wurden. Wider dieses Decret ließ der Papst nicht nur ein Ermahnungsschrei-
ben an den Senat, sondern auch ein Circularschreiben an die
Bischöffe ergehen, deren keines aber die erwünschte Wirkung
that; vielmehr verlangte der Senat sehr ernstlich von den
Bischöffen, die Clöster ihrer Dioeces zu visitiren. Es erzeigte sich aber keiner hierinnen widerspenstiger als der Cardinal
Molino, Bischof zu Brescia. Er wurde deßhalben im Dec.
nach Venedig beruffen, um sich bey dem Senat zu verantwor-
ten, weil er dem Decrete der Republick vom 7. Sept. nicht
Folge geleistet. Alleine anstatt zu gehorchen, begab er sich nach
Mantua und von dar nach Ferrara, allwo er seinen Aufenthalt zu nehmen schiene. Man sahe diesen Schritt für sehr
übereilt an, weil man ihn nicht nur für einen Aufrührer erklärte, sondern auch alle seine weltlichen Güter, Tafelgelder
und Beneficien einzog. Alleine, er ließ sich dadurch nicht
bewegen, nachzugeben, sondern hofte, von dem Papste mit
zulänglichen Präbenden versorgt zu werden.

Alleine

Alleine ehe er deßhalben zu Rom anlangte, starb Clemens XIII. den 2. Febr. 1769. Es wurde darauf ein Conclave veranstaltet, in welchem er die 46ste Zelle zwischen den Cardinälen Saldanha und Pallavicini erhielte. Jedoch er langte nicht eher als den 7. April in demselben an, schlug sich aber zu keiner sonderlichen Parthey, sondern gab bald diesem, bald jenem Cardinal seine Stimme. Endlich trat er den Freunden des Ganganelli bey, der den 19. May zum Papst erwählt wurde, und den Namen Clemens XIV. annahm. Dieser setzte ihm den 22 Jun. den Cardinalshut auf, und ertheilte ihm den Priestertitel St. Sixti. Er söhnete ihn auch mit der Republick Venedig aus, da er die Irrung, die seinetwegen entstanden, dadurch beylegte, daß er ihm als Apostolischen Legaten über die Ordensgeistlichen in seiner Diöces eben die Gewalt und Macht ertheilte, welche der Senat sich vorher in seinem Decrete zugeeignet hatte. Er sollte nämlich die Klöster visitiren, und damit bey den Minoriten, des neuen Papsts Ordensbrüdern, den Anfang machen. Alleine der Senat zu Venedig bestund darauf, daß der Cardinal die Visitation der Klöster nicht als apostolischer Legate, sondern Krafft des Decrets des Senats, verrichten sollte. Man verboth ihm daher, nicht eher wieder Besitz von seinem Bißthum zu nehmen, als bis er vorher durch ein offenes Pastoralschreiben den Ordensgeistlichen in seiner Diöces die Visitation angekündiget hätte.

Der Cardinal befahl hierauf mit Einwilligung des Papstes seinem Generalvicario, den Ordensgeistlichen gedachte Visitation zwar anzukündigen, aber dabey nicht zu gedenken, aus wessen Befehl, ob aus Päpstlichem, oder des Senats seinem, solches geschehe. Hierdurch wurde diese Zwistigkeit beygelegt, worauf der Cardinal von dem Senat Erlaubniß kriegte, sich wieder in sein Bißthum zu begeben, wo auch alle seine in Beschlag genommenen Einkünfte wieder frey gemacht wurden. Von dieser Zeit an hält er sich beständig in seinem Bißthum Brescia auf und wartet seine geistliche Verrichtungen ab.

IV. Theil. N **XXXVIII.**

(XXXVIII.)
Simon Buonacorsi,
von Macerata.
geb. 1708. Carb. 1763.

Er warb den 17. Nov. 1708. zu Macerata einer Päpstl. Stabt in der Anconitanischen Mark, aus einem alten Patriciatgeschlechte gebohren und von Jugend auf in den Sprachen und Wissenschaften, die zu Bildung eines vornehmen Prälatens erfordert werden, sorgfältig erzogen. Er wandte sich bey Zeiten nach Rom, um an dem Päpstl. Hofe sein Glücke zu machen, welches er auch nach Wunsche gefunden, ob er gleich etwas lange warten müßen. Clemens XII. ernennte ihn im April 1735. zum Vicelegaten zu Ferrara und Benedictus XIV. im Dec. 1741. zum Gouverneur zu Ascoli, von bar er hernach in andere Gouvernements versetzt worden.

Sein größter Beförderer war Clemens XIII. der 1758. den Päpstl. Stuhl bestieg. Denn dieser ertheilte ihm nicht nur im Sept. 1759. das wichtige Secretariat bey der Congregation der Bischöffe und Regularen, sondern erhub ihn auch den 18. Jul. 1763. nebst dem Herrn Regroni zur Carbinalswürde. Er empfieng noch an diesem Tage aus des Papsts Händen das Biret, und nicht lange hernach den Hut. Als ihm den 22. Aug. der Mund geöffnet wurde, bekam er den Priestertitel St. Johannis vor der Lateinischen Pforte und Sitz in den wichtigsten Congregationen. Man versprach sich gleich anfangs zu Rom von ihm viel Gutes und glaubte, es habe der Päpstl. Hof kaum jemals einen geschicktern Prälaten zur Carbinalswürde erhoben, als den Herrn Buonacorsi, weil man ihm eine große Einsicht in allen Staats-Regierungs-und Kirchenangelegenheiten zuschriebe; jedoch es hat gleichwohl nicht an Pasquinaden gefehlt.

Clemens XIII. setzte vor andern ein großes Vertrauen auf seine Geschicklichkeit und zog ihn in allen wichtigen Handlungen zu Rathe. Da auch nach dem Tode des Cardinals

Cenci

Ceuci ein neuer Plan zu Austrocknung der Pontiſchen Sümpfe
entworfen worden, empfieng er die Aufſicht darüber, und zugleich monathlich 100. Zechinen zur Beſoldung. Es beſtund
aber dieſer Plan darinnen, daß das Waſſer aus den Moräſten
in einen Canal gezogen, ſolcher Canal aber in den Hafen von
Antium geleitet werden ſollte, um hierdurch dieſen Hafen,
der durch den Tieberſand faſt ganz verſchwemmt worden, tiefer zu
machen und den großen Schiffen den Eingang zu erleichtern.
Er bekam hierbey den berühmten Mathematicum und Jeſuiten, P. Boscowich, zum Beyſtande, mit welchem er 1764.
nach der Gegend der Pontiſchen Moräſte abreiſete, um zu unterſuchen, ob dieſer Plan ins Werk zu richten ſey. Alleine
da man ſeitdem nichts weiter hiervon gehört, ſtehet es dahin,
ob die Ausführung deſſelben für practicabel befunden worden.

Er iſt nicht nur ein Patron der Jeſuiten, ſondern auch
ein eifriger Anhänger und Vertheidiger der Hoheit und Rechte des Päpſtl. Stuhls, daher er an allen den Handlungen
Theil nahm, die unter der Regierung Clementis XIII. zum
Verdruß der weltlichen Catholiſchen Mächte durch Betrieb
des Cardinals Torreggiani vorgenommen wurden; wie er
denn auch ein Mitglied der außerordentlichen Congregation
geweſen, darinnen das harte Päpſtl. Breve wider den Herzog
von Parma unterm 30. Jan. 1768. geſchmiedet worden.

Wie eifrig er dem Römiſchen Ceremoniel ergeben ſey,
erhellet aus folgender Begebenheit. Es darf bey Strafe der
Excommunication keine Dame, wenn ſie nicht eine Königin
iſt, auf die, in den Kirchen zu Rom für die Cardinäle be-
ſtimmten Polſter und Bänke knien. Als nun im Aug. 1768.
eine gewiße vornehme Dame, die dieſes nicht wußte oder
nicht achtete, auf ein ſolches Bänkgen kniete und der Cardinal Buonacorſi darzu kam, ſtunde ſie zwar auf und begab ſich
mit einer tiefen Vorbeugung gegen denſelben hinweg, aber
er nahm es ſo übel, daß er ſie keines Danks würdigte. Es
wurde hierauf der Dame aus beſonderer Conſideration, die
man für ihre Perſon und für ihren Rang hatte, nur dieſes auf-

N 2 gelegt,

gelegt, daß ſie ſich deßhalben bey dem Cardinal entſchuldigen ſollte.

Im Nov. eben dieſes Jahrs wurde ihm das verledigte reiche Erzbißthum zu Ferrara angetragen, welches er aber nach dem Beyſpiel einiger andern Cardinäle ausſchlug, weil eines Theils ſolches mit vielen Penſionen beſchwert worden, andern Theils aber er nicht gerne ſich von Rom entfernen wollte.

Den 2. Febr. 1769. ſtarb der Papſt, worauf er den 15ten mit den andern Cardinälen ins Conclave gienge, worinnen er die 20ſte Zelle zwiſchen den Cardinälen Serbelloni und Caſtelli bekommen. Ehe er noch das Conclave betrat, ſtatteten die fremden Miniſtri ihre Beſuche bey den Cardinälen ab. Alleine die von den Bourboniſchen Höfen übergiengen unſern Buanacorſi, als einen, der denſelben äußerſt verhaßt war. Als auch hernach die Franzöſiſchen Cardinäle im Conclave enlangten, bezeugte der Cardinal von Bernis, dem die geheimen Inſtructionen von dem Könige anvertrauet worden, ausdrücklich, daß ſein König allen den Cardinälen die Ausſchlieſſung von der Päpſtl. Würde gäbe, die der Congregation wegen Parma beygewohnet, wobey er einen nach dem andern, worunter ſich auch Buonacorſi befand, anſahe. Er that ſich daher in dem Conclave gar nicht herfür, hielte es aber meiſtens mit dem Stoppani. Endlich wurde die Wahl in der Perſon des Cardinals Ganganelli, der den Namen Clemens XIV. annahm, den 19. May vollzogen.

Wenn die Prophezeyung des bekannten Malachias, die er von dem neuerwählenden Papſte geſtellt, hätte eintreffen ſollen, würde kein anderer Cardinal den Päpſtl. Stuhl beſtiegen haben, als der Cardinal Buonacorſi. Denn da dieſer Prophet den neuen Papſt, der erwählt werden ſollte, durch die Worte: *Urſus velox*, beſtimmt hatte, ſo ſchickten ſich ſolche dem Buchſtaben nach auf keinen Cardinal beßer, als auf den Buonacorſi, weil er einen auf einen Baum kletternden Bär im Wappen führt. Alleine es war kein Cardi-

nel

'nal entfernter von dieser Hoffnung als er. Seine Neigung gegen die Jesuiten, die er zu allen Zeiten mehr als zu deutlich zu erkennen gegeben, hatte ihn überall äußerst verhaßt gemacht. Er schätzet ihre Gunst über alles und hält diesen Orden nach dem Ausdruck eines Römers für so mächtig, daß er, wie ein Josua, der Sonne befehlen könne: Sonne, stehe stille!

(XXXIX.)
Andreas Negroni,
ein Römer.
geb. 1710. Card. 1763.

Er stammt aus einem alten Genuesischen Geschlechte her, ist aber den 2. Nov. 1710. zu Rom gebohren worden. Von seiner Jugend, Erziehung und Studien weiß ich nichts zu berichten; doch kann man leichte vermuthen, daß, da Rom seine Vaterstadt ist, er auch in dieser Stadt werde studirt und sich zum Dienst des päpstlichen Stuhls qualificirt gemacht haben.

Im Sept. 1743. ernennte ihn Benedictus XIV. zum Votante der Signatur di Giustizia, welche Stelle er bis an den Tod dieses Papsts bekleidet hat. Als hierauf Clemens XIII. im Jul. 1758. den Apostolischen Stuhl bestieg, fieng auch sein Glücke erst recht zu blühen an, da ihn dieser Papst, der schon längst sein Patron gewesen, gleich bey Antritt seiner Regierung zu seinem Auditor oder geheimen Secretair ernennte, und dadurch ihm den Weg zur Cardinalswürde bahnte. Es verzog sich aber damit bis den 18. Jul. 1763. da er nebst dem Herrn Buonacorsi den Cardinalspurpur erhielte, nachdem er bereits ein Canonicat zu St. Peter erhalten hatte. Er bekam sogleich das Biret und nicht lange hernach den Hut, und als ihm den 22. Aug. der Mund geöffnet wurde, kriegte er den Diaconattitel St. Mariä in Aqviro.

Der

Der Papst machte ihn nicht nur zu einem Mitgliede der vornehmsten ordentlichen Congregationen , sondern zog ihn auch zu allen ausserordentlichen Berathschlagungen, behielte ihn auch noch länger als einen Proauditor um sich; jedoch im Sept. 1767. ertheilte er ihm das wichtige Amt eines Secretairs der Breven, nachdem er im Jun. 1765. den Diaconattitel St. Viti und St. Modesti angenommen hatte. In dieser Qualität hat er das bekannte Breve oder Monitorium an den Herzog von Parma unterschrieben, das in der Römischen Kirche ein so grosses Aufsehen gemacht hat. Man giebt ihm auch Schuld, daß er die Unterhandlungen des Parmesanischen Hofes gehindert habe, als solcher viele Jahre über in der Güte gesucht, die Gerechtsame seiner Regalien feste zu setzen.

Sein Ansehen am Päpstl. Hofe wurde nicht wenig durch die Donna Palmira Datti unterstützt , welche unter dieses Papsts Regierung viele Verehrer hatte, die bey dem Heil. Vater vieles galten. Sie pflegte stets eine auserlesene Gesellschaft bey sich zu haben, welches ihr viel Ansehen zuwege brachte Ihr Alter gab ihr zwar nicht viele Reitzungen mehr, sie wußte sich aber unter ihren Freunden durch ihre Anschläge und Einsicht in den Geschäften am Römischen Hofe ein Ansehen zu geben. Sie hatte es auch dahin gebracht, daß ihr alter Verehrer Policarpo ihr ein beträchtliches Vermächtnis hinterlassen. Unter ihren neuen Verehrern waren nun der Cardinal Negroni und einige Prälaten die vornehmsten, die in den Ministerialgeschäften des Cardinals Orsini, Ministers des Königs von beyden Sicilien, gebraucht wurden. Und eben diese Dame war es, welche den Cardinal Negroni, da die Gesandten der Bourbonischen Höfe im Jun. 1768. dem Papste zu erkennen gaben, daß sie von ihren Principalen Befehl hätten, mit dem Cardinal Torreggiani nicht weiter in einigen Angelegenheiten zu handeln, es dahin brachte, daß der Papst den Bourbonischen Ministern den Cardinal Negroni vorschlug, an statt des Torreggiani mit ihnen in Unterhandlung zu treten, welches sich dieselben gefallen ließen und alsdenn bey dem Negroni ihren Besuch abstatteten. Jedermann erstaunte, als man vernahm, daß dieser Cardinal, den die gedachten Ministri

ftri sonst so sehr verabscheuet hatten, ihre Gunst erlangt hätte, und mit ihm in den Ministerialgeschäften zu conferiren
geneigt wären. Alleine die Verwunderung hörte auf, als
man vernahm, daß die gedachte Dame seine Freundin wäre.
Jedoch die Ministri erkannten bald, daß Negroni nur ein
Sprachrohr des Torreggiani wäre, und beklagten sich, daß
seine Vollmacht sich nicht weiter erstrecke, als nur zu referiren.

Die Donna Palmira war sehr bestürzt, ihren Verehrer
dadurch verachtet zu sehen. Sie entwarf einen neuen Plan,
ihn empor zu bringen, welchen sie durch einen Prälaten, der
ihre Gunst hatte, dahin ausführte, daß die Bourbonischen
Ministri sich bey ihm entschuldigten und mit ihm wieder in
Conferenz traten. Hierdurch ward der Cardinal Negroni von
neuem in Ansehen gesetzt. Man gab sich darauf alle Mühe,
ihn mit Ausschließung des Cardinals Torreggiani völlig an
das Staatsruder zu erheben. Man versprach sich anfangs gül-
dene Berge von ihm und glaubte, den Mann an ihm gefunden zu haben, unter deßen Anführung alle Schwierigkeiten
gehoben werden könnten. Aber man fand am Ende, daß
man sich sehr betrogen hatte. Als man ihn in der Staats-
wage abwog, ward er viel zu leichte befunden und man merkte bald, daß die Bourbonischen Ministri an dem Negroni viel
weniger Geschicklichkeit sähen, als Torreggiani besaß. Er fiel
daher bald wieder in die vorige Verachtung; sonderlich da er
den 25. Oct. im Namen des Papsts wegen der Irrungen mit
Parma den drey Bourbonischen Ministern einen Vergleich an-
both, der dahin gieng, daß das Breve widerruffen werden sollte, wenn der Herzog von Parma mit seinem Edict ein gleiches thun würde, mit dem Beyfügen, daß man dem Herzoge
aus Nachsicht vieles, was darinnen enthalten, zugestehen wollte; doch könnten Se. Heiligkeit ihn nicht anders, als für einen Lehnmann der Kirche erkennen, weil derselbe nicht der
Eigenthümer, sondern nur der Usurpateur der Gerechtsamen
des Heil. Stuhls wäre. Alleine die Ministri nahmen den
deßhalben überschickten schriftlichen Aufsatz nicht an, sondern
schickten ihn dem Cardinal Negroni gleich wieder zurücke, mit
dem Vermelden, daß sie diesen neuen Antrag nicht annehmen

N 4 könn-

könnten, ohne einen derben Verweiß von ihren Principalen zu erwarten.

Der Papst, der darüber sehr betreten war, starb nicht lange darauf, nämlich den 2. Febr. 1769. wodurch Negroni aller seiner bißherigen Ministerialgeschäfte entlediget wurde. Er betrat den 15. Febr. das Conclave, worinnen er die 44ste Zelle zwischen den Cardinälen Stoppaui und Galbanha inne hatte. Er durfte sich auf die Päpstl. Würde keine Rechnung machen, weil er sich allzusehr in die Karte hatte gucken lassen und den Grundsätzen des Cardinals Torreggiani eifrig zugethan war. Der neue Papst Clemens XIV. der den 19. May erwählt wurde, hat ihn zwar in dem Secretariat der Breven bestättiget, macht übrigens aber nicht viel Werk von ihm.

(XL.)
Johannes Octavius Buffalini,
von Citta di Castello.
geb. 1709. Carb. 1766.

Er wurde den 17. Jan. 1709. in der Päpstl. Stadt Citta di Castello gebohren und war aus einem guten Geschlechte; doch kann man weder von seinen Eltern und den ersten Jahren seines Lebens, noch auch von den Orten, wo er seine Studia getrieben, nichts sagen. Vermuthlich hat er die meiste Zeit seiner Jugend in Rom zugebracht und ist die Schulen durchgegangen, die ihm den Weg zur Cardinalswürde gebahnet.

Sein erster Beförderer war Benedictus XIV. der ihn im Dec. 1741. das Gouvernement zu Benevento gab, von dar er im Sept. 1743. in gleicher Qualität nach Loretto versetzt wurde. Im Nov. 1753. erhielte er ein Canonicat zu St. Peter und den 2. Oct. 1754. warb er zum Nuncio in der Schweitz ernennet, wohin er auch, nachdem er zum Erzbischoff zu Chal-
cedon

reden geweihet worden, abgieng und den 28. Febr. 1755.
zu Lucern, wo die Nuncii zu residiren pflegen, anlangte.

Hier blieb er bis 1759. da ihn der neue Papst Clemens XIII.
der schon als Cardinal sein großer Patron gewesen, nach Rom
berief und die wichtige Bedienung eines Päpstl. Oberhofmei=
sters ertheilte. Er nahm ihn zu sich in seinen Palast und wür=
digte ihn einer großen Vertraulichkeit, die durch die gute
Freundschaft, darinnen er mit den Cardinälen Torreggiani,
Rezzonico und andern bey dem Papste vielgeltenden Per=
sonen stunde, unterhalten wurde. Im April 1761. erhielte
er von dem Großmeister von Malta das Johanniterordens=
creutz und den 21. Jul. 1765. wurde er nebst dem Herrn
Boschi zum Cardinal creirt. Er empfieng sogleich aus des
Papsts Handen das Biret und den 6. August, nachdem er vor=
her den Hut erhalten, den Priestertitel von St. Maria An=
gelorum, wobey er zum Mitgliede der Congregationen des
Concilii, der Immunitäten, des Consistorii und von Loretto
und Avignon ernennet wurde. Jedoch er wurde bald hernach
genöthiget, sich von Rom zu entfernen, da ihm der Papst den
1. Dec. 1766. das ansehnliche Bißthum zu Ancona ertheilte,
nachdem er das angetragene Erzbißthum zu Ferrara ausge=
schlagen hatte. Es geschahe aus keiner Ungnade, sondern
vielleicht aus einer besondern Vorsorge, um ihn von den Ge=
schäften des Päpstl. Stuhls zu entfernen, damit er in einem
künftigen Conclave destoweniger Hinderniß haben möchte, die
Päpstl. Würde zu erlangen.

Die Gelegenheit hierzu äußerte sich gar bald, da Cle=
mens XIII. den 2. Febr. 1769. das Zeitliche verließ. Die
Cardinäle hatten bereits vor etlichen Wochen das Conclave
betreten, als er in solchem anlangte, worinnen er durchs
Looß die 34ste Zelle zwischen den Cardinälen von Hutten und
Cordoua bekommen. Er hielte sich zu den Cardinälen Tor=
reggiani und Boschi, hatte aber viel zu wenig Freunde unter
seinen Collegen, als daß er zur höchsten Würde in Vorschlag
gebracht worden wäre. Er mußte geschehen lassen, daß der
Cardinal Ganganelli unter dem Namen Clementis XIV. den

R 5   Päpstl.

Päpstl. Stuhl bestieg, worauf er sich wieder in sein Bißthum zu Ancona begab, allwo er sich noch befindet.

(XLI.)

Johannes Carolus Boschi,
von Faenza.
geb. 1715. Carb. 1766.

Er stammt aus der Päpstl. Stadt Faenza her, die in der Provinz Romágna liegt und ward den 9. April 1715. daselbst gebohren. Er hat frühzeitig sein Glücke zu Rom gesucht, und allda sowohl seine Studia vollendet, als auch einen guten Zutritt an dem Päpstl. Hofe gefunden. Papst Benedictus XIV. ernennte ihn im Sept. 1743. zum Consultor bey der Congregation der Heil. Ritunm, wobey er den Titel eines Päpstl. Hausprälatens und geheimen Cammerers führte. Den 29. März 1754. ward er Secretarius der Memorialien und nicht lange darauf Canonicus zu St. Peter. Er hat auch die Würde eines Erzbischoffs von Athen bekleidet.

Als Clemens XIII. im Jul. 1758. den Päpstl. Stuhl bestieg, ward er Secretarius der Ziffern und im Sept. 1759. Päpstl. Cammermeister, welches eine von den nächsten Stellen zur Cardinalswürde ist. Der Papst setzte ein besonderes Vertrauen auf seine Geschicklichkeit, und da er mit ihm einerley Grundsätze hegte, wurde er fleißig zu den ausserordentlichen Congregationen gezogen, die sonderlich wegen der Jesuiten und Kirchenrechte gehalten wurden, da er denn allezeit den Meinungen derjenigen beytrat, die für beyde sehr eingenommen waren.

Im April 1761. bekam er das Maltheserordenscreutz und den 11. Jul. 1766. ward er nebst dem Herrn Buffalini zur Cardinalswürde erhoben. Er empfieng mit demselben zugleich das Biret und den Hut, und den 6. Aug. erhielte er den Priestertitel St. Johannis und St. Pauli, wobey er ein Mitglied,

von

von den Congregationen de propaganda fide, derer Rituum, des Conſiſtorii und des Indicis wurde.

Im März 1767. wurde er an des verſtorbenen Cardinals Galli Stelle zum Großpönitentiario ernennet. Dieſer erhabene Poſten machte ihn zum Haupte eines Gerichts, welches, ob es gleich aus ſehr vielen Beyſitzern und Bedienten beſtehet, dennoch die Menge der Geſchäfte kaum beſtreiten kann. Denn die ganze Catholiſche Welt wendet ſich in Sachen, die das Gewiſſen betreffen, an daſſelbe. Er hat auch das Amt, dem ſterbenden Papſte die letzte Oelung zu geben.

Nicht lange hernach ward wegen der aus Spanien vertriebenen Jeſuiten eine auſſerordentliche Congregation gehalten, zu welcher auch der Cardinal Boſchi gezogen ward. Als in ſolcher der Cardinal Cavalchini die von den Königen in Portugall, Spanien und Frankreich wegen der Jeſuiten genommenen Maaßregeln vertheidigte, ſo ſuchte dargegen der Cardinal Boſchi die Patres dieſes Ordens mit einem ſo übertriebenen Eifer zu rechtfertigen, daß viele der Meinung waren, er habe ihnen dadurch mehr geſchadet, als Vortheile verſchaft. Er ſoll ſo weit gegangen ſeyn, daß er behauptet, man ſollte denen, welche dieſen Orden zu beeinträchtigen ſuchten, mit den Bannſtrahlen drohen.

Mit gleichem Eifer mochte er auch in der auſſerordentlichen Congregation, die wegen des Herzogs von Parma, der wider die vermeinten Rechte und Immunitäten der Kirche einige Decrete herausgegeben, im Jan. 1768. gehalten worden, das Verfahren dieſes Fürſtens beſtritten und dadurch zu Abfaſſung des bekannten Päpſtl. Breve wider denſelben, das nachgehends ſo viel lermen verurſachet, viel Anlaß gegeben haben. Die Miniſtri der Bourboniſchen Höfe, die nach des Papſts Tode, der ſich den 2. Febr. 1769. eräugnete, die Cardinále zu Rom beſuchten, übergiengen ihn, um ihr Mißfallen über ſein Bezeigen an den Tag zu legen. Er gieng mit den andern Cardinálen den 15. Febr. ins Conclave und bezog die 11te Zelle zwiſchen den Cardinálen Pirelli und Seſis. Er

kam

kam in gar keine Confideration und hielte mit den Carbinälen
Torreggiani, Buffalini und Paracciani zusammen. Clemens
XIV. ward den 19. May erwählt und den 4. Jun. gekrönt,
der Cardinal Boschi aber in seinen Aemtern als Großpönitens
tiarius und Präfectus von der Congregation, die die Verbeß
serung der Bücher der Orientalischen Kirche zum Gegenstande
hat, welche Stelle er nicht lange vor Clementis XIII. Abster
ben bekommen hatte, bestättiget.

(XLII.)

Ludovicus Calini,
von Brescia.

geb. 1696. Carb. 1766.

Er ist zwar kein Venetianer, aber doch ein gebohrner Ve
netianischer Unterthan, und hat den 18. Jan. 1696.
auf dem väterlichen Stammhause Calino in der Land
schaft Bresciano das Licht der Welt erblickt. Sein Vater, der
den Titel eines Grafens von Calino führte, ließ ihn standes
mäßig erziehen, und weil er ihn dem geistlichen Stande ge
widmet, wurde er auch in den Wissenschaften, die darzu er
fordert werden, treulich unterrichtet. Er kriegte erstlich ei
ne Domherrnstelle zu Crema, ward aber hernach den 11. Sept.
1730. gar Bischoff in dieser Stadt.

Dieses Bißthum bekleidete er über 20. Jahre, würde auch
ohnfehlbar in demselben gestorben seyn, wenn ihn nicht Be
nedictus XIV. auf den vielfältigen Vorspruch einiger vielgel
tenden Freunde nach Rom beruffen und den 1. Febr. 1751.
zum Patriarchen von Antiochia ernennet, auch Sitz in ver
schiedenen Congregationen gegeben hätte. Im Sept. 1759.
erhielte er von Clemente XIII. das wichtige Amt eines Com
mandeurs oder Oberaufsehers des Heil. Geist-Hospitals zu
Rom und den 26. Sept. 1766. die Cardinalswürde, ob er
gleich schon über 70. Jahre alt war. Er empfieng als gegenwär
tig noch an diesem Tage das Biret und den 30. Sept. den Hut.

Den

Den 1. Dec. wurde ihm der Priestertitel St. Anastasii gereicht. Zur Bezeigung seiner Erkenntlichkeit vor die erhaltene Würde beschenkte er die Päpstl. Familie sehr reichlich und setzte sich dadurch in der Gunst derselben desto fester.   Im Oct. 1767. bekam er die Präfectur von der Congregation der Indulgentien und Reliquien, wurde auch von dieser Zeit an fleißig zu den ausserordentlichen Congregationen gezogen, welches auch geschahe, als man im Jan. 1769. wegen des Herzogs von Parma eine Berathschlagung hielte, die ihm aber in dem folgenden Conclave sehr nachtheilig war, weil ihm der Französische Hof die sogenannte Exclusivam gab, und ihn dadurch der Hoffnung, auf den Päpstl. Stuhl gesetzt zu werden, gänzlich beraubte.

Dieses Conclave nahm den 15. Febr. 1769. seinen Anfang, nachdem Clemens XIII. den 2ten dieses gestorben war. Er kriegte in solchem die 27ste Zelle zwischen den Cardinälen von Rodt und Torreggiani, wurde aber in keine Betrachtung gezogen. Als der Kayser mit seinem Bruder, dem Großherzoge von Toscana, den 15. März dasselbe betrat, war er gleich Vorsteher der Cardinalpriester, daher er einer von denen war, die ihn im Namen des ganzen Heil. Collegii empfiengen. Er half den Cardinal Ganganelli erwählen, der den Namen Clemens XIV. annahm und ihn in seiner Präfectur bestättigte.

(XLIII.)
Antonius Branciforte,
ein Sicilianer.
geb. 1711. Card. 1766.

Dieser Cardinal ward den 28. Jan. 1711. zu Palermo in Sicilien aus einem reichen Geschlechte gebohren, ist aber der Welt nicht eher bekannt worden, als 1752. da ihn der Papst Benedictus XIV. mit den geweiheten Windeln vor den jüngst gebohrnen Herzog von Bourgogne, ältesten Sohn des Dauphins, nach Paris abschickte.   Er langte

im Jul. als außerordentlicher Nuncius daselbst an, und hatte
den 14. dieses zu Compiegne bey dem Könige, der sich damals
allda aufhielte, Audienz. Er bekam solche auch bey der Königin, dem Dauphin, der Dauphine und den Königl. Prinzeßinnen, und führte sich während seines Aufenthalts zu Paris so genereur und prächtig auf, daß er von seinem eigenen
Vermögen 70000. Scudi zugesetzet haben soll. Den 17ten
Jun. 1753. hielte er zu Paris und den 19ten zu Versailles
seinen öffentlichen Einzug, den 11. Sept. aber hatte er bey
Hofe seine Abschiedsaudienz.

Als er nach Rom zurücke kam, wurde er zum Nuncio zu
Venedig mit dem Titel eines Erzbischoffs von Theßalonich ernennet, wo er den 1. Aug. 1754. in dieser berühmten Stadt
anlangte, aber über 4. Jahre seiner Nunciatur verstunde, ehe
er den 3. Dec. 1758. zu Venedig seinen öffentlichen Einzug
hielte, und den folgenden Tag bey dem Doge und Senat öffentliche Audienz hatte. Im Nov. 1759. wurde er durch den
Herrn Caraffa in der Nunciatur abgelöset, nachdem er im
Sept. vorher zum Präsidenten zu Urbino ernennet worden,
unter welchem Namen er die Stelle eines Legatens bekleiden
sollte. Hier befand er sich noch, als er den 26. Sept. 1766.
die Cardinalswürde erhielte. Der Prälat Serfale überbrachte ihm das Biret, welches ihm in der Cathedralkirche zu Urbino aufgesetzt wurde. Im Jahr 1767. fand er sich zu Rom
ein, um von dem Papste den Cardinalshut zu empfangen.
Nachdem solches geschehen und ihm bey Eröffnung des Mun-
des der Priestertitel St. Mariä über der Tyber gegeben wurden, erhob er sich nach Palermo, wo ihm das dasige Erzbißthum zu Theile worden.

Der Tod Clementis XIII. der sich den 2. Febr. 1769.
eräugnete, veranlassete ein Conclave, zu welchem er von dem
Heil. Collegio eingeladen wurde. Das Looß hatte ihm darinnen die 33ste Zelle zwischen den Cardinälen Roßi und Hutten
zugetheilt, welches er auch den 7. April betrat. Er verstär-
kete die Parthey der Cronen und beförderte die Wahl des Cardinals Ganganelli, der den 19. May unter dem Namen Clementis

mentis XIV. den päpstlichen Stuhl bestieg. · Dieser ernennte ihn den 26. Jun. zum Legaten zu Bologna, wohin er sich auch bald hernach erhob.

(XLIV.)
Lazarus Opitius Pallavicini,
ein Genueser.
geb. 1719. Card. 1766.

Er stammt aus einem alten und vornehmen Genuesischen Geschlechte her, und wurde den 30. Octobr. 1719. zur Welt gebohren. Nachdem er zu Rom seine Studia vollendet hatte, ward er Gouverneur zu Maccrata. Jedoch Benedictus XIV. rief ihn bald wieder zurücke, ernennte ihn zum Referendario der beyden Signaturen und schickte ihn 1746. mit dem Cardinalsbiret an den Prinzen Johann Theodor von Bayern, Bischoffen zu Lüttich. Er langte den 19. Jun. bey ihm auf dem Lustschloße Serrain an und überreichte ihm den 28. in der Cathedralkirche zu Lüttich das Biret, das er sich selbst aufsetzte. Nachdem er von ihm reichlich beschenket worden, kehrte er nach Rom zurücke, wo er im Novemb. 1753. zum Nuncio nach Neapolis ernennet wurde. Ehe er dahin abreisete, wurde er den 1. April 1754. zum Erzbischoff von Lepanto geweihet. Im Jun. fand er sich in der prächtigen Stadt Neapolis ein, nachdem der bisherige Nuncius, Herr Gualtieri, in gleicher Qvalität nach Frankreich abgegangen war. Den 12. Sept. hielte er in der Stadt Neapolis seinen öffentlichen Einzug, worauf er den 16ten bey dem Könige und der ganzen Königl. Familie Audienz hatte.

Hier blieb er bis 1759., da er nach des Königs Abreise nach Spanien, wo er den durch seines Bruders Hintritt verledigten Thron in Besitz nahm, sich nach Rom erhob, nachdem er von dem neuen Papste Clemens XIII. zur Nunciatur in Spanien ernennet worden. Er reisete den 21. März 1760. dahin ab, und hatte den 4. Jul. bey Hofe seine erste Audienz, worauf der bisherige Nuncius, Cardinal Spinola, von Madrit

brit abreisete. Er hat über 7. Jahre an diesem Hofe sich befunden und allezeit in besonderer Hochachtung gestanden. Er
folgte dem Könige allezeit, wenn er nach Aranjuez oder dem
Escurial sich erhob, hatte auch die Ehre, der alten verwittweten Königin, als sie zu Aranjuez den 11. März 1766. Todes verbliche, die letzte Oelung und den letzten Segen zu
geben.

Den 26. Sept. 1766. wurde er zur Cardinalswürde
erhoben. Ein gewisser Prälate überbrachte ihm das Biret,
welches ihm der König mit den gewöhnlichen Ceremonien aufsetzte. Er wurde sogleich zurücke beruffen und zum Legaten zu
Bologna ernennet, welche Legation er aber niemals angetreten hat. Ehe er den Spanischen Hof verließ, erlebte er noch
die merkwürdige Verbannung der Jesuiten aus diesem Königreiche, die den 1. April 1767. ihren Anfang nahm. Er berichtete solches sogleich mit allen Umständen und Ursachen nach
Rom, worauf der Cardinal Torreggiani, als Staatssecre-
tarius, auf das lebhafteste und mit Anführung vieler Gründe
zu Vertheidigung des Ordens ihm antwortete.

Im Jul. 1767. langte der neue Nuncius, Herr Lucini,
zu Madrit an, der den 11ten dieses, und also eher, als der
Cardinal Pallavicini Abschied genommen, Audienz hatte.
Dieser wollte ihm daher die Nunciatur nicht eher abtreten,
als bis das letztere geschehen war, worauf ihm den 19. Aug.
von dem Rathe von Castilien das Patent zur Nunciatur ge-
wöhnlichermassen überschickt wurde; Pallavicini aber trat nicht
lange hernach seine Rückreise nach Italien an.

Den 16. May 1768. hielte er zu Rom seinen öffentlichen Einzug, worauf er den 19ten den Cardinalshut, und im
Jul. den Priestertitel St. Nerei und St. Achillei empfienge.
Er kriegte bey seiner Ankunft zu Rom viele unfreundliche Gesichter am Päpstl. Hofe, weil man mit seinem Betragen in
Spanien in Ansehung der Austreibung der Jesuiten nicht zufrieden war. Man legte ihm besonders zur Last, daß er dem
Apostolischen Stuhle nicht in Zeiten davon Nachricht gegeben,

hen, damit man solches Verfahren hätte abwenden können;
ja, einige wollten gar argwohnen, als ob er um das Geheimniß gewußt hätte. Alleine er versicherte theuer, daß er nicht
eher etwas davon erfahren hätte, als bis die Sache zum Aus-
bruch gekommen wäre.

Er verließ die Stadt Rom und erhob sich anderswohin,
um seinen Feinden aus den Augen zu gehen. Jedoch der Tod
des Papsts, der den 2. Febr. 1769. erfolgte, veranlaßte ihn,
bald wieder nach Rom zurücke zu kehren, um dem Conclave
beyzuwohnen, in welchem er die 47ste Zelle zwischen den Cardinälen Migazzi und Pozzobonelli bekommen. Es hatte solches schon verschiedene Wochen gedauert, als er dasselbe im
März betrat. Es geschahe seine Ankunft zu Rom gleich an
dem Tage, da sich der Kayser mit seinem Bruder dem Großherzoge in dem Conclave befand. Ob er gleich äußerlich sich
eben zu keiner besondern Parthey zu schlagen schiene, so war
er doch der Jesuitischen äußerst zuwider, und suchte auf alle
Art und Weise die Absichten der Bourbonischen Höfe zu unterstützen. Sonderlich schien ihm der Cardinal Ganganelli
ein würdiger Besitzer des Apostolischen Stuhls zu seyn, daher
er eine große Freude empfand, als er merkte, daß die Französische Parthey an dessen Wahl eifrig arbeitete. Es kam solche auch den 19. May wirklich zu Stande, und der neue Papst
nahm den Namen Clemens XIV. an.

Dieser erkannte die Verdienste und Geschicklichkeit des
Cardinals Pallavicini, daher er ihn zum Staatssecretair o-
der obersten Staatsminister und zum Präfecto von Avignon
und Loretto ernennte. Als ein Courier aus Rom die Nachricht hiervon nach Madrit überbrachte, wurde die Freude, die
man am Spanischen Hofe bereits über der Erhebung des Cardinals Ganganelli geschöpft, nicht wenig vermehret, weil der
Cardinal Pallavicini mit dem Königl. Staatsminister, Marquis von Grimaldi, sehr nahe verwandt war, und seine gute
Gesinnung gegen den Königl. Hof zu der Zeit, da er sich als
Nuncius an demselben befunden, genugsam zu erkennen gegeben hatte.

IV. Theil.   O   Er

Er erlangte im kurzen das völlige Zutrauen des Papsts. Seine Geschicklichkeit in den Geschäften und seine Aufrichtigkeit machen dem Heil. Vater den Umgang mit ihm sehr angenehm. Sie sitzen ofte als Freunde zwey Stunden beysammen und unterreden sich von der Herstellung des guten Vernehmens mit den Bourbonischen Höfen und von der Verbesserung des Cammer- und Policeywesens, wie auch von der Abstellung der Mißbräuche in der Kirche. Er hat über die obigen Aemter auch die wichtige Präfectur von der Heil. Consulta bekommen, die er mit Ruhm bekleidet.

(XLV.)

Vitalianus Borromeo,
ein Meyländer.
geb. 1720. Card. 1766.

Er ist aus dem vornehmen Meyländischen Geschlechte der Grafen von Arona entsproßen, ob man gleich nicht eigentlich anzeigen kann, wer sein Vater gewesen. Vermuthlich ist es der Graf Friedrich Borromeo von Arona. Er wurde den 3. März 1720. gebohren und erwählte, nachdem er seine Studia vollendet, den geistlichen Stand, erhub sich nach Rom und ward daselbst unter die Prälaten aufgenommen. Benedictus XIV. schickte ihn als Vicelegaten nach Bologna, von dar er 1753. nach Rom zurücke beruffen und zum Consulter sowohl der Heil. Kirchengebräuche als des Heil. Officii ernennet wurde. Jedoch er hatte kaum diese Stellen angetreten, so wurde er 1754. als Nuncius nach Florenz geschickt und zugleich zum Erzbischoff von Florenz geweihet.

Im Sept. 1759. wurde er zum Nuncio an den Kayserl. Hof zu Wien ernennet, um den Cardinal Crivelli abzulösen. Den 30. Sept. 1760. hielte er zu Wien seinen öffentlichen Einzug und hatte kurz darauf die Ehre, den Römischen König Joseph mit seiner ersten Gemahlin Isabella, des Herzogs von Parma ältesten Tochter, zu trauen. Dieses that er auch den
22. Jan.

22. Jan. 1765. mit deßen zweyten Gemahlin Josepha aus
Bayern, die aber ebenfalls nach einigen Jahren wieder gestorben. Er brauchte im Sommer 1765. das Bad zu Aachen und
erlebte nach seiner Rückkunft den hohen Todesfall des Kaysers Francisci I. der den 18. Aug. 1765. zu Inspruck plötzlich
das Zeitliche verließ und den ganzen Hof in die tiefste Trauer
setzte.

Den 26. Sept. 1766. erhielte er die Cardinalswürde. Der
Canonicus zu Meyland, Herr Erba, überbrachte ihm im Oct.
das Biret, welches ihm von dem neuen Kayser den 1. Nov.
in der Hofcapelle mit dem gewöhnlichen Gepränge aufgesetzt
wurde. Der ganze Kayserl. Hof erschien hierbey zum erstenmale wieder in Spanischen gespitzten Mantelkleidern. Er
wurde zugleich von seiner Nunciatur zurücke beruffen; doch
verzog sich seine Abreise bis ins folgende Jahr, da er durch
den Herrn Visconti abgelöset wurde. Nachdem er zu Rom
den Cardinalshut und einen gewissen Priestertitel empfangen,
erhub er sich nach Meyland, wo er von dem Papste ausersehen wurde, nach Turin zu gehen, und den König von Sardinien bey deßen Vermittelung eines Vergleichs zwischen dem
Päpstl. Stuhle und dem Herzoge von Parma zu unterstützen,
welches aber nicht erfolgt ist.

Im Dec. 1768. ward er an des verstorbenen Cardinals
Piccolomini Stelle zum Legaten zu Ravenna ernennet. Er
hatte aber diese Legation kaum angetreten, so starb den 2.
Febr. 1769. der Papst, daher er nach Rom zum Conclave reisen mußte, worinnen er die 50te Zelle zwischen den Cardinälen Migazzi und Alexander Albani bekommen hatte. Er langte zu rechter Zeit in demselben an, hielte sich aber zu keiner
besondern Parthey, sondern gab seine Stimme bald diesem,
bald jenem Cardinal, bis er endlich merkte, daß man im Ernste gesonnen sey, seinen Freund, den Cardinal Ganganelli,
auf den Apostolischen Stuhl zu setzen, da er denn nicht ermangelte, ihm allezeit seine Stimme zu geben, ob er gleich
dabey sich ganz gleichgültig anstellte. Diese Wahl kam auch
nach seinem Wunsche den 19 May zu Stande. Er nahm

den

den Namen Clemens XIV. an. Borromeo hatte über deßen
Erhebung ein großes Vergnügen. Der neue Papst warf sogleich seine Augen auf ihn, als seinen besondern Freund, und
both ihm das Secretariat der Memoriale an. Er schlug es
aber aus, weil er die Ruhe liebte, und empfahl dargegen dem
Papste den Herrn Archinto, Nuncium zu Florenz, der auch
diese ansehnliche Bedienung erhielte. Der Cardinal Borromeo war also unter seinen Collegen der einzige, auf deßen Empfehlung der neue Papst eine vorzügliche Achtung hatte. Er
kehrte nach der Päpstl. Krönung nach Ravenna zurücke, nachdem er den 26. Jul. in der dasigen Legation bestättiget worden.

(XLVI.)
Petrus Pamfili,
ein Römer.
geb. 1725. Carb. 1766.

Dieser angesehene Cardinal ist ein Sohn des Erb-Groß-
Connetable von Neapolis, Fabritii Colonna, Fürstens
von Palliano und ein leiblicher Bruder sowohl des jetzigen Groß-Connetable, Laurentii Colonna, als des Cardinals Marci Antonii Colonna, Päpstl. Generalvicarii. Seine Mutter Catharina Zephyrina Salviati, eine Tochter des
Herzogs von Giuliano, hat ihn den 7. Dec. 1725. zur Welt
gebohren. Den Geschlechtsnamen Pamfili hat er 1747. annehmen müssen, weil es seiner Großmutter Olympia Bruder, Fürst Camillus Pamfili, der Bruder des letzten Fürstens
dieses Hauses, Benedicti Pamfili, die beyde ohne männliche
Erben gestorben, in seinem Testamente also verordnet hatte.
Jedoch die Pamfilischen Fidei-Commiß-Güter sind nach einem
geführten starken Proceße 1763. an das Fürstl. Haus Doria
gefallen.

Unser Don Pedro ward mit seinen Brüdern standesmäs-
sig erzogen und nebst dem mittleren Bruder dem geistlichen
Stande gewidmet, daher sie beyde in den canonischen Rechten

ten und andern Wissenschaften, die von einem geschickten
Prälaten erfordert werden, sehr fleißig unterrichtet worden.
Nachdem er seine Studia vollendet und den Prälatenhabit angelegt, wurde er 1753. zum Cammerclerico ernennet. Im
März 1759. ward er Generalcommissarius der Waffen und
im Sept. eben dieses Jahrs Päpstl. Nuncius zu Paris. Ehe
er dahin abreisete, ließ er sich von dem Papste den 23. Dec.
zum Diacono und den 27. Jan. 1760. zum Priester weihen,
worauf er den Character eines Erzbischoffs von Coloßen erhielte und auch darzu geweihet wurde.

Er fand sich noch in diesem Jahre zu Paris ein und wurde mit besonderer Hochachtung aufgenommen, hielte aber allererst den 9. Sept. 1764. zu Paris seinen öffentlichen Einzug, worauf den 11ten zu Versailles bey dem Könige die solenne Audienz erfolgte. Seine Equipage war bey seinem
Einzuge so kostbar, daß dergleichen zu Paris in langer Zeit
nicht gesehen worden. Die Liverey seiner Bedienten war
überaus prächtig, und eben so herrlich waren zwey von seinen Paradewagen. Das Geschirre zu einem von diesen Wagen war, wie man erfahren, auf Befehl des vormaligen Herzogs von Aveiro verfertiget worden, welcher sich desselben zu
bedienen gedacht, wenn er den Portugiesischen Thron besteigen würde. Der Kutschenmacher, bey welchem dieses kostbare Geschirre in Verwahrung gelegen, hatte seit dieser Zeit
keine Gelegenheit gehabt, dasselbe zu verkauffen, bis endlich
der Herr Pamfili solches an sich gehandelt.

Im Jahr 1766. wurde er aus Frankreich zurücke beruffen, mit der Hoffnung, die Cardinalswürde zu erlangen. Er
beurlaubte sich daher bey Hofe und erhub sich nach Lion, wo
ihm der Prälat Cerri das Biret überbrachte, nachdem ihn
Clemens XIII. den 26. Nov. mit dem geistlichen Purpur beehret hatte. Er kam 1767. nach Rom, hielte einen öffentlichen Einzug und bekam aus des Papsts Händen den Cardinalshut, einige Zeit hernach aber den Priestertitel St. Mariä
über der Tyber, wurde auch mit der Abtey Tre Fontane beschenkt.

D 3 Im

Im Aug. eben dieses Jahrs ernennte ihn der Papst zum
legato a latere, als er die neuvermählte Königin von Sicilien
in seinem Namen bey ihrem Eintritt in das Päpstl. Gebiete
empfangen sollte, so aber unterblieben. Ihm wurde darauf
das Erzbißthum zu Ferrara angetragen, so er aber ausschlug.
Den 15. Febr. 1769. betrat er nebst den andern anwesenden
Cardinälen das Conclave, das nach Clementis XIII. Tode eröffnet wurde und bezog die 16te Zelle zwischen den Cardinälen
Priuli und delle Lanze. Er widersetzte sich gleich anfangs der
Erhebung des Cardinals Chigi und hätte gerne gesehen, wenn
sein Bruder, der Cardinal Colonna den Päpstl. Stuhl bestiegen hätte. Alleine da diejenigen, die ihm ihre Stimmen gaben, es nicht im Ernste meynten, wurden die Absichten auf
andere gerichtet, bis endlich den 19. May Clemens XIV. erwählet wurde, der noch jetzo auf dem Päpstl. Stuhle sitzet.
Er gab ihm unter andern Sitz und Stimme in der jetzt sehr ver-
haßten Immunitätscongregation, machet sich aber sonst nicht
viel mit ihm zu schaffen.

(XLVII.)

Urbanus Paracciani,
ein Römer.

geb. 1715. Carb. 1766.

Er ist unstreitig ein Nepote und Vetter des Cardinals Johannis Dominici Paracciani, der den 8. May 1721.
gestorben ist, und wurde den 8. Febr. 1715. zu Rom
aus einem adelichen Geschlechte gebohren. Er ward von Jugend auf zu Erlernung der Theologie, Jurisprudenz und anderer Wissenschaften angehalten, worinnen er auch so glücklich
zunahm, daß er einen der geschicktesten Advocaten zu Rom
abgab. Nachdem er einige Zeit eine Stelle unter den Refe-
rendariis der beyden Signaturen bekleidet, ward er im Sept.
1742. von Benedicto XIV. zum Auditor von der Signatur di
Giustizia ernennet, ob er gleich allererst 28. Jahre alt war.
Im Nov. 1753. wurde er unter die Auditores Rotä aufge-
nom-

nommen, in welchem hohen Tribunal er über 10. Jahre ge-
seßen und endlich Decanus in solchem worden. Er war so
glücklich, den seit 12. Jahren bey der Rota Romana geführten großen Proceß zwischen den Häusern Colonna und Borghese wegen der Succeßion der verwittweten Fürstin von Ros-
sano 1764. zu endigen, Krafft deßen das Haus Borghese an
das Haus Colonna 100000. Thaler zahlen mußte. Er erhielte hierauf das Erzbißthum zu Fermo im Kirchenstaate,
wohin er sich auch von Rom wendete, aber allda von dem
Papste Clemens XIII. wegen seiner Verdienste und Geschicklichkeit nicht vergessen wurde. Denn als solcher den 26ten
Sept. 1766. eine Cardinalspromotion vornahm, hatte er das
Glücke, einer von denen zu seyn, die damals zu dieser hohen
Würde erhoben wurden. Sein Bruder, Petrus Paracciani,
Canonicus zu St. Maria Maggiore, überbrachte ihm nach
Fermo das Biret, welches ihm in der Cathedralkirche aufgesetzt wurde. Die Stadt hatte eine solche Freude über die Er-
hebung ihres Erzbischoffs, daß sie ihm 1000. Römische Scudi, das Domstift aber 5000. Scudi schenkte. Er erhub sich
nachgehends nach Rom und ließ sich von dem Papste den Hut
reichen, wobey er den Priestertitel St. Sirti erhielte. Er
kehrte hierauf wieder nach Fermo, wo er im Febr. 1769. die
Nachricht kriegte, daß der Papst den 2. dieses gestorben sey.
Ehe er sich ins Conclave erhub, war ihm durchs Looß die
20ste Zelle zwischen den Cardinálen Caraccioli und Roßi zu
Theile worden. Er hielte sich zu der Parthey der Jesuitischgesinnten Cardinále, und war ein vertrauter Freund der Cardinále Boschi, Buffalini und Torreggiani, weil er mit ihnen
einerley Grundsätze hegte, aber auch dadurch den Cronen sich
äußerst verhaßt machte. Er war anfangs nicht ohne alle Hoffnung, Papst zu werden, weil sich die obgedachten Cardinále
vorgenommen hatten, ihre Stimmen, wenn sie mit dem Chigi nicht durchdringen könnten, dem Cardinal Paracciani zuzuwenden. Alleine sie konnten ihren Zweck nicht erreichen und
Paracciani bliebe ganz hindangesetzt, bis endlich Clemens XIV.
den Päpstl. Stuhl bestieg. Nachdem derselbe gekrönt worden,
kehrte er in sein Erzbißthum Fermo zurücke, von dar er auch
seit dem nicht wieder nach Rom gekommen ist.

D 4   XLVIII.

(XLVIII.)

Xaverius Canale,
von Terni.
geb. 1695. Carb. 1766.

Er ward aus einem adel. Geschlechte den 15. Febr. 1695. zu Terni, einer Stadt in dem Kirchenstaate, zur Welt gebohren. Wie er seine Jugend zugebracht und wo er studirt habe, ist unbekannt. Er ist der Welt nicht eher bekannt worden, als da er im Sept. 1743. ein Cammerclericat bekommen. Im Nov. 1753. erhielte er die Oberaufsicht über die Kornhäuser und Lebensmittel, und im Sept. 1759. ward er Generalschatzmeister der Päpstl. Cammer an des Herrn Perelli Stelle, der die Cardinalswürde bekommen hatte.

Diese kriegte auch den 26. Sept. 1766. der Herr Canale, da er bereits das 71ste Jahr seines Alters zurücke gelegt hatte. Er empfieng als gegenwärtig sogleich das Biret und den 30 Sept. den Hut, den 1. Dec. aber ward er mit dem Diaconattitel von St. Maria della Scala versehen, wobey er zugleich die Abtey von Subiaço erhielte.

Den 2. Febr. 1769. starb der Papst, worauf er den 15ten mit den andern Cardinälen in das Conclave gienge, worinnen ihm durchs loos die 54ste Stelle zwischen den Cardinälen Nereus Corsini und Malvezzi zu Theile worden. Er befand sich in einem Alter von 74. Jahren und war nicht ganz ohne Hoffnung, auf den Päpstl. Stuhl gesetzt zu werden. Er war wenigstens der Französischen Parthey nicht unangenehm, welche ihn zuletzt, da man dem Conclave gerne ein Ende machen wollte, zu den fünfen zählte, die man vor andern für wahlfähig hielte, von welchen schlechterdings einer erwählt werden sollte. Er ist in Spanien nicht unbekannt und hat einen Bruder, der in den Diensten des dasigen Monarchens stehet. Er war bereit, alles vor die Krone zu thun. Alleine er gehörte unter diejenigen Cardinäle, die man darum wohlbedächbedächtig erhebet, um sie sodann zu stürzen und ihre Absichten auf einmal zu vereiteln. War er gleich einer von den fünfen, die die Parthey der Kronen für wahlfähig ausgab, so reichte er doch nicht an die übrigen, unter denen Ganganelli das Glücke hatte, den 19. May auf den Päpstl. Stuhl gesetzt zu werden, welcher noch jetzo unter dem Namen Clemens XIV. die Catholische Kirche regiert.

(XLIX.)
Benedictus Veterani,
von Urbino.
geb. 1703. Card. 1766.

Er ist aus einem alten Geschlechte entsproßen und hat den 18. Oct. 1703. zu Urbino das Licht der Welt erblickt. An welchem Orte er aber studirt und die Jahre seiner Jugend zugebracht, ist nicht bekannt. Vermuthlich hat er sich jung zu Rom eingefunden und an dem Päpstl. Hofe sein Glücke gesucht, aber ziemlich lange warten müßen, ehe er dasselbe gefunden. Im Jahr 1743. schickte ihn Benedictus XIV. nach Urbino in seine Vaterstadt, um dem allda befindlichen Präsidenten der dasigen Legation, Herrn Stoppani, das Cardinalsbiret zu überbringen. Im Sept. 1759. ernennte ihn Clemens XIII. zum Assessor des Heil. Officii, Votanten der Signatura Gratiä und Consultor der Heil. Rituum. Im Sept. 1762. erhielte er das Malthefer Ordenscreutz, und den 26. Sept. 1766. ward er zum Cardinal creirt. Er empfieng noch diesen Tag das Biret, den 30. Sept. den Hut und den 1. Dec. den Diaconattitel St. Cosmi und St. Damiani.

Den 2. Febr. 1769. starb Clemens XIII. worauf die gewöhnlichen Anstalten zum Conclave gemacht wurden. Zwey Tage nach der feyerlichen Beysetzung der Päpstl. Leiche, nämlich den 9. Febr. wurden die Nummern gezogen, nach welchen die Cardinäle ihre Zellen im Conclave betreten sollten, welche Verrichtung der Cardinal Veterani als jüngster Cardinal-

Dia-

Diaconus über sich nehmen mußte. Ihn selbst traf die 12te Nummer, welche die beyden Spanischen Cardinäle von Solis und de la Cerda zu Nachbarn hatte. Er gieng mit den andern Cardinälen den 15ten Febr. ins Conclave und war nicht ganz ohne Hoffnung, auf den Päpstl. Stuhl gesetzt zu werden. Als der Kayser Joseph II. mit seinem Bruder, dem Großherzoge von Toscana, den 15. März ins Conclave kam, war er gleich an diesem Tage der Vorsteher der Cardinaldiaconen, daher er die Ehre hatte, ihn nebst den andern Vorstehern der Cardinalsorden zu empfangen. Er wurde im April von dem Cardinal Joh. Francisco Albani in Vorschlag gebracht, gehörte aber unter die Irrlichter, unter deren falschen Scheine man seinem Zwecke näher zu kommen gedenket. Er blieb eine politische Wasserblase, die durch die Bourbonischen Höfe, welche ihm zuwider waren, zerstäubet wurde. Der neue Papst, der den 19. May erwählt wurde, nahm den Namen Clemens XIV. an; und dieser ist es, der noch bis diese Stunde regiert. Er hat ihn zum Präfecto der Congregation dell' Indice ernennt.

(L.)
Johannes Cosmus da Cunha,
ein Portugiese.
geb. 1715. Card. 1770.

Dieser vornehme Prälate stammt aus einem der ältesten und angesehensten Geschlechter in Portugall her, aus welchem schon viele berühmte Männer im geistlichen und weltlichen Stande entsprossen sind. Sein eigentlicher Vater ist mir nicht bekannt, so viel aber gewiß, daß er den 20. Oct. 1715. zu Lißabon zur Welt gebohren worden. Er wurde dem geistlichen Stande gewidmet und jung unter die Canonicos Regulares von St. Salvator zu Lißabon aufgenommen. Nach einiger Zeit erhielte er das Bißthum zu Leiria und im März 1760. das wichtige Erzbißthum zu Evora. Dieses hatte bisher Don Miguel de Tavora, ein Bruder des un

glücks

glücklichen Marquis von Tavora, besetzen, der den 13. Jan.
1759. als ein Staatsverbrecher nebst dem Herzoge von Aveiro und andern Standspersonen öffentlich zu Lißabon hinge-
richtet worden. Er kam anfangs auch mit in Verhaft. Weil
man ihn aber unschuldig befand, ward er wieder in Freyheit
gesetzt, starb aber noch vor Ausgang des Jahrs.

Der Herr da Cunha hatte einen grossen Gönner an dem
Königl. Premierminister, Grafen von Oeyras, jetzigen Marquis von Pombal, der ihn bey dem Könige so recommendirte,
daß er ihm nicht nur das Erzbißthum zu Evora ertheilte, sondern zu gleicher Zeit auch zu einen wirklichen Staatsrathe
machte. In dieser Qualität muste er den 21. Jul. eben dieses Jahrs zur Mitternacht sich zu den legitimirten Brüdern
des Königs, Don Antonio und Don Joseph, begeben und ihnen einen Königl. Befehl eröffnen, vermöge dessen sie sich sogleich in einer Calesche unter Bedeckung von 40. Mann zu
Pferde in ein unbekanntes Gefängnis bringen lassen mußten.
Seinen Eifer für den König bewies er in dem 1761. angegan-
genem Kriege mit Spanien, da er nebst seinem Domcapitul
dem Könige ein Geschenke von 50000. Crusaden machte, mit
dem Versprechen, damit, so lange der Krieg währen würde,
jährlich fortzufahren.

Nachdem auch der König mit dem Päpstl. Stuhle zer-
fallen, und man zu Erhaltung der Rechte der Crone und zum
Besten der Unterthanen allerhand neue Einrichtungen in den
Kirchensachen gemacht, so wurde auch wegen der Dispensatio-
nen in Ehesachen 1767 die Verfügung getroffen, daß solche
nicht mehr von Rom geholt werden sollten. Diesem zufolge
kriegte der Erzbischoff von Evora vom Könige Vollmacht, an
statt des Papsts dieselben zu ertheilen, auf welche Weise der
Graf von Vimieros Erlaubnis erhielte, sich den 14. Febr.
1767. mit seiner nahen Verwandtin, Donna Theresia de
Mello, zu vermählen, welches das erste Exempel von einer
Heirath war, die in verbothenen Graden ohne Päpstl. Dispen-
sation vollzogen wurde.

Im

Im Febr. 1769. starb Papst Clemens XIII. der durch seine Jesuitischen Grundsätze eine solche Trennung zwischen der Cron Portugall und dem Römischen Stuhle veranlaßt hatte, daß der neue Papst Clemens XIV. der den 19. May erwählt wurde, Ursache hatte, solche auf alle Art und Weise zu heben und sich mit dem Portugiesischen Hofe wieder in ein gutes Vernehmen zu setzen. In dieser Absicht suchte er zuförderst den vielgeltenden Premierminister, Grafen von Oeyras, zu gewinnen, welches er durch die Erhebung seines Bruders, des Don Paolo de Caravalho, zur Cardinalswürde am leichtesten zu bewerkstelligen hoffte. Jedoch ehe derselbe erfuhr, daß er den 29. Jan. 1770. zum Cardinal creirt worden, war er schon den 17. dieses vorher gestorben. Um nun den Portugiesischen Hof durch die Erhebung eines andern vielgeltenden Prälatens sich gefällig zu machen, hielte der Papst den 5. Aug. ein geheimes Consistorium, worinnen er nach einer über die mit der Cron Portugall glücklich gehobenen Irrungen gehaltenen Rede den Erzbischoff von Evora zum Cardinalpriester creirte.

Als die Nachricht davon nach Lißabon kam, entstunde darüber sowohl an dem ganzen Hofe, als bey allen hohen Anverwandten des neuen Cardinals, eine große Freude. Der Commandeur des Maltheserordens, Cäsar Lambertini, der dem Herrn von Caravalho das Cardinalsbiret überbringen sollen, kriegte von dem Papste den Auftrag, solches nunmehro dem Herrn da Cunha zu überbringen. Er reisete zu dem Ende den 16. Sept. von Rom ab und wurde bey seiner Ankunft zu Lißabon von dem Könige und deßen ganzen Hofe mit besonderer Distinction empfangen. Der junge Graf von Oeyras, des Marquis von Pombal Sohn, der mit dem Herrn Lambertini in dem Collegio Nazareno zu Rom studirt hatte, umarmte ihn mit größter Zärtlichkeit, der neue Cardinal aber samt deßen ganze Verwandtschaft beschenkten ihn recht königlich. Von dem neuen Cardinal bekam er ein kostbares Asiatisches Galanteriestücke von gediehenem Golde, das eine Windmühle vorstellte, die mit Brillanten ausgelegt war. Der Graf von St. Vincenzo, ein Nepote desselben, bath ihn zu Gaste, da er eben seine Geschwister bey sich hatte, welche
insge-

insgesamt ihre Freude über die Erhebung ihres Oncle durch
kostbare Geschenke zu erkennen gaben. Der Graf selbsten beschenkte den Herrn Lambertini mit einer goldenen Tabatiere,
unter deren Deckel eine Uhr eingefaßt war. Von deßen Bruder bekam er gleichfalls eine kostbare Tabatiere; von der Gemahlin des Grafens einen Ring mit einem einzigen großen
Brillanten samt ein Paar brillantenen Hembbknöpfgen, und
von der Herzogin von Cadaval, des Grafens Schwester, einen Ring von einem Smaragd mit 8. großen Brillanten eingefaßt. Der König selbst, der hernach dem Cardinal da
Cunha in der Patriarchalkirche das Biret aufsetzte, ließ den
Herrn Lambertini nicht ohne Geschenke von sich, und gab die
Wirkungen seiner Außsöhnung mit dem Päpstl. Stuhle auf
vielerley Weise gegen ihn zu erkennen.

(LI.)

Marius Marefoschi,
von Macerata.

geb. 1714. Carb. 1770.

Dieser angesehene Cardinal stammt aus einem adelichen
Geschlechte zu Macerata, einer Stadt im Kirchenstaate, her, und warb den 10. Sept. 1714. zur Welt
gebohren. Er hat wohl studirt und sonderlich zu Rom sich zu
Bekleidung ansehnlicher Aemter geschickt gemacht. Wie nahe
er mit dem Cardinal Marefoschi, der den 24. Febr. 1732. zu
Rom gestorben, verwandt gewesen, kann ich nicht sagen. Ohne Zweifel ist er aus eben diesem Geschlechte entsproßen. Er
wurde der Welt nicht eher bekannt, als da ihn Benedictus
XIV. im Nov. 1759. zum Secretario bey der Congregation
von Verbesserung der Bücher der Orientalischen Kirche ernennte, nachdem er bereits zu einem Canonicat bey der St.
Peters Kirche gelangt war. Nicht lange darauf erhielte er
auch das Secretariat von der Fortpflanzung des Glaubens
und im Nov. 1763. das Secretariat bey dem Examen der
Bischöffe. Alle drey Secretariate erfordern einen gelehrten
Prä-

Prälaten, daher man von der Geschicklichkeit des Herrn Marefoschi aus der rühmlichen Bekleidung dieser Aemter eine gute Meynung schöpfen kann.

Er würde daher schon längst die Cardinalswürde erlangt haben, wenn man nicht geglaubt hätte, man könnte ihn in seinem Prälatenstande beßer als in der Cardinalswürde gebrauchen. Clemens XIII. übergieng daher seine Erhebung und überließ die Belohnung seiner Verdienste seinem Nachfolger. Dieses war der Cardinal Ganganelli, der den 19. May 1769. unter dem Namen Clemens XIV. den Päpstl. Stuhl bestieg. Als er nun den 29. Jan. 1770. in einem geheimen Consistorio den, am 18. Dec. 1769. in der Brust creirten, neuen Cardinal, Paulum de Caravalho, des Portugiesischen Premierministers, Grafens von Oeyras, Bruder, öffentlich bekannt machte, wurde zugleich der Herr Marefoschi in des Papsts Brust zum Cardinalpriester creirt, aber dem Heil. Collegio nicht eher, als den 10. Sept. offenbar gemacht. Da nun der Cardinal Caravalho starb, ehe er von seiner Erhebung Nachricht kriegte, so kann er für die erste Creatur des jetztregierenden Papsts gehalten werden, weil ihm der Rang über den neuen Cardinal da Cunha nach seiner in der Päpstl. Brust eher geschehenen Erhebung zugetheilet wurde. Der Papst rühmte ihn in der Rede, die er an das Heil. Collegium hielte, daß er viel zu dem guten Ausgange der Unterhandlungen wegen Beylegung der noch obwaltenden Streitigkeiten mit den Bourbonischen Höfen beygetragen habe. Er empfieng sogleich aus des Papsts Händen das Biret und einige Wochen darauf sowohl den Hut nebst den Priestertitel St. Augustini, als Sitz in den vornehmsten Congregationen, die er auch von dieser Zeit an treulich abwartet.

Zu Ende des Jahrs kam ein Mensch, als Courier gekleidet, in sein Quartier und begehrte vorgelassen zu werden, unter dem Vorgeben, er sey ein Venetianischer Courier, der gemeßenen Befehl habe, sein Paquet dem Cardinal selbst zu übergeben. Diesem zufolge wurde er durch den Haushofmeister eingeführt. Alleine dieser, dem der Courier verdächtig schiene,

ne, blieb bey dieſer Zuſammenkunft gegenwärtig.   Da der
Cardinal nach dem Paquete fragte, war der Courier in etwas
verlegen, half ſich aber damit, daß er ſeine Taſchen durch-
ſuchte, und da er nichts fand, ſich entſchuldigte, er müßte
es in der Eil in ſeinem Quartiere haben liegen laſſen, er wolle es holen und im Augenblick wieder da ſeyn, worauf er
ſich geſchwinde davon machte, ehe man daran bachte, ihn an-
halten zu laſſen.   Er kam nicht wieder.   Der Venetianiſche
Geſandte, bey dem man ſich erkundigte, wußte von keinem
Courier.   Es wurde daher die ſtrengſte Nachfrage nach dieſem Menſchen gehalten und die Sbirren häuffig nach ihm aus-
geſchickt.   Man glaubte, er habe dem Cardinal einen ſchlim-
men Streich ſpielen wollen, wenn man ihn bey demſelben alleine gelaſſen hätte.   Alleine man erfuhr nachgehends, daß
dieſer vermeinte Courier niemand anders als des Cardinals
eigener Bruder geweſen, der von Macerata gekommen, um
einige Familienſachen mit dem Cardinal abzuthun.   Als man
ihn entdeckt hatte, kriegte er durch den Gouverneur der Stadt
vom Papſte Befehl, ſich innerhalb 24. Stunden aus Rom zu
begeben.   Er machte darwider allerley Einwendungen und
führte an, daß er in der gerechteſten Sache hier wäre; aber
es half ſolches alles nichts, die Vollziehung des Befehls zu
hintertreiben.

Im Jul. 1771. erhielte er die Präfectur der über die
Kirchengebräuche geſetzten Congregation, die der verſtorbene
Cardinal Chigi bekleidet hatte.   Da nun dieſe Congregation
die Sachen der Heiligſprechung zu entſcheiden hat, ſo glaubt
man, daß der Cardinal Marefoſchi die vom Spaniſchen Hofe ſchon längſt ſo eifrig geſuchte Beatification des Biſchoffs
Palafor zu Stande bringen werde.   Er bezog darauf den Palaſt, den der Genueſiſche Geſandte bisher inne gehabt, der
ihn nun nicht ohne Mißvergnügen räumen mußte.

Es iſt dieſer Cardinal einer von den redlichſten und geſchickteſten im Heil. Collegio und dürfte mit der Zeit einen
ſtarken Competenten des Päpſtl. Stuhls abgeben.   Er mag
auch vielleicht kein ſonderlicher Patron der Jeſuiten ſeyn, weil

er diese Ordensleute 1771. sämmtlich aus dem Irrländischen Collegio zu Rom bis auf einen einzigen relegirt hat, da sie unter sich einen ganz ungewöhnlichen Novitieneyd eingeführt hatten.

(LII.)
Johannes Baptista Rezzonico,
ein Venetianer.

geb. 1740. Carb. 1770.

Er ist ein Nepote des verstorbenen Papsts Clementis XIII. und hat den 1. Jun. 1740. zu Venedig das Licht der Welt erblickt. Sein Vater, Aurelius Rezzonico, ein Bruder des jetztgedachten Papsts, starb den 15. Nov. 1759. als Procurator von St. Marco zu Venedig.

Er war 18. Jahre alt, als der Oncle den Päpstlichen Stuhl bestieg. Da er nun schon dem geistlichen Stande gewidmet war, so hüpfte ihm das Herz für Freuden, da er von dieser Erhebung Nachricht kriegte. Sein ältester Bruder, Carl Rezzonico, war bereits als Auditor Rotá ein angesehener Prälate zu Rom. Da nun der neue Papst solchem nicht lange nach seiner Thronsbesteigung die Cardinalswürde ertheilte, so konnte sich der junge Rezzonico desto mehr von seinem Vetter eine gute Aufnahme und Beförderung versprechen, weil er aus der baldigen Erhebung seines Bruders sattsam schließen konnte, daß derselbe kein Feind des Nepotismi sey.

Nachdem er bisher nebst seinem jüngsten Bruder, dem Don Abbondio Rezzonico, zu Venedig den gelehrten Wissenschaften obgelegen und er insonderheit sich in denjenigen fleißig unterrichten lassen, die einem vornehmen Prälaten dienlich sind, kriegten beyde 1760. die Erlaubniß nach Rom zu kommen, allwo sie auch im Jun. anlangten und von dem Papste zärtlich empfangen wurden.

Unser

Unser Johann Baptista, der zum geistlichen Stande bestimmt war, kriegte alsbald von dem Heil. Vater in seiner
geheimen Capelle die erste Tonsur und ward zum geheimen
Cämmerer ernennet, worauf er den Prälatenhabit anlegte,
und in solchem den 15. Jul. zum erstenmale öffentlich erschiene. Im Oct. empfieng er zu Castel Gandolfo von dem Cammermeister des Malthesischen Abgesandtens das Johanniter-
Ordenscreutz, das ihm der Großmeister überschickt hatte.

Im Jahr 1761. ward er Cammerclericus und Ober-
commissarius der Waffen an statt des Herrn Piccolomini, der
das Gouvernement der Stadt Rom erhielte. Er bekam auch
die Abtey St. Crucis di Sassovivo und 1763. ward er Groß-
Prior von Rom, welche Stelle er nach einigen Jahren wieder niederlegte.

Als 1764. ein Churfürstlicher Collegialtag zu Frankfurt
gehalten, und über die Wahl eines Römischen Königs ge-
rathschlaget wurde, wollte ihn der Papst als einen Extra-
dinairnuncium dahin abschicken, er besann sich aber anders,
und erwählte den Herrn Oddi darzu, dargegen erhielte Rezzonico im Jul. 1766 die ansehnliche Bedienung eines päpstlichen Oberhofmeisters, wodurch er die nächste Anwartschaft
auf die Cardinalswürde kriegte. In dieser Qualität hatte
er die Ehre, dem nach Rom gekommenen Erbprinzen von
Braunschweig nicht nur den 28. Oct. den Vaticanischen Palast nebst der daselbst befindlichen Bibliothek und Kunstkam-
mer zu zeigen, sondern ihm auch nach seiner Rückkunft aus
Neapolis das große Werk von den Römischen Alterthümern,
das der Ritter Piccaneso in 10. Theilen mit vielen Kupfern
ans Licht gestellt, zu überreichen.

Den 8. May 1768. kam die neuvermählte Königin von
Sicilien bey ihrer Reise durch den Kirchenstaat nach Rom,
da er denn in Gesellschaft seines Bruders, des Senators von
Rom, ihr in Ceremonienkleidern bis Ponte Mollo entgegen
fuhr und sie im Namen des Papsts bewillkommte, sodann in
die Stadt bis zur Peterskirche, wo sie ihre Andacht verrichte-

IV. Theil. P te

te und dieses prächtige Gebäude besahe, von dar aber bis zur
Villa Borghese, wo sie das Mittagsmahl einnahm, begleitete.

Immittelst hofte er täglich auf die Erhebung zur Cardinalswürde, weil er dem Papste kein langes Leben mehr zu-
traute, und daher besorgte, er möchte sterben, ehe er dieselbe von ihm erhielte. Um sich nun desto mehr bey ihm in
Gunst zu setzen, richtete er sich äußerlich in allen Stücken
nach deßen Willen und Beyspiel. Der Papst liebte die Andacht und bethete viel. Wer sich nun ihm gefällig machen
wollte, that, wie er, ein gleiches, und das Bethen ward
gleichsam zur herrschenden Hofmode. Er suchte auch die jungen Prälaten von den Opern und Comödien zu entfernen und
verboth sonderlich dem Oberhofmeister, seinem Vetter, aufs
schärfste, kein Schauspiel zu besuchen. Er gehorchte ihm in
allen diesen Dingen und beschämte dadurch viele Prälaten, die
den Theatris häufig zuliefen. Alleine der gute Papst ward
von diesem schlauen Nepoten auf viele andere Art hintergan-
gen. Denn er stattete des Nachts viele heimliche Besuche bey
Personen ab, die ihm nicht zur Ehre gereichten, und wenn
der Heil. Vater etwas davon erfuhr, wurde er durch falsche
Berichte, die man ihm vorbrachte, zufrieden gestellt.

Als Rezzonico sahe, daß der Papst sich durch seine ver-
stellte Gottseligkeit nicht bewegen lassen wollte, ihm den
geistlichen Purpur zu ertheilen, fieng er es auf eine andere
Art an, seinen Zweck zu erreichen. Er erkannte, daß Clemens XIII. die Jesuiten vor heilige Leute, die Könige aber vor
Feinde der Religion hielte. Damit er nun mit dem Cardinal
Torreggiani, der nebst seinem Bruder, dem Cardinal, das
völlige Vertrauen des Papsts genoß, in guter Harmonie stehen möchte, nahm er die Larve der Heiligkeit an, wußte
aber unter eben derselben sie so sicher zu machen, daß sie nicht
wahrnahmen, wie er in geheim mit dem Französischen Gesandten in Vertraulichkeit lebte, und sich dadurch auf die
Seite der Königl. Höfe wendete, um auf diese Weise Cardinal

nal zu werden, und alsdenn den wichtigen Posten eines Protectors der Cron Frankreich zu erlangen.

Er beredete so gar den P. Balbanotti, einen von den
vier Gottesgelehrten, denen im Jul. 1768. aufgetragen worden, ihr Gutachten zu fällen, ob der Papst das wider Parma erlaßene Breve mit gutem Gewissen und ohne Nachtheil
seiner Untrüglichkeit widerruffen könnte? daß er den Aufsatz
von seiner Meynung, nach welcher er solches billigte, aber
verworfen wurde, nach Frankreich und Spanien schickte, wodurch er aber, weil es ohne Vorbewust des Papsts geschehen,
sich die Päpstl. Ungnade zuzog, weil er sich auf diese Art in
den Verdacht setzte, als ob er mit den Bourbonischen Höfen
ein nachtheiliges Verständnis unterhielte. Immittelst brachte er es so weit, daß er bey der größten Verbitterung der
Höfe bey dem Papste in Vorschlag gebracht wurde, Staats-
Secretair zu werden. Clemens XIII. lächelte darüber und
schlug es ab.

Da es auf dieser Seite nicht nach Wuysche gehen wollte,
lenkte er sich wieder auf die andere Seite und entdeckte in geheim dem Päpstl. Hofe, was die Bourbonischen Höfe wegen
Avignon und Benevent beschlossen hätten. Er that aber solches auf eine listige Weise, indem er es in geheim an einem
Orte meldete, von dar es denen am Hofe, welchen daran gelegen war es zu wissen, gar bald bekannt gemacht wurde.
Aus solchem Betragen entstund der Haß, welchen das ganze
Römische Volk auf ihn warf, der so groß war, daß solches
darüber anfieng, viel besser als bisher von seinen Brüdern,
dem Cardinal und dem Senator, als von ihm zu urtheilen.

Hierüber gieng Clemens XIII. den 2. Febr. 1769. des
Nachts plötzlich aus der Welt. Als er diese traurige Nachricht erfuhr, war der Papst schon vor einer Stunde verblichen. Er traf bey seiner Ankunft alles in den Päpstlichen Ge-
mächern in größter Unruhe und Bestürzung an. Jedoch nach
und nach wurde es ruhig. Den 7. Febr. wurde der Päpstliche Leichnam mit den gewöhnlichen Ceremonien in dem vor

P 2   ihn

ihn bereiteten Gewölbe in der Peterskirche beygesetzt. Als man ihn in den innersten Cypreßen-Sarg legte, waren die beyden geistlichen Nepoten zugegen. Der Cardinal bedeckte das Gesichte und der Oberhofmeister die Hände mit einem weiß seidenem Stücke Taffent, welcher letztere zugleich drey rothsammetne Beutel mit allerhand Medaillen, die während des verstorbenen Papsts Regierung auf deßen vornehmste Verrichtungen geprägt worden, zu deßen Füßen legte und alsdenn sein Siegel auf den hölzernen Sarg drückte. Er wurde auch von dem Cardinalscollegio zum Gouverneur des Conclave ernennt, von welcher Bedienung er den 15. Febr. da die Cardinäle daßelbe betraten, den Eid ablegte.

Er hofte mit großem Verlangen auf den Ausgang des Conclave, hätte sich aber nicht eingebildet, daß die Päpstliche Würde dem Cardinale Ganganelli, einem Franciscaner-Mönche, zu Theile werden würde. Solcher wurde den 19. May 1769. erwählt, nahm den Namen Clemens XIV. an, und bezeigte sich gleich anfangs gegen die Gebrüdere vom Hause Rezzonico sehr gütig. Er bestättigte sie in ihren Bedienungen und unser janger Rezzonico insonderheit durfte nicht lange warten, so erhielte er den 10. Sept. 1770. die Cardinalswürde. Er empfieng sogleich aus des Papsts Händen das Biret und kurze Zeit darauf den Hut und den Diaconattitel St. Nicolai in Carcere. Er lebt zu Rom in allem Vergnügen, weil ihm das Vermögen seines Hauses darzu allen Vorschub thut.

(LIII.)

Scipio Borghese,
ein Römer.
geb. 1734. Card. 1770.

Er ist der mittelste Sohn des Fürstens Camilli, Antonii Borghese von Suimona und Roßano, deßen Haus eines der edelsten und angesehensten zu Rom ist. Seine Mutter

ter, Theresia Agnes, des Connetable Colonna, Fürstens von
Palliano, Tochter, brachte ihn den 1. April 1734. zur Welt.
Er war kaum gebohren, so wurde er unter den Venetianischen Adel eingeschrieben, auch schon im Jul. 1735. unter die
Ritter des Malthesercordens aufgenommen. Man widmete
ihn dem geistlichen Stande, und hielte ihm die geschicktesten
Lehrmeister, um ihn in den Wissenschaften, die zu Bekleidung
ansehnlicher Aemter am Päpstl. Hofe erfordert werden, zulänglich unterrichten zu lassen. Er war noch jung, da er
schon unter die Protonotarios Apostolicos aufgenommen und
zum Generalvicario der Metropolitankirche von St. Maria
Maggiore zu Rom ernennet wurde.

Sein Oncle, der Cardinal Borghese, starb den 21sten
Jul. 1759. und sein Vater, der Fürst Borghese, den 16ten
Sept. 1763. da er mittlerweile Secretarius bey der Congregation der Heil. Rituum und Kirchengebräuche wurde, worauf
ihn Clemens XIII. den 21. Jul 1766. die ansehnliche Bedienung eines Päpstl. Cammermeisters oder Obercämmerers ertheilte, auch den Titel eines Erzbischoffs von Theodosia ver-
liehe. Hierdurch erhielte er die nächste Anwartschaft zur Cardinalswürde. Jedoch Clemens XIII. starb den 2. Febr. 1769.
ehe er darzu gelangte.

Der neue Papst Clemens XIV. der den 19. May 1769.
erwählt wurde, bestättigte ihn in seiner Bedienung und erhub ihn den 10. Septemb. 1770. zur Cardinalswürde. Die
Freude, die darüber fast in ganz Rom entstunde, und besonders bey seiner weitläufftigen hohen Verwandtschaft, wurde
durch viele öffentliche Freudensbezeigungen an den Tag gele-
set. Er empfieng sogleich aus des Papsts Händen das Biret
und einige Wochen hernach den Priestertitel St. Maria super
Minervam, wobey er zu einem Mitgliede von verschiedenen
Congregationen ernennet wurde. Er ist reich und braucht keine geistliche Beneficia, daher er als ein Fürst leben und seinen Stand mit großer Anständigkeit führen kann. Weil er
ein Abkömmling des Aldobrandinischen Hauses ist, aus welchem Clemens VIII. hergestammt, ward er im Jul. 1771. Pro-

tector

tector des Clementinischen Collegii zu Rom, welches dieser Papst gestiftet hat. Den 16. Dec. eben dieses Jahrs ward er zum Legaten zu Ferrara ernennet.

Register

der Cardinäle, deren Leben in dieser ersten Helfte des vierten Theils beschrieben worden.

Die jeztlebenden Cardinäle werden mit kleinern Zahlen angeführt.